校企合作汽车专业系列丛书

互联网+创新型“十四五”精品教材

汽车机械制图

（微课版）

主　编　刘呈呈　张小娟　郑　健

副主编　卢　意　范浩明　张闯闯　严　飞　韦炳圭

哈爾濱工程大学出版社

Harbin Engineering University Press

内 容 简 介

本书以汽车检测与维修技术等专业教学标准为依据，编写理念先进、教学内容科学、教材结构合理、课程资源丰富、讲解通俗易懂。本书共八个项目，主要包括汽车机械及制图的基本规定、正投影作图基础、轴测图、组合体、机件的表达方法、机械图形的特殊表示法、汽车零件图、汽车装配图。

本书既可作为应用型本科、职业院校、技工院校汽车专业的通用教材，也可供汽车维修技术人员、汽车修理厂工作人员参考。

图书在版编目（CIP）数据

汽车机械制图 ：微课版 / 刘呈呈，张小娟，郑健主编. —哈尔滨 ：哈尔滨工程大学出版社，2024.2

ISBN 978-7-5661-4282-5

I. ①汽… II. ①刘… ②张… ③郑… III. ①汽车—机械制图 IV. ①U462.1

中国国家版本馆 CIP 数据核字（2024）第 049202 号

汽车机械制图（微课版）

QICHE JIXIE ZHITU（WEIKE BAN）

责任编辑 田 婧

封面设计 赵俊红

出版发行 哈尔滨工程大学出版社

社　　址 哈尔滨市南岗区南通大街 145 号

邮政编码 150001

发行电话 0451-82519328

传　　真 0451-82519699

经　　销 新华书店

印　　刷 唐山唐文印刷有限公司

开　　本 889 mm×1 194 mm 1/16

印　　张 12

字　　数 345 千字

版　　次 2024 年 2 月第 1 版

印　　次 2024 年 2 月第 1 次印刷

书　　号 ISBN 978-7-5661-4282-5

定　　价 49.80 元

http://www.hrbeupress.com

E-mail:heupress@hrbeu.edu.cn

前　　言

党的二十大报告指出，我们要坚持教育优先发展、科技自立自强、人才引领驱动，加快建设教育强国、科技强国、人才强国，坚持为党育人、为国育才，全面提高人才自主培养质量，着力造就拔尖创新人才，聚天下英才而用之。

汽车制造业要发展，人才是关键。尽快拥有一批高技能的人才和高素质的劳动者，是先进汽车制造业实现技术创新和技术升级的迫切要求。本书是为了适应我国高等职业教育教材建设和信息化教学改革的需要，在深入分析汽车维修行业实际需求的基础上，根据高等职业教育培养高技能型、应用型人才的要求和最新的高等职业学校专业教学标准而编写的。

本书的主要任务是培养相关专业学生具有一定的绘制简单零件图和识读汽车零件图、装配图的能力，具备运用标准、手册等资料的能力，养成遵守国家标准的习惯和严谨、细致的工作作风。

本书取材于生产实践和教学环节，通过项目、任务的形式展开，每个任务设有学习目标、思政目标、知识拓展、任务工单、课后习题小模块，便于学生边学边练，加深对制图知识的理解，从而拓展并提高绘图技能。本书具有以下特点。

（1）编写理念先进。以就业为导向，以学生为主体，注重职业核心能力的培养，注重“做中学、做中教”，教学做合一，理实一体。

（2）教学内容科学。 按照岗位需求、课程目标选择教学内容，体现“四新”、必须和够用。将国内外新知识、新技术引入教材，以体现内容上的先进性和前瞻性。

（3）教材结构合理。按照职业领域工作过程的逻辑确定教学单元，以项目、任务、工单为载体组织教学单元，体现了模块化、系列化。

本书由刘呈呈（湖北文理学院理工学院）、张小娟（广东酒店管理职业技术学院）、郑健（鲁南技师学院）担任主编，由卢意（泰州职业技术学院）、范浩明（泰安技师学院）、张闯闯（南阳农业职业学院）、严飞（眉县职业教育中心）、韦炳圭（都安瑶族自治县职业教育中心）担任副主编。本书的相关资料和售后服务可扫描封底微信二维码或登录 www.bjzzwh.com 下载获得。

本书在编写过程中，编者引用了大量原厂手册及文献资料，在此向原作者们表示衷心的感谢！由于新能源汽车领域技术日新月异，同时编者知识和能力也会存在不足，书中难免存在不当之处，恳请读者及时反馈，以便以后修订。

编　者

目 录 CONTENTS

项目一 汽车机械及制图的基本规定

项目概述

掌握了机械制图知识，便能根据图样进行汽车零件的检验、修配，进行总成或部件的正确拆卸与装配。在汽车制造业中，一辆汽车的上万个零部件分别由几百家工厂来生产，制成后集中在汽车厂的装配线上，每隔几分钟就可装配出一辆质量合格的汽车来。一辆汽车或一个汽车部件，都是由若干零件按一定的装配关系和技术要求装配而成的。在产品安装和维修过程中，都是根据装配图进行装配、维修和检验的。因此，了解汽车机械的组成，学习机械制图的基础知识是一名汽车从业人员必备的基本技能。

本项目重点介绍汽车机械概要，以及《技术制图》和《机械制图》国家标准中有关制图的基本规定，并简要介绍了制图工具的使用以及平面图形的绘制。

学习目标

知识目标

(1) 掌握汽车机械的总体构造。

(2) 掌握国家标准中关于机械制图的一些规定。

(3) 掌握各种标注符号及缩写代号。

(4) 掌握各种绘图工具的使用方法。

(5) 熟悉等分线段、正多边形、斜度、锥度的作图方法。

(6) 掌握平面图形的绘制方法。

能力目标

(1) 能说出汽车主要的组成部分。

(2) 能正确标注尺寸。

(3) 能熟练使用绘图工具。

(4) 能利用绘图工具绘制等分线段、正多边形、斜度、锥度等图形。

(5) 具备尺寸分析与标注、绘制简单的平面图形的能力。

(6) 能熟练使用绘图工具绘制平面图形。

素质目标

(1) 培养学生分析事物的能力和实践能力。

(2) 提高学生的动手能力和探索精神。

思政目标

(1) 培养学生在设计过程中遵循国家标准的能力，懂得这些标准在国内国际工程技术交流中的重要作用，学会遵守法规、利用法规，培养学生认真负责的工作态度。

(2) 通过尺规绘图的学习，培养学生一丝不苟、严谨细致、耐心及认真负责的工作作风。

(3) 弘扬工匠精神，致力于创造出高质量的汽车机械图纸。

任务工单

一、任务名称

抄画如图 1-1 所示的汽车零件图。

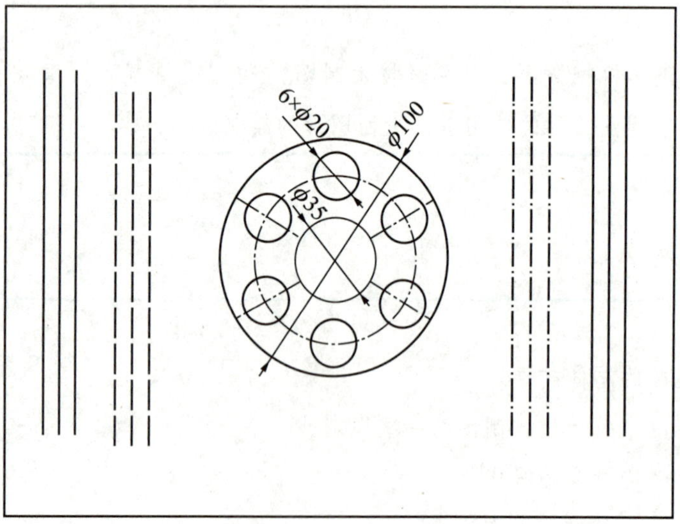

图 1-1　汽车零件图

二、任务描述

在 A4 图纸上完成图 1-1 所示图形，并完成表 1-1 的填写。

表 1-1 实训表（1）

姓名		班级		学号	
学时		日期		实践地点	
实训工具	笔、纸、图板、分规、比例尺、圆规、三角板等				
任务目标	能熟练使用绘图工具绘制平面图形				

三、任务提示

（1）在 A4 纸上画出图框线。

（2）画线时要用力，使细线细而清晰，粗线黑而光滑。

（3）画中间图形时，应先画出正交两条点画线，注意：点画线的交点必须在长画上；依次画出同心圆，注意先小后大；用 30°三角板，定出点画线圆上六个小圆的圆心，画出中心线；依次画出各小圆。

（4）画左右各 6 条垂直线。为使两端整齐，可先在两端极轻地画出两条水平线作为边界线，再按图示画出各条线，虚线、点画线的线段长及间隔，要合乎规定。

四、分组讨论

全班学生以 3~6 人为一组进行分组，选出各自组长，组长对组员进行任务分工并将分工情况记入表 1-2 中。

表 1-2 实训表（2）

成员	任务
组长	
组员	
组员	
组员	
组员	
组员	

五、任务思考

（1）标题栏应位于图纸的什么位置？

（2）图纸的幅面按尺寸大小可分为几种？

（3）常用的比例有哪几种？

（4）画图时应尽量采用什么比例？

（5）在图样中，机件的可见轮廓线应该使用什么线型画出？

（6）字体的号数即字体的高度分为哪八种？

六、任务实施

在实际操作过程中，将操作内容及实施过程中遇到的问题和解决办法记录在表 1-3 中。

表 1-3　实训表（3）

序号	操作内容	遇到的问题	解决办法

七、任务评价

请各小组选出一名代表展示任务实施的成果，并配合指导教师完成表 1-4 的任务评价。

表 1-4　实训表（4）

评价项目	评价内容	分值	评价分值		
			自评	互评	师评
职业素养考核项目	考勤、仪容仪表	10 分			
	团队交流与合作意识	10 分			
	责任意识、纪律意识	10 分			
专业能力考核项目	积极参与教学活动并正确理解任务要求	10 分			
	认真查找与任务相关的资料	10 分			
	任务实施过程记录表的完成度	10 分			
	对制图基本规定的掌握程度	20 分			
	独立完成相应任务的程度	20 分			
合计		100 分			
总评	自评（20%）+互评（20%）+师评（60%）=	综合等级	教师（签名）：		

任务一　汽车机械概要

一、汽车机械总体构造

汽车一般由车身、发动机、变速器、制动系统、悬挂系统和电气系统四大部分组成。汽车是一个以机械系统为主的机器，通过这四大部分实现汽车安全行驶功能。典型的轿车总体构造如图 1-2 所示。

汽车机械概要

图 1-2 典型的轿车总体构造图

汽车中各部件和元件的作用和功能如下。

1. 发动机

作为汽车的核心部件，发动机承担着驱动和能量转换的功能。其作用是具有理论功率和扭矩，并且发动机的动力输出直接影响车辆的行驶性能和燃油经济性。如图 1-3 所示为沃尔沃汽车发动机。

2. 变速器

变速器是用于改变驱动轴扭矩与驱动轮扭矩比值的装置。其作用是支配汽车该何时换挡并实现合适的变速比，以满足高转速和低转速的行驶需求。

3. 制动系统

制动系统是汽车行驶安全的关键因素之一。其作用是通过制动盘或制动鼓与制动轮胎发生摩擦，通过阻力实现汽车制动和停车的功能。如图 1-4 所示为汽车制动系统的组成。

图 1-3 沃尔沃汽车发动机

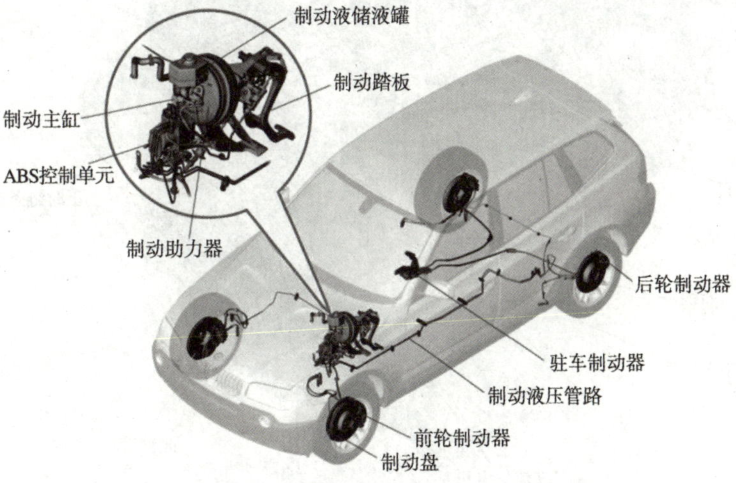

图 1-4 汽车制动系统的组成

4. 悬挂系统

悬挂系统是用于支撑汽车车身与车轮间连接的部件，它支撑汽车在路面的平衡性。其作用是具有减震和隔振效果，同时适应不同路况的需求。

5. 电气系统

电气系统是汽车中对于电力的分配和管理的部分。其作用是控制各种车灯、音响、电动门窗、空调、方向盘等的操作，并支配发电机的充电电流、电池的充放电状态等。

不同的汽车部件和元件各自具有不同的特点和特性，这些特点影响着其在汽车系统中的作用和功能。了解和掌握这些特点和特性，可以更好地理解汽车各部件之间的协同作用，对于学习汽车机械制图也非常有帮助。

二、机器的组成和组成部件

1. 机器的组成

机器是由各种金属和非金属部件组装成的装置，消耗能源，可以运转、做功。它可以用来代替人的劳动、进行能量变换、信息处理以及产生有用功。机器贯穿在人类历史的全过程中。但是，近代真正意义上的“机器”，却是在西方工业革命后才逐步被发明利用的。

图 1-5 所示为汽车内燃机剖视图，其中活塞、连杆、曲轴组成主体部分。缸内燃烧的气体膨胀，推动活塞做直线往复运动，通过连杆使曲轴转动并将动力输出。

2. 机器的组成部件

（1）零件

零件又称机械元件。从制造角度看，机器是由若干个零件组成的。零件是机器组成中不可再拆的最小单元，是机器的制造单元，如螺钉和螺母等。如图 1-6 所示为汽车螺母。

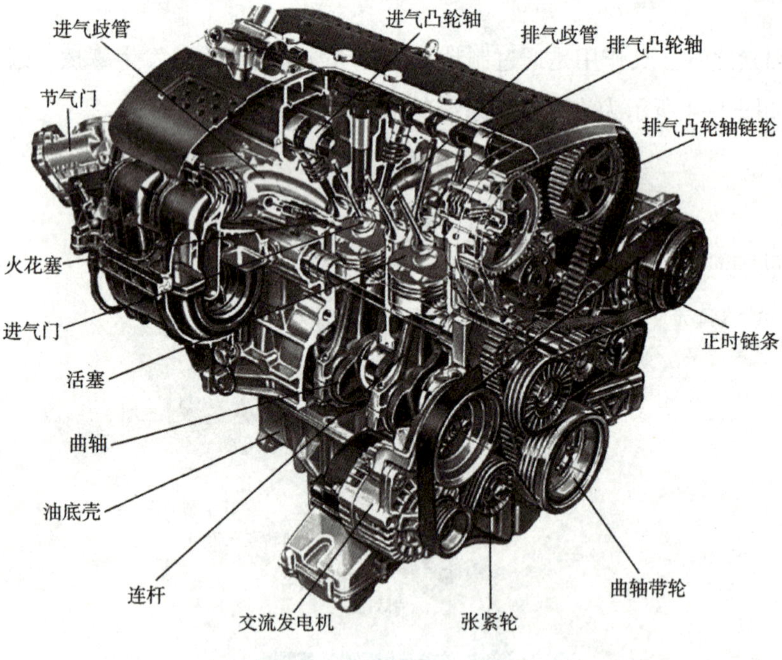

图 1-5 汽车内燃机剖视图

图 1-6 汽车螺母

机器中的零件可分为专用零件和通用零件。

① 专用零件

专用零件只适用于一定类型的特殊机械，具有专门的功用和性能，如汽车上使用的曲轴（图 1-7）

和凸轮轴等。

② 通用零件

通用零件是在各类机械中经常使用的零件，具有普遍的适用性，如汽车上使用的各类连接螺栓和螺母等。

(2) 部件

部件是指一套协同工作且完成共同任务的零件组合，如滚动轴承（图 1-8）等。

(3) 构件

从运动角度看，可以认为机器是由若干构件组成的，各构件之间具有确定的相对运动。所以，构件是机器中作为一个整体运动的最小单元，如汽车轮胎（图 1-9）等。构件一般由若干个零件刚性连接而成，也可能是单一的零件。

图 1-7　汽车曲轴

图 1-8　滚动轴承

图 1-9　汽车轮胎

根据运动状况的不同，构件可分为固定构件和运动构件。

① 固定构件

固定构件（如机架）一般用于支撑运动构件，通常是机器的机座。

② 运动构件

运动构件是相对于机架运动的构件，分为主动件和从动件。主动件是带动其他可动构件运动的构件，从动件是随主动件运动的构件。

(4) 机构

机构指由多构件组成且各构件之间有确定的相对运动，用来传递运动和力的构件系统，如汽车发动机的曲柄连杆机构（图 1-10）等。与机器相比，机构仅具备机器的前两个特征。

图 1-10　汽车发动机曲柄连杆机构

三、汽车机械的组成

由汽车这种典型的机械代表可见，机械通常由四部分组成。

1. 原动机部分

原动机部分是机器工作的动力来源，可将其他形式的能量转为机械能，如发动机、电动机等。

2. 执行部分

执行部分是直接完成机器预定工作任务的部分，如车轮等。

3. 传动部分

传动部分是将动力部分的运动和动力传递给执行部分，如汽车离合器（图 1-11）、变速器、传动轴和差速器等。

图 1-11　汽车离合器

4. 操作或控制部分

操作或控制部分监控机器的运行位置和状态，控制机器的正常运行和工作，如转向盘、换挡杆（图 1-12）、制动踏板和加速踏板等。

（a）换挡杆

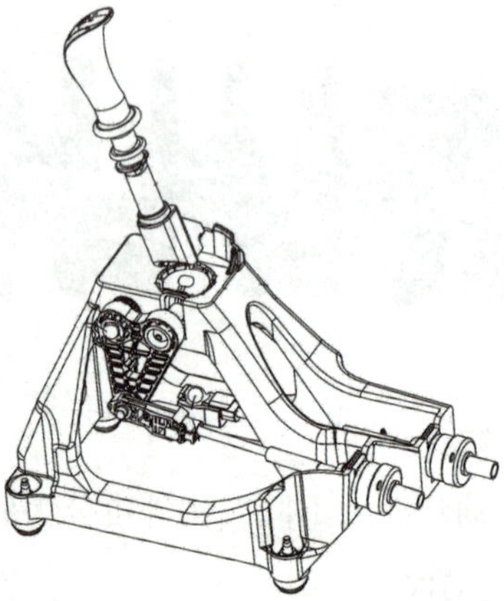

（b）换挡杆结构图

图 1-12　换挡杆

任务二　制图的国家标准和一般规定

机械图样是表达工程技术人员设计意图、进行技术交流以及制造生产的重要工具。为了便于管理和交流，国家发布了《技术制图》和《机械制图》等一系列国家标准。《技术制图》是一项基础技术标准，具有通用性和一般性，而《机械制图》是针对机械行业的标准。

我国国家标准（简称国标）的代号是“GB”（“GB/T”为“推荐性标准”，无“T”字时为“强制性标准”），它是由“国标”两个字的汉语拼音的第一个字母“G”和“B”组成的。例如，《GB/T 4457.4—2002 机械制图 图样画法 图线》表示制图标准中图线的画法，发布的标准顺序编号为 4457.4（.4 表示第四部分），发布的年号是 2002 年。

一、图样

机械制造工业生产中，根据图样加工零件，再将零件图样组装成部件或机器。用于加工零件的图样是零件图。如图 1-13 所示是东风 EQ1092 型汽车变速器的装配图，它是制造和检验该零件的技术依据，是将零件装配在一起的图样。

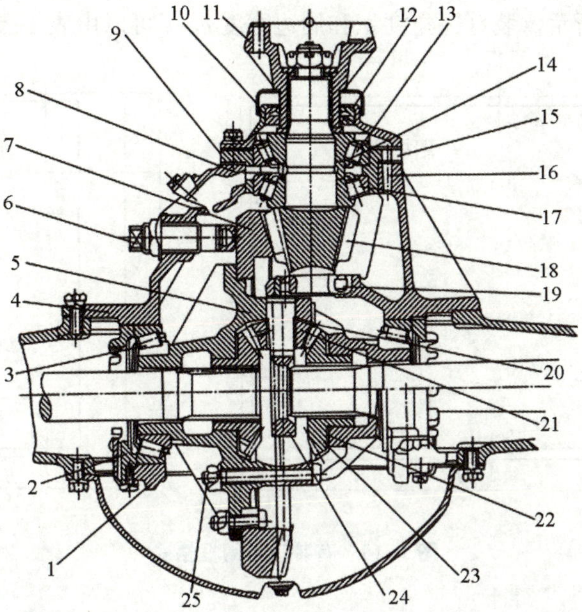

1—差速器轴承盖；2—轴承调整螺母；3、13、17—圆锥滚子轴承；4—主减速器壳；5—差速器壳；6—支承螺柱；7—从动锥齿轮；8—进油道；9、14—调整垫片；10—防尘罩；11—叉形凸缘；12—油封；15—轴承座；16—回油道；18—主动锥齿轮；19—圆柱滚子轴承；20—行星齿轮球面垫片；21—行星齿轮；22—半轴齿轮推力垫片；23—半轴齿轮；24—行星齿轮轴（十字轴）；25—螺栓。

图 1-13　东风 EQ1092 型汽车变速器的装配图

二、图纸幅面和格式

1. 图纸幅面

图纸宽度与长度组成的图面称为图纸幅面。图纸的基本幅面共有五种，如表 1-5 所示。

表 1-5　图纸幅面及周边尺寸

单位：mm

<table>
<tr><th rowspan="2">幅面代号</th><th rowspan="2">尺寸 B×L</th><th colspan="3">周边尺寸</th></tr>
<tr><th>a</th><th>c</th><th>e</th></tr>
<tr><td>A0</td><td>841×1 189</td><td rowspan="5">25</td><td rowspan="3">10</td><td rowspan="2">20</td></tr>
<tr><td>A1</td><td>594×841</td></tr>
<tr><td>A2</td><td>420×594</td><td rowspan="3">10</td></tr>
<tr><td>A3</td><td>297×420</td><td rowspan="2">5</td></tr>
<tr><td>A4</td><td>210×297</td></tr>
</table>

幅面的代号分别为 A0、A1、A2、A3、A4。其中 A0 幅面最大，A4 幅面最小，相邻幅面的尺寸为对折关系。

必要时，可以按规定加长图纸幅面，加长幅面的尺寸由基本幅面的短边乘整数倍后得出。

2. 图框格式

图框是图纸上限制绘图区域的线框，必须用粗实线画出，其格式有两种，分别是有装订边和无装订边，如图 1-14 和图 1-15 所示。装订边宽度 a 和周边宽度 c、e 可以由表 1-5 查出。

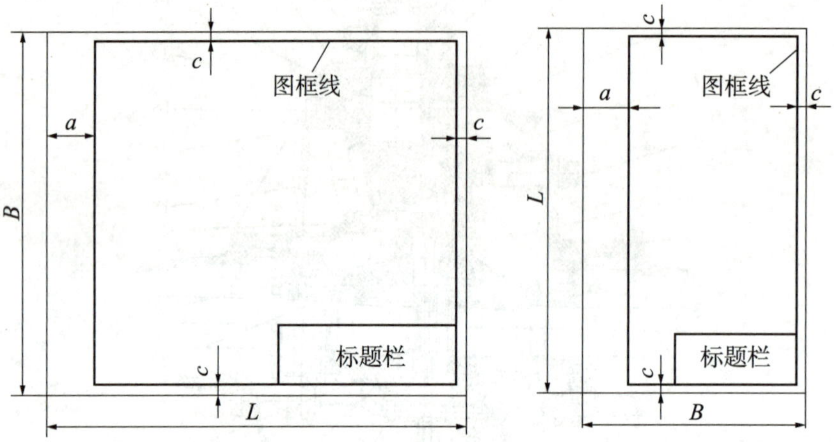

图 1-14　有装订边图框格式

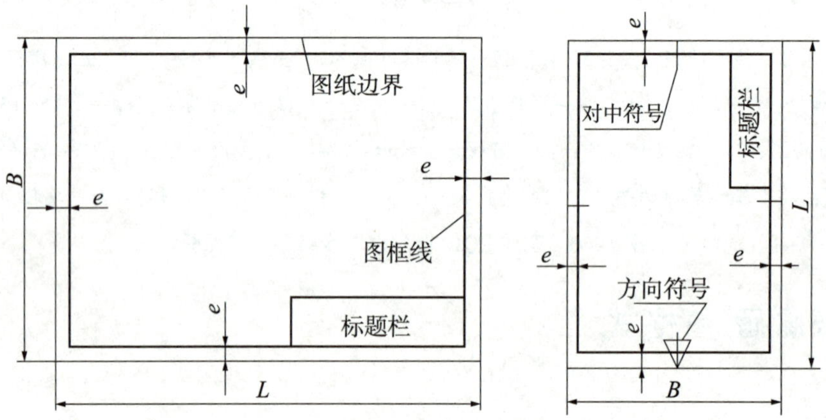

图 1-15　无装订边图框格式及对中、方向符号

同一产品的图样应采用统一图框格式。为了复制和缩微投影方便，应在图纸各边长的中点处绘制对中符号（对中符号是从图纸边界开始至伸入图框内约 5 mm 的一段粗实线。

3. 标题栏

在每一张技术图样上，均需要画出标题栏。标题栏位于图框的右下角，标题栏中的文字方向为看图方向。

标题栏的格式，国家标准《机械制图　标题栏》（GB/T 10609. 1—2008）已作出了统一规定，教学中建议采用简化的标题栏，如图 1-16 所示。标题栏的外框线一律用粗实线绘制，右边和底边与图框线重合；标题栏的分格线用细实线绘制。

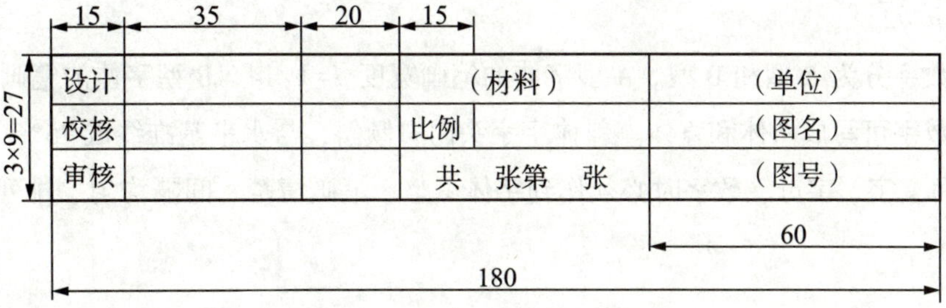

图 1-16　简化标题栏格式

三、比例

比例是指图样中图形与实物相应要素的线性尺寸之比。国家标准《机械制图　比例》（GB/T 14690—1993）规定，当需要按比例绘制图样时，应该从表 1-6 中优先选取。

表 1-6　绘图比例

原值比例	1∶1					
放大比例	2∶1 （2.5∶1）	5∶1 （4∶1）	1×10^n∶1 （2.5×10^n∶1）	2×10^n∶1 （4×10^n∶1）	5×10^n∶1	
缩小比例	1∶2 （1∶15） （1∶2.5×10^n）	1∶5 （1∶2.5） （1∶2.5×10^n）	1∶10	1∶1×10^n （1∶3） （1∶3×10^n）	1∶2×10^n （1∶4） （1∶4×10^n）	1∶5×10^n （1∶6） （1∶6×10^n）

注：n 为整数。

不论采用何种比例，图上所注尺寸数值均为机件的实际尺寸，如图 1-17 所示。

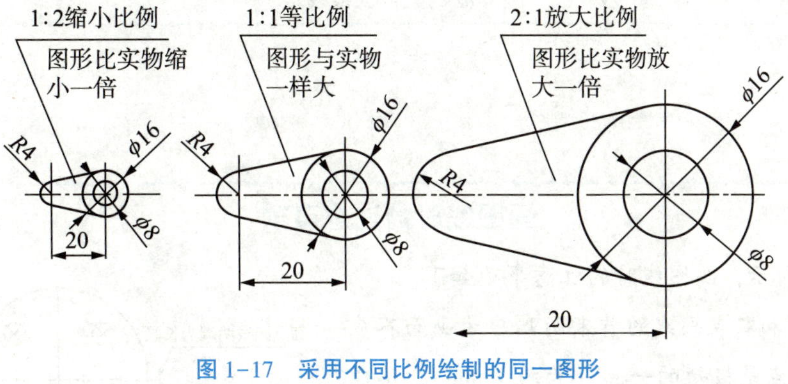

图 1-17　采用不同比例绘制的同一图形

四、字体

图样中除图形外，还需要用文字、字母、数字等来说明各项要求和标注尺寸。在同一图样上，只允许选用一种字体。《技术制图　字体》（GB/T 14691—1993）规定，图样上的技术文件中所用的汉字应写成长仿宋体。

（1）字体的号数即字体的高度（用 h 表示）分为 8 种（mm）：20、14、10、7、5、3.5、2.5、1.8。如需书写更大的字，其字体高度按$\sqrt{2}$的比率递增。

（2）图样上的汉字应写成长仿宋体，并且要采用国家正式公布的简化字。汉字的高度不应小于 3.5 mm，宽度为 $h/\sqrt{2}$。

（3）字母和数字分为 A 型和 B 型。A 型字体的笔画宽度 $d=h/14$，B 型字体的笔画宽度 $d=h/10$。

（4）字母和数字可写成斜体和直体。斜体字字头向右倾斜，与水平基准线成 75°。

在图样中书写文字、字母、数字时必须作到字体工整、笔画清楚、间隔均匀、排列整齐。

五、图线

绘图时，应采用国家标准中规定的图线。国家标准《机械制图　图样画法　图线》（GB/T 4457.4—2002）规定了在机械图样中使用的九种图线，其名称、线型、线宽及应用如表 1-7。在机械图样中采用粗细两种线宽，它们之间的比例为 2∶1，粗线宽度 d 一般采用 0.5 mm、0.7 mm。

表 1-7　线型及应用

名称	线型	线宽	一般应用
细实线		$d/2$	尺寸线、尺寸界线、剖面线、重合断面的轮廓线、过渡线
粗实线		d	可见轮廓线
细虚线		$d/2$	不可见轮廓线
粗虚线		d	允许表面处理的表示线
细点画线		$d/2$	轴线、对称中心线
粗点画线		d	限定范围表示线
细双点画线		$d/2$	相邻辅助零件的轮廓线、可动零件的极限位置的轮廓线
波浪线		$d/2$	断裂处的边界线、视图与剖视图的分界线
双折线		$d/2$	同波浪线

知识拓展

画图线时的注意事项

如图 1-18 所示，画图线时的注意事项如下。

（1）点画线和双点画线的首末两端应为画而不应为点。它们中的点是极短的一画（长约 1 mm），不能画成圆点，且应点、线一起画。

（2）绘制圆的对称中心线时，圆心应为线段的交点，首末两端应为长画且超过轮廓线 2~5 mm。

（3）虚线、点画线或双点画线和实线相交或它们自身相交时，应以画相交，而不应为点或间隔。

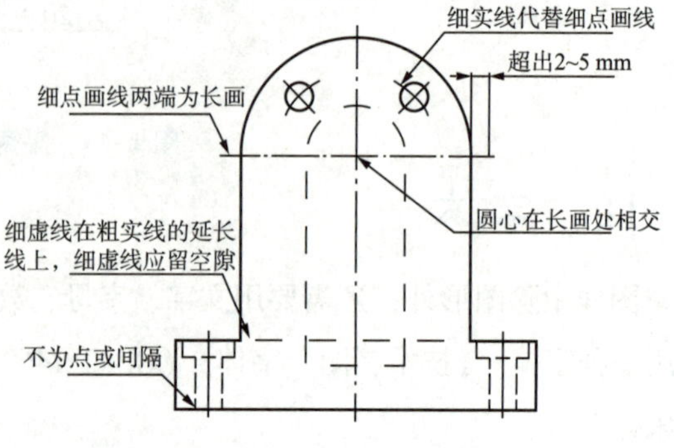

图 1-18　绘制图线的注意事项

(4) 在较小的图样上绘制细点画线和细双点画线有困难时，可用细实线代替。

(5) 同一图样中，同类型图线的宽度应一致，虚线、点画线及双点画线的线段长度和间隔应各自大致相等，且虚线、点画线或双点画线为实线的延长线时，不得与实线相连。

任务三　尺寸标注

图样中的图形只能表达机件的结构形状，若要表达机件的大小，则需在图形上标注尺寸。按照国家标准《机械制图　尺寸注法》(GB/T 4458.4—2003) 的规定，尺寸的标注要符合一定的规范。

一、标注尺寸的基本规则

标注尺寸常用符号及缩写词如表 1-8 所示。

表 1-8　标注尺寸常用符号及缩写词

序号	含义	符号或缩写词	序号	含义	符号或缩写词
1	直径	ϕ	7	45°倒角	C
2	半径	R	8	正方形	□
3	球直径	$S\phi$	9	弧长	⌒
4	球半径	SR	10	斜度	∠
5	厚度	t	11	锥度	◁
6	均布	EQS	12	深度	↧

(1) 机件的真实大小应以图样上所注的尺寸数值为依据，与图形的大小及绘图的准确度无关。

(2) 图样中的尺寸以 mm 为单位时，不需要标注单位符号（或名称），如采用其他单位，则应注明相应的单位符号。

(3) 图样中所注的尺寸为该图样所示机件的最后完工尺寸，否则应另加说明。

(4) 机件的每一尺寸，一般只标注一次，并应该标注在反映结构最清晰的图形上。

(5) 标注尺寸时，应尽可能使用符号或缩写词。

二、尺寸标注的组成

尺寸标注由尺寸界线、尺寸线和尺寸数字三部分组成。

1. 尺寸界线

尺寸界线表明所注尺寸的范围，用细实线绘制，并应由图形的轮廓线、轴线或对称中心线处引出。也可以利用轮廓线、轴线或对称中心线作尺寸界线，如图 1-19 所示。

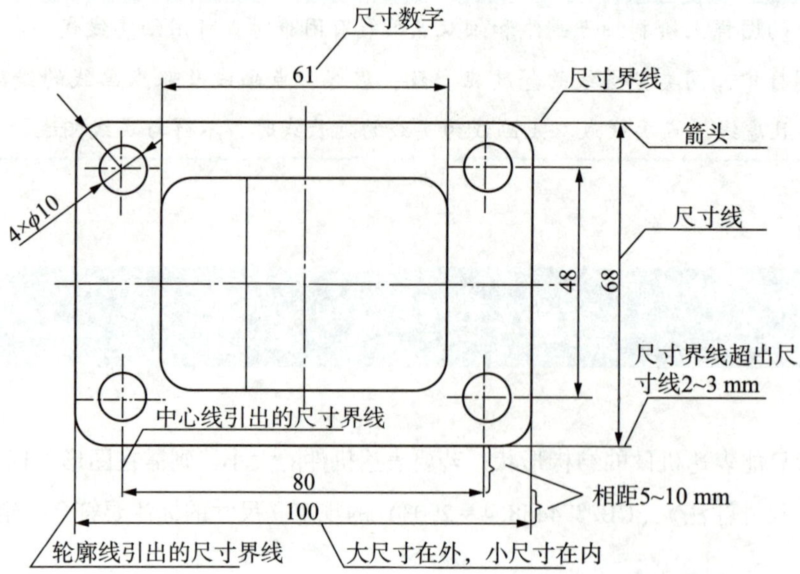

图 1-19　尺寸界线的画法

（1）尺寸界线一般应与尺寸线垂直，必要时才允许倾斜，如图 1-20 所示。

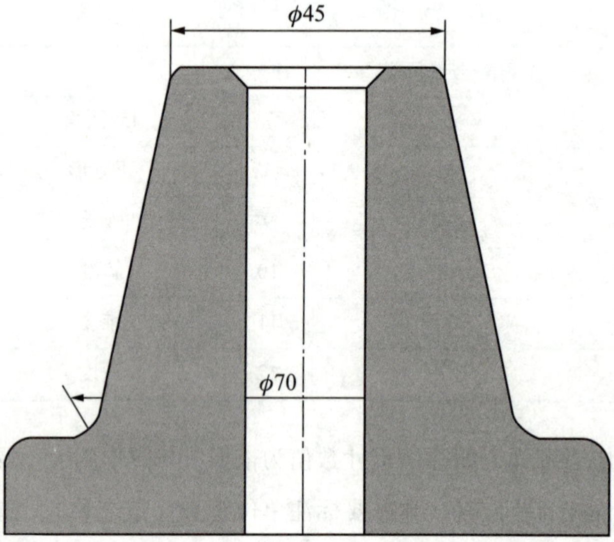

图 1-20　尺寸界线与尺寸线斜交的注法

（2）尺寸界线一般情况下超出尺寸线约 2 mm。

2. 尺寸线

尺寸线表明度量尺寸的方向，必须用细实线单独绘制，不能用图中的任何图线来替代，也不得画在其他图线的延长线上。

尺寸线的终端有以下两种形式。

（1）箭头：箭头的形式如图 1-21 所示，适用于各种类型的图样。

（2）斜线：斜线用细实线绘制，其方法和画法如图 1-22 所示。当尺寸线的终端采用斜线形式时，尺寸线与尺寸界线应相互垂直。

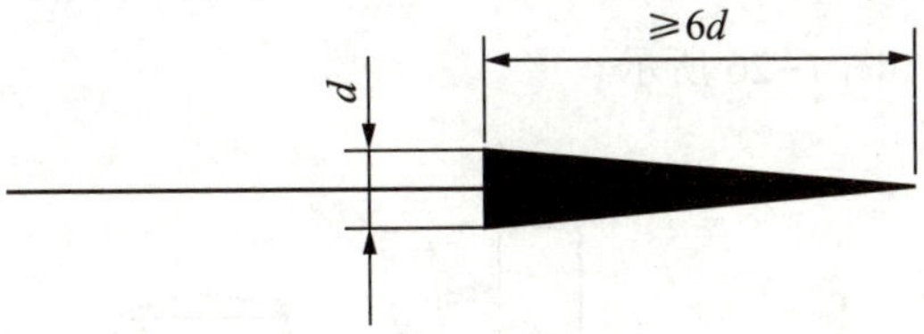

d—粗实线的线宽

图 1-21　尺寸线终端的箭头

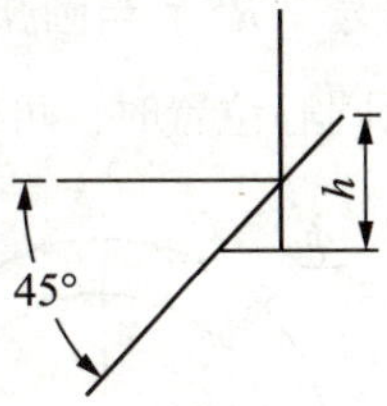

h—字体高度

图 1-22　尺寸线终端的斜线

3. 尺寸数字

尺寸数字表示机件的实际大小，一般应注写在尺寸线的上方或左方，也允许写在尺寸线的中断处。注写尺寸数字时，应注意以下几点。

(1) 尺寸线为水平方向时，尺寸数字规定由左向右书写，字头朝上。

(2) 尺寸线为竖直方向时，尺寸数字由下向上书写，字头朝左。

(3) 在倾斜的尺寸线上注写尺寸数字时，必须使字头方向有向上的趋势。

三、常用的尺寸注法

国家标准规定的一些常见的尺寸标注法示例如下。

1. 尺寸数字方向

尽可能避免在 30°范围内标注尺寸，当无法避免时，可采用如图 1-23 所示的形式标注。

2. 角度或弧长标注

角度的数字一律写成水平方向，一般注写在尺寸线的中断处，必要时也可写在尺寸线的上方（图 1-24（a））、外面或引出标注（图 1-24（b））。标注弧长时，应在尺寸数字左方加注符号"︵"，如图 1-24（c）所示的"︵28"。

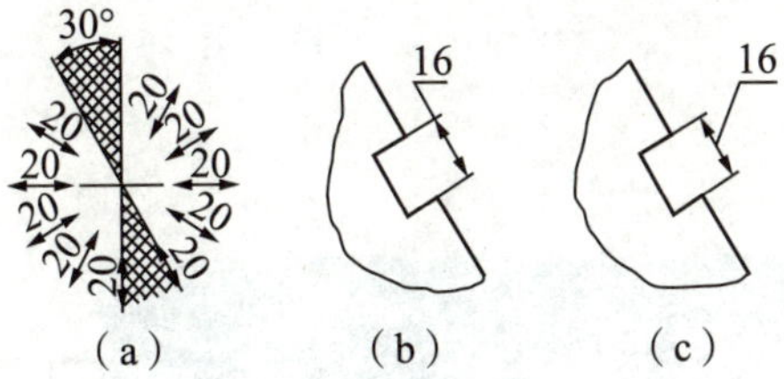

图 1-23　标注示例（1）

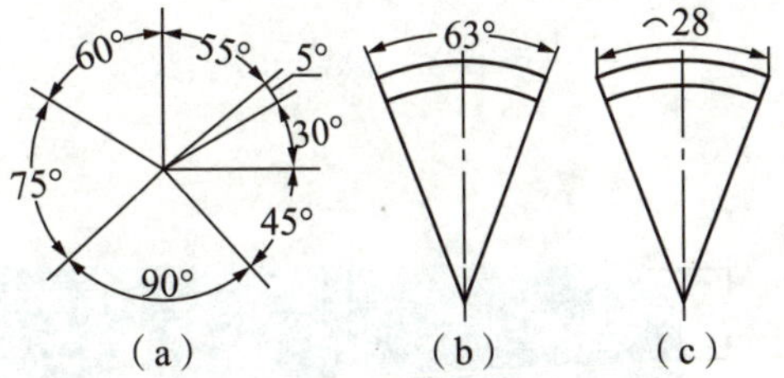

图 1-24　标注示例（2）

3. 圆的尺寸标注

标注整圆的直径尺寸时，应以圆周为尺寸界线，尺寸线过圆心，并在尺寸数字前加直径符号"ϕ"。标注大于半圆的圆弧直径尺寸时，其尺寸线应略超过圆心，只在尺寸线一端画箭头指向圆弧，如图 1-25 所示。

4. 圆弧的尺寸标注

标注小于或等于半圆的圆弧半径尺寸时，尺寸线应从圆心出发引向圆弧，只画一个箭头，并在尺寸数字前加半径符号“*R*”。当圆弧的半径过大或在图纸范围内无法标注圆心时，可用折线形式表示尺寸线。若无须表示圆心位置时，可将尺寸线中断，如图 1-26 所示。

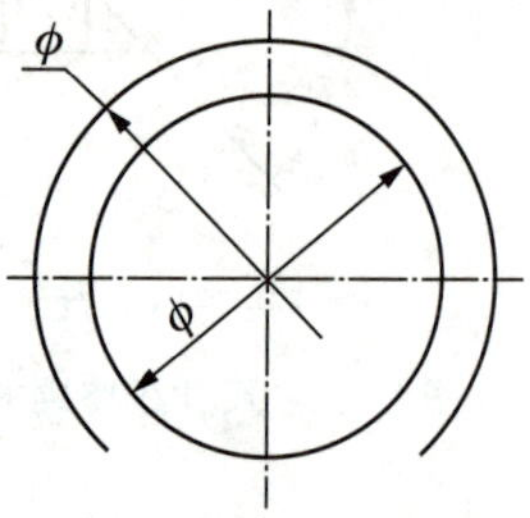

图 1-25　标注示例（3）

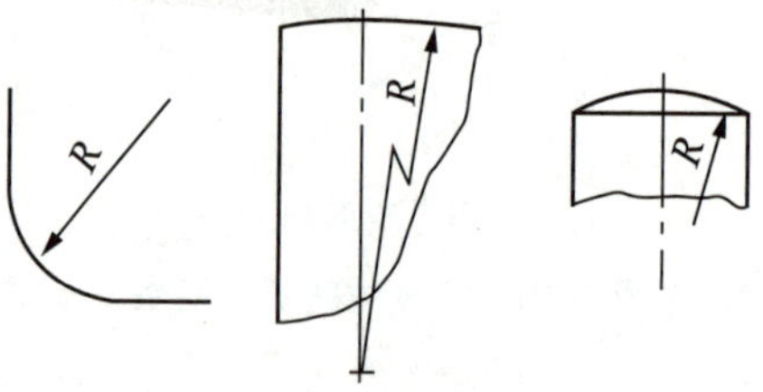

图 1-26　标注示例（4）

5. 小尺寸标注

在尺寸界线之间没有足够的位置画箭头或注写尺寸数字的小尺寸。标注连续尺寸时，可用小圆点代替箭头，如图 1-27 所示。

6. 对称机件标注

当对称机件的图形只画出一半或略大于一半时，尺寸线应略超过对称中心线或断裂处的边界线，且只在有尺寸界线的一端画出箭头，如图 1-28 所示。

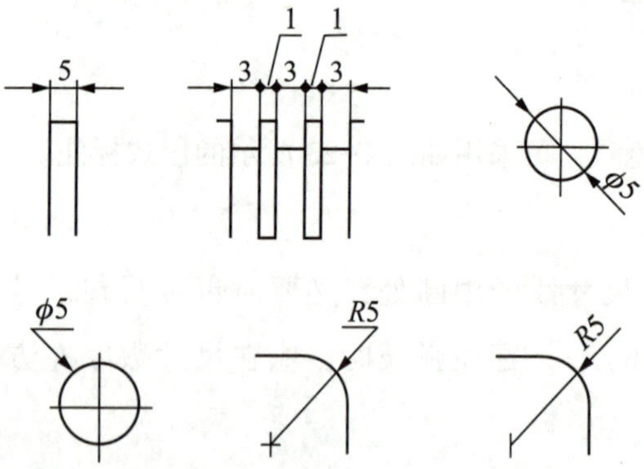

图 1-27　标注示例（5）

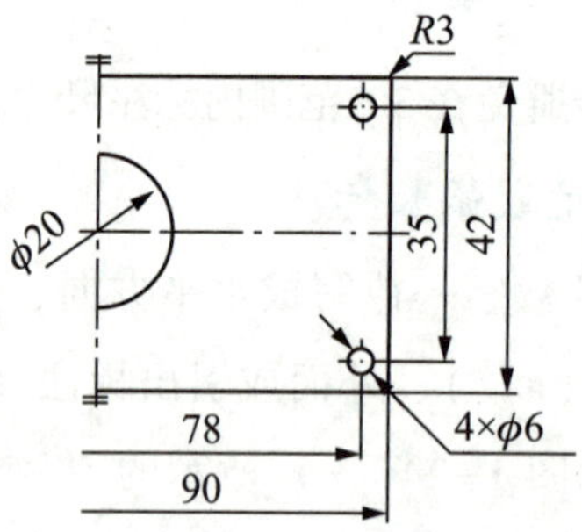

图 1-28　标注示例（6）

任务三　几何作图

“工欲善其事，必先利其器。”为了保证绘图质量和加快绘图速度，必须养成正确使用、维护绘图工具和用品的良好习惯。

一、绘图工具及使用

正确使用绘图工具是提高手工绘图质量和绘图速度的关键因素。本节主要介绍几种常用绘图工具的使用方法。

1. 图板

图板是绘图时用来铺垫用的，一般要求表面光滑平整。图板的左侧为丁字尺的导边，要求必须平滑，图纸用胶带或图钉固定在图板上，如图 1-29 所示。

2. 丁字尺

丁字尺由尺头和尺身构成，主要用来绘制水平线，如图 1-30 所示。使用丁字尺时，尺头必须紧靠图板的左侧，用左手推动丁字尺上下移动，然后沿尺身画出水平线。

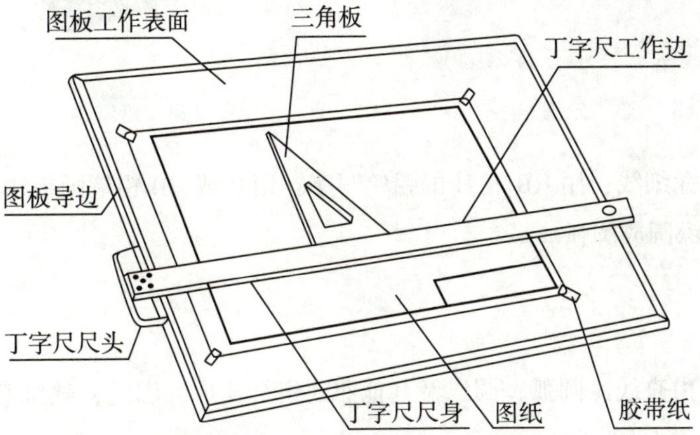

图 1-29　图板、丁字尺、三角板及图纸的固定

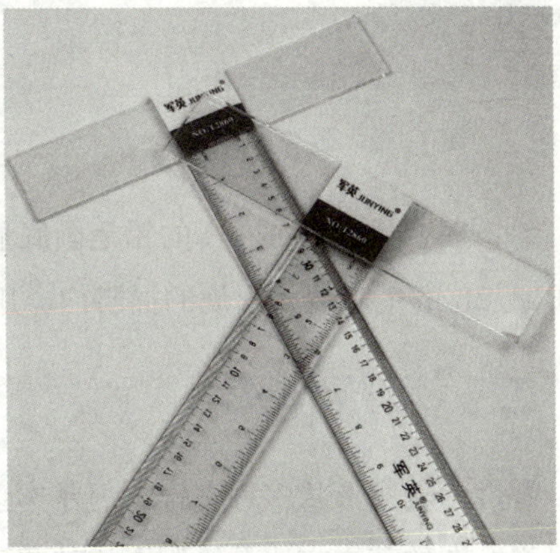

图 1-30　丁字尺

3. 三角板

一副三角板有两块，一块是 45°的等腰直角三角板，另一块是 30°和 60°的特殊直角三角板。三角板可以和丁字尺配合使用画垂直线，与水平线成 45°、60°、30°、75°和 15°的斜线等，如图 1-31 所示。

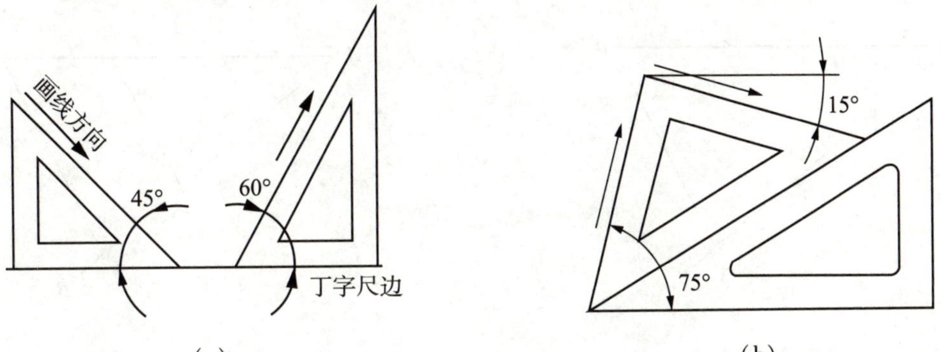

图 1-31　用三角板绘制常用角度斜线

4. 圆规和分规

圆规是用来画圆和圆弧的，如图 1-32 所示。画圆时，先将圆规两腿分开至所需的半径尺寸，钢针对准圆心并扎入图板至台阶处（防止圆心孔眼扩大），沿画线方向，保持适当倾斜作等速运动。

分规是用来量取尺寸、截取线段、等分线段的工具，如图 1-33 所示。分规两端有钢针，并拢时两针尖应对齐。

5. 铅笔

绘图铅笔有软硬之分，用 H、HB 和 B 来表示，如图 1-34 所示。B 前的数字越大，表示铅笔越软，绘出的图线颜色越深；H 前的数字越大，表示铅笔越硬；HB 表示铅笔软硬适中。

图 1-32　圆规

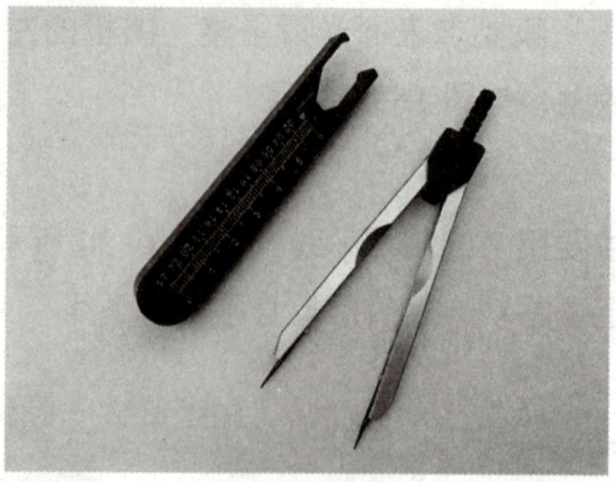

图 1-33　分规

图 1-34　铅笔

绘图时，常用 H 或 2H 的铅笔画底稿或加深细线；用 HB 或 H 的铅笔写字；用 B 或 HB 铅笔画粗线；将 B 或 2B 的笔芯装入圆规的插脚内，用来加深圆或圆弧。

二、尺规作图

零件的轮廓形状多种多样，但基本上都是由直线、圆弧、圆以及其他曲线组合而成。因此，熟练掌握尺规绘图的基本方法是绘制图样的基础。

1. 等分线段（三等分）

（1）过点 A 作任意直线 AB_1，用分规取任意长度在 AB_1 上截取三个等长线段，得 1、2、3 点，连接 $3B$，如图 1-35 所示。

（2）过点 1、2 作 $3B$ 的平行线，得到 C、D 两点，即将线段 AB 三等分，如图 1-36 所示。

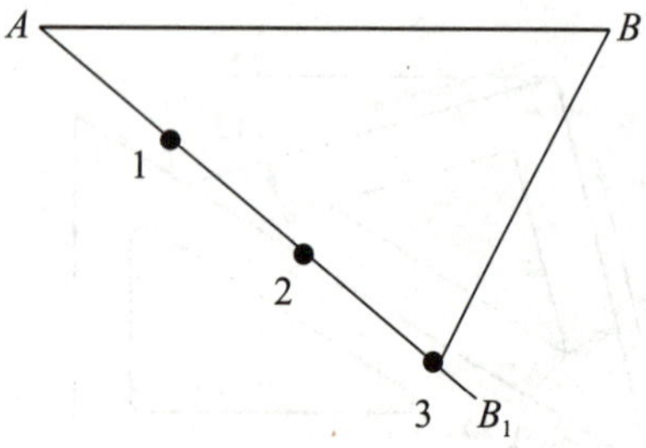

图 1-35　等分线段作图示范（1）

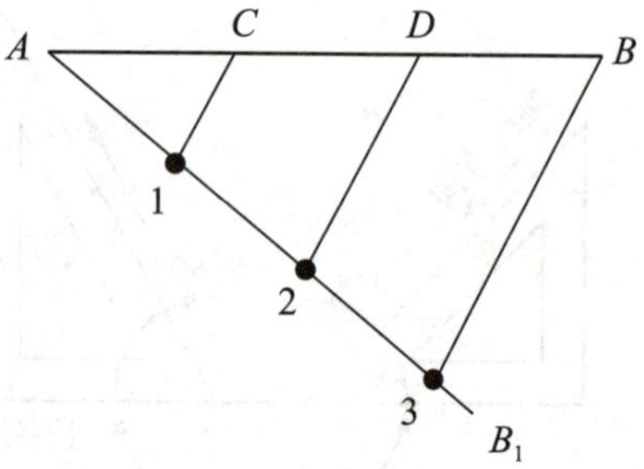

图 1-36　等分线段作图示范（2）

2. 五等分圆周（作内接正五边形）

（1）作 OB 的垂直平分线，得到点 O_1，以 O_1 为圆心，O_1C 为半径画圆弧，和 OA 交于点 D，如图 1-37 所示。

（2）以 CD 为半径在圆周上依次截取，即可得到等分点 1、2、3、4，依次连接 1、2、3、4、C 点，得到正五边形，如图 1-38 所示。

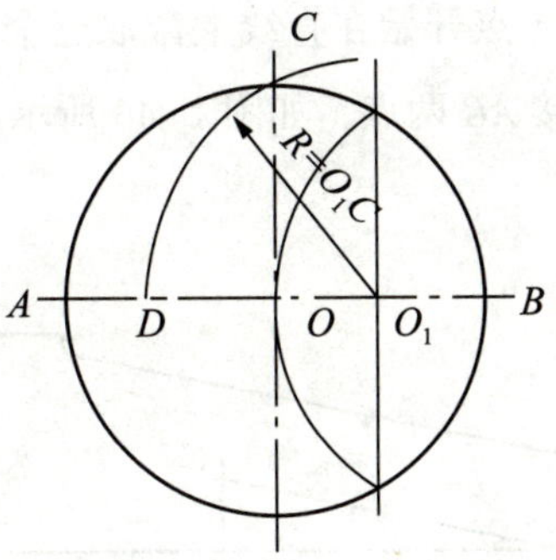

图 1-37　五等分圆周作图示范（1）

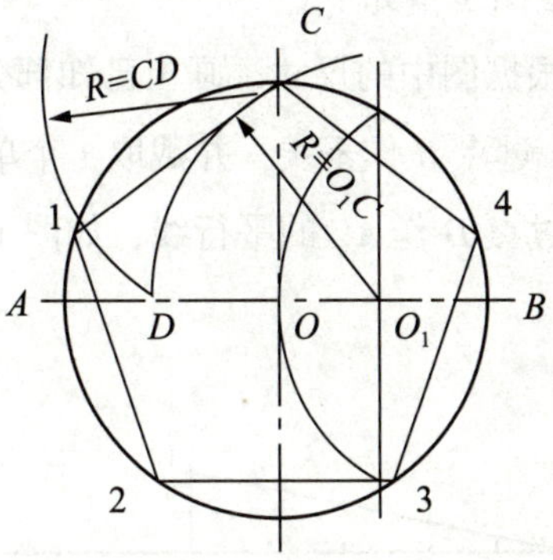

图 1-38　五等分圆周作图示范（2）

3. 六等分圆周（作内接正六边形）

（1）以 A 为圆心，R 为半径作圆弧，与圆周相交得 1、2 两点。以 B 为圆心，R 为半径作圆弧，与圆周相交得 3、4 两点，如图 1-39 所示。

（2）依次连接 1、A、2、3、B、4 点，得到正六边形，如图 1-40 所示。

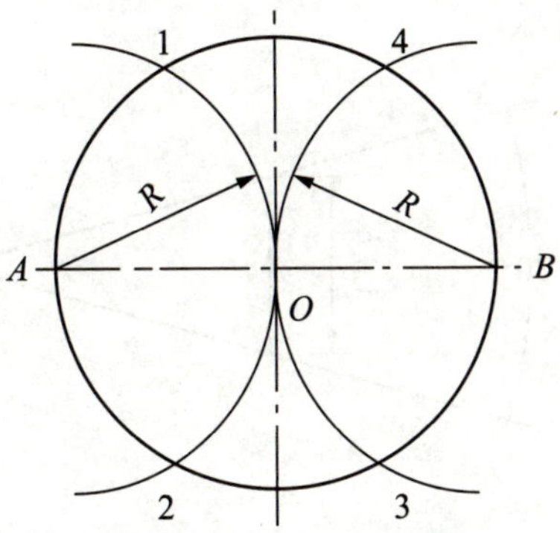

图 1-39　六等分圆周作图示范（1）

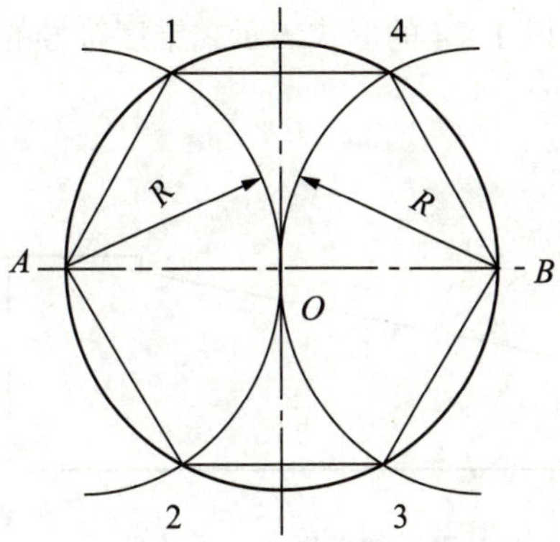

图 1-40　六等分圆周作图示范（2）

4. 斜度

斜度是指一直线对另一直线或一平面对另一平面的倾斜程度，大小以夹角的正切来表示，在图形上通常简化为 1∶n 的形式，即 $\tan a=H:L=1:n$，斜度符号的画法如图 1-41 所示。

例如，画出图 1-42 所示的图形。

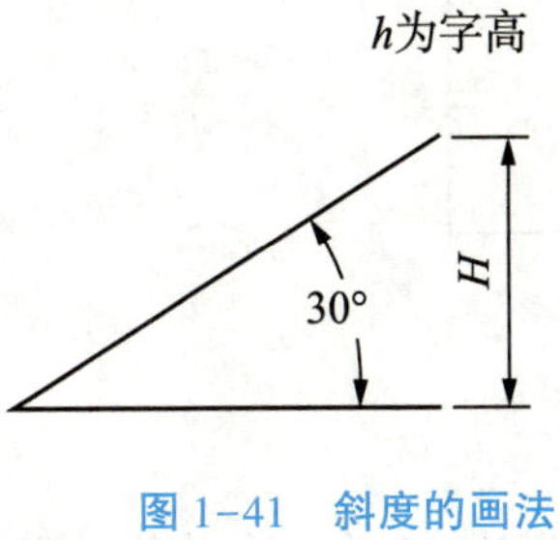

图 1-41　斜度的画法

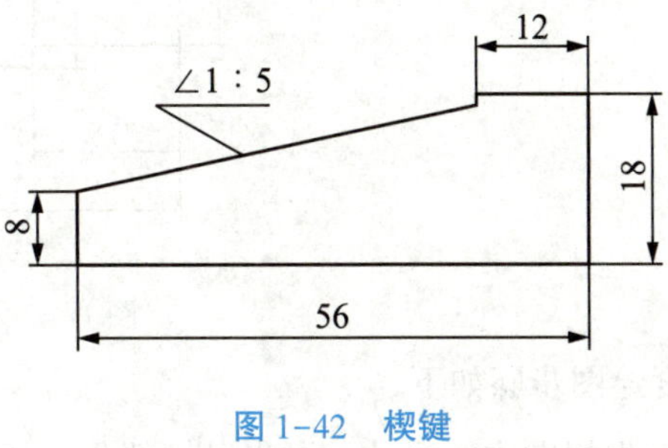

图 1-42　楔键

斜度绘图步骤如下。

（1）根据图中的尺寸，画出已知部分。用分规取任意长度从 A 点开始在直线上截取五个等长线段，得到点 B。过点 B 作垂线，并截取 1 个单位长度，得到 C 点，连接 AC 两点，如图 1-43 所示。

（2）过点 D 作 AC 的平行线，如图 1-44 所示。

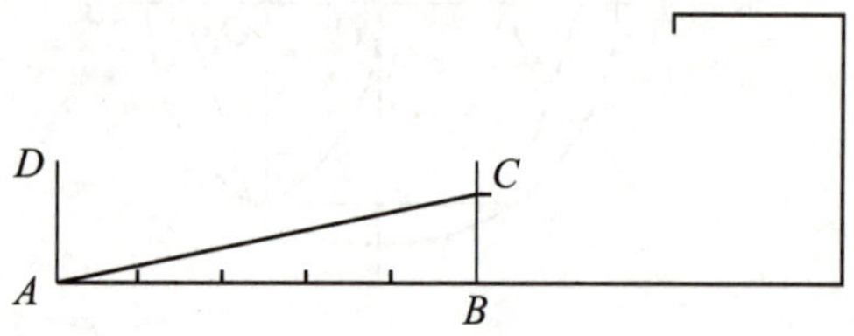

图 1-43 斜度作图示范（1）

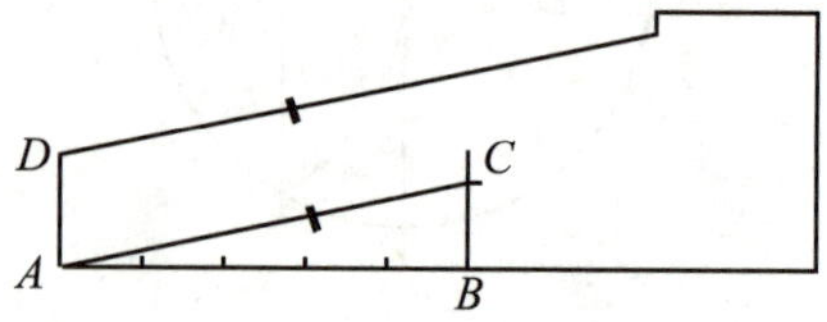

图 1-44 斜度作图示范（2）

（3）加深轮廓，并标注斜度，斜度一般采用引线标注，如图 1-45 所示。

标注斜度时，一般采用引线标注，符号的倾斜方向应与斜度的方向一致。

5. 锥度

锥度是指正圆锥体的底圆直径与正圆锥体的高度之比，如果是圆锥台，则是上下两圆直径差与锥台高度之比，以 1 : n 的形式表示，锥度符号的画法如图 1-46 所示。

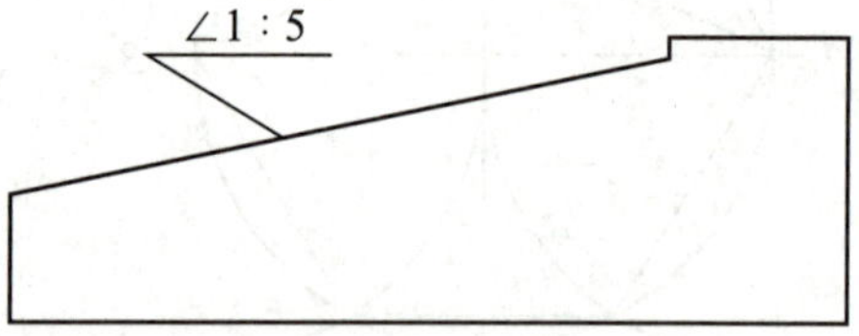

图 1-45 斜度作图示范（3）

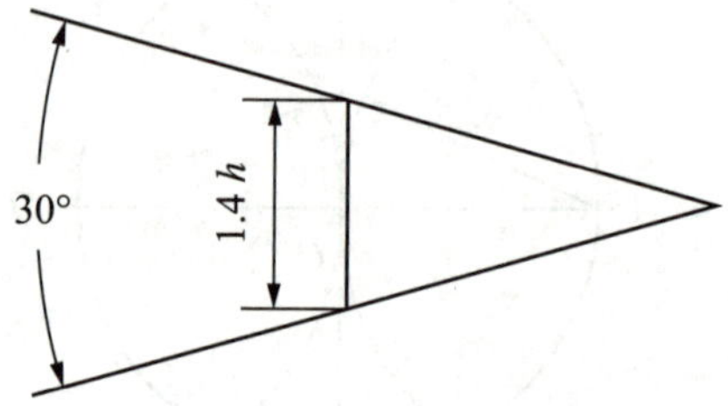

图 1-46 锥度符号的画法

例如，画出图 1-47 所示具有 1 : 5 锥度的图形。

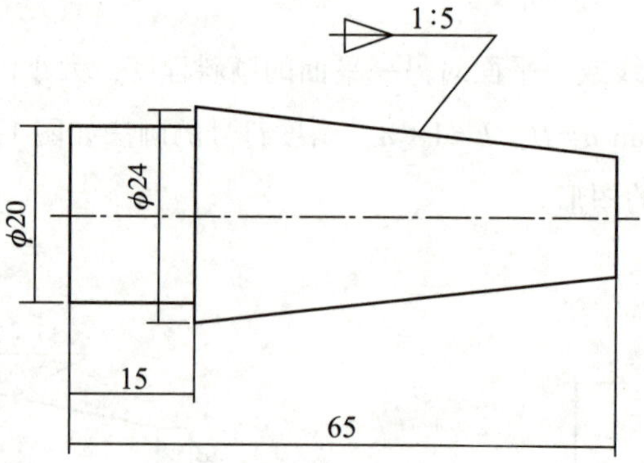

图 1-47 具有 1 : 5 锥度的图形

锥度绘图步骤如下。

（1）根据图中的尺寸，画出已知部分，任意确定等腰三角形的底边 AB 为 1 个单位，高为 5 个单位，

画出等腰三角形 ABC，如图 1-48 所示。

（2）过点 D、E、作 AC 和 BC 的平行线，完成轮廓如图 1-49 所示，加深轮廓，并标注锥度所示。

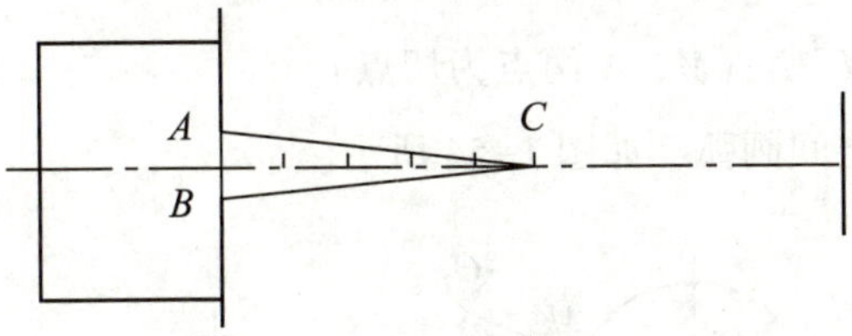

图 1-48　锥度作图示范（1）

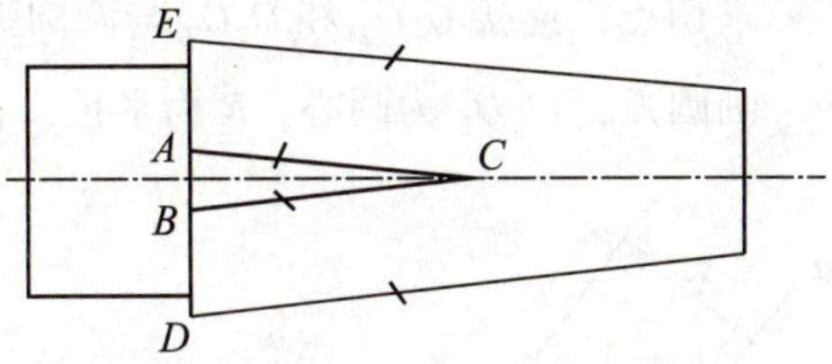

图 1-49　锥度作图示范（2）

标注锥度时，一般采用引线标注，符号的方向应与锥度方向一致。

6. 椭圆

用四圆心法画椭圆的绘图步骤如下。

（1）作出椭圆的长轴 AB 和短轴 CD，连接 AD，在 AD 上取点 M，$DM=OA-OD$，以点 D 为圆心，DM 为半径作弧与 OD 的延长线相交于点 A_1，如图 1-50 所示。

（2）作 AM 的垂直平分线，并延长与 OA、OC 交于 O_1 和 O_2 两点，作 O_1 和 O_2 的对称点 O_3 和 O_4。连接 O_2O_3、O_3O_4、O_4O_1，如图 1-51 所示。

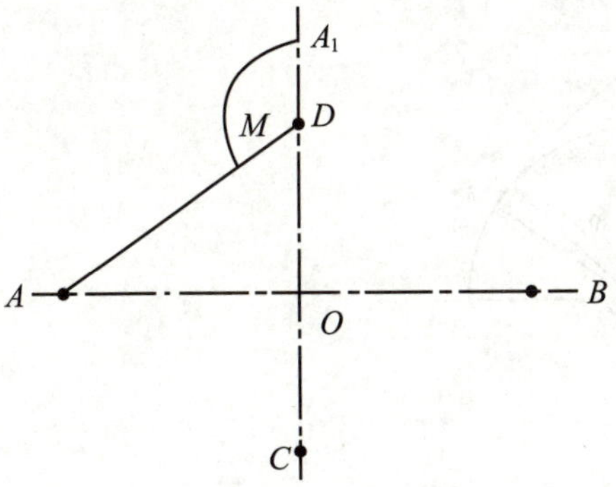

图 1-50　椭圆作图示范（1）

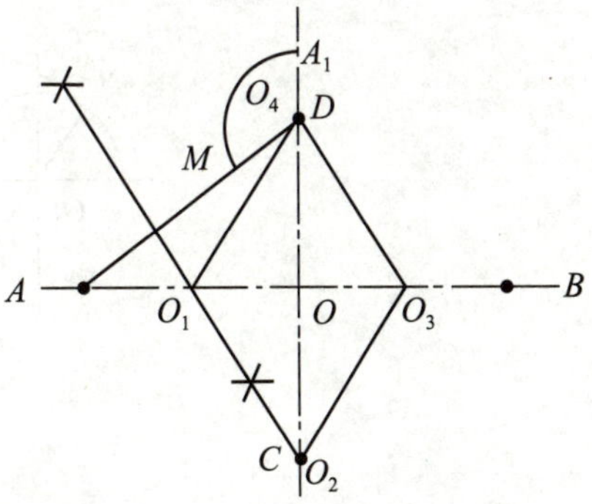

图 1-51　椭圆作图示范（2）

（3）以 O_1、O_3 为圆心，以 O_1A、O_3B 为半径作圆弧，与 O_1O_2、O_2O_3、O_3O_4、O_4O_1 分别交于 E、G、F、H，以 O_2、O_4 为圆心，以 O_2D、O_4C 为半径作圆弧，与之前的圆弧相连，轮廓加深描粗，如图 1-52 所示。

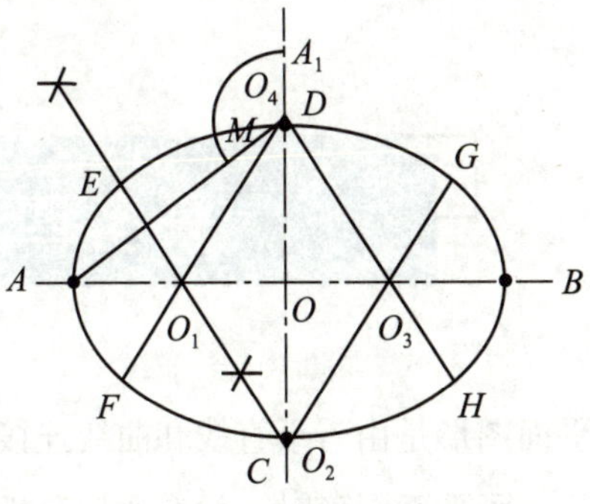

图 1-52　椭圆作图示范（3）

7. 圆弧连接

用一段圆弧光滑连接两线段（直线或圆弧）的作图方法称为圆弧连接，绘图步骤如下所示。

（1）用半径为 R 的圆弧连接两条已知直线。

找圆心，分别作 a 和 b 的平行线，间距为 R。

求切点，过点 O 分别向直线 a 和 b 作垂线，垂足为 c、d（c、d 两点为切点）。

画圆弧，以 O 为圆心，R 为半径，在两切点之间画弧，如图 1-53 所示。

（2）用半径为 R 的圆弧连接两已知圆弧（外切）。

找圆心，分别以 O_1 和 O_3 为圆心，以 R_1+R 和 R_2+R 为半径作圆弧交于点 O_2。

求切点，连接 O_1O_2 和 O_2O_3 与两圆弧交于点 M、N（M、N 两点为切点）。

画圆弧，以 O_2 为圆心，R 为半径，在两切点之间画弧，如图 1-54 所示。

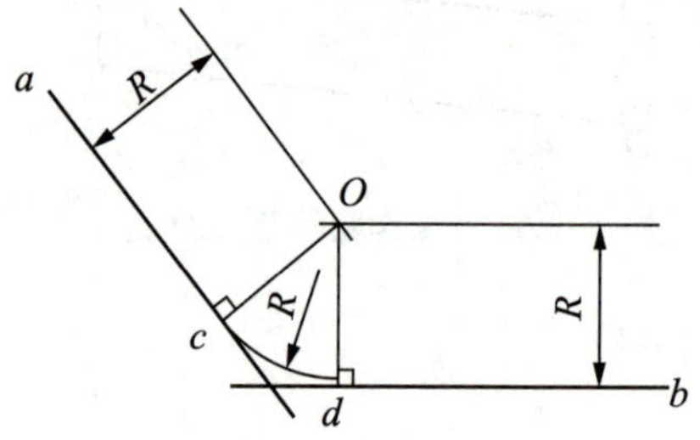

图 1-53　圆弧连接作图示范（1）

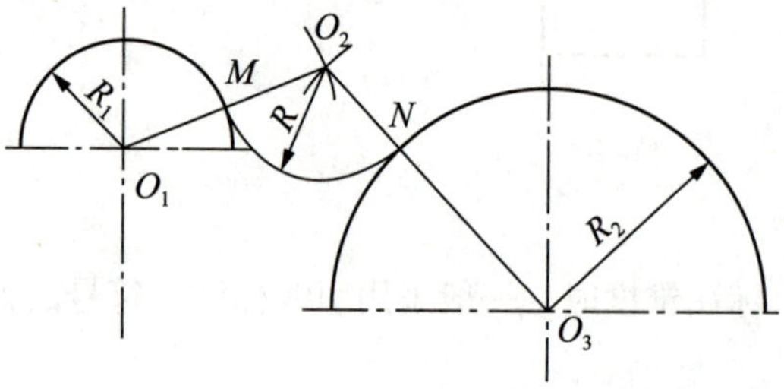

图 1-54　圆弧连接作图示范（2）

（3）用半径为 R 的圆弧连接两已知圆弧（内切）。

找圆心，分别以 O_1 和 O_3 为圆心，以 $R-R_1$ 和 $R-R_2$ 为半径作圆弧交于点 O_2。

求切点，连接 O_1O_2 和 O_2O_3，并反向延长，与两圆弧交于点 M、N（M、N 两点为切点）。

画圆弧，以 O_2 为圆心，R 为半径，在两切点之间画弧，如图 1-55 所示。

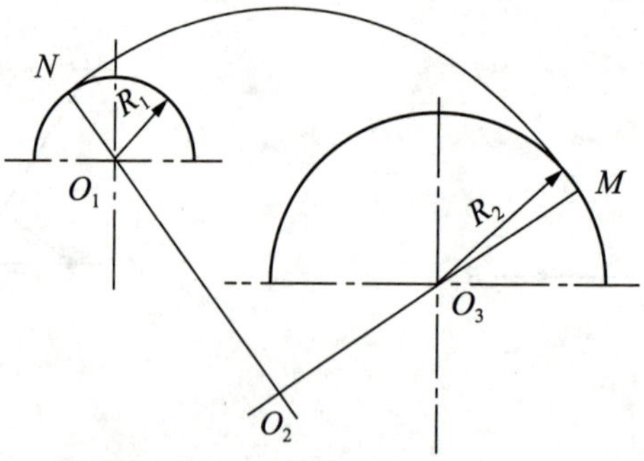

图 1-55　圆弧连接作图示范（3）

圆弧连接要点：根据已知条件准确定出连接圆弧 R 的圆心及切点。

任务四　平面图形分析及作图

平面图形是由若干直线和曲线连接而成的，这些线段之间的相对位置和连接关系是靠给定的尺寸来确定的。画平面图形时，只有通过分析尺寸，确定线段性质，明确作图顺序，才能正确地画出图形。

一、平面图形尺寸分析

平面图形中的尺寸可根据作用不同，分为定形尺寸和定位尺寸两类。

1. 定形尺寸

用来表示平面图形中各个几何图形的形状和大小的尺寸称为定形尺寸，如线段的长度、圆及圆弧的直径或半径、角度的大小等。图 1-56 中的 $\phi20$、$\phi5$、15、$R15$、$R50$、$R10$、$\phi32$ 等均为定形尺寸。

2. 定位尺寸

用来表示各个几何图形间的相对位置的尺寸称为定位尺寸。图 1-56 中的 8 为 $\phi5$ 小孔的定位尺寸。

有时某些尺寸既是定形尺寸又是定位尺寸，如图 1-56 中的 75。

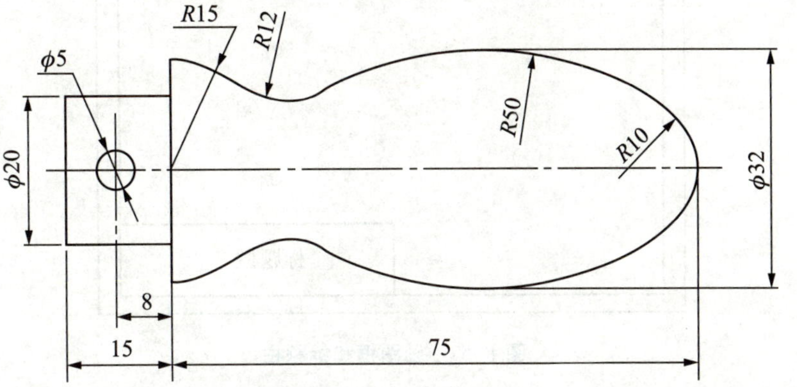

图 1-56　手柄

二、平面图形的线段分析

在平面图形中，有些线段具有完整的定形和定位尺寸，绘图时可以直接绘出，而有些线段的定位尺寸并未全部给出，这时要利用线段连接关系找出潜在的条件才能画出。因此，按照线段的尺寸是否标注齐全，可将线段分为已知线段、中间线段和连接线段三类。

1. 已知线段

凡是定形尺寸和定位尺寸均齐全的线段称为已知线段，如图 1-56 中的 $\phi5$、$R15$、$R10$。

2. 中间线段

有定形尺寸，并给出一个定位尺寸的线段称为中间线段，如图 1-56 中的 $R50$，其圆心的上下位置可以根据 $\phi32$ 来确定，但左右位置无法确定。画图时，要根据 $R50$ 与 $\phi32$ 外切、$R50$ 与 $R10$ 内切的几何条件，找出圆心位置，才能画出 $R50$ 的圆弧。

3. 连接线段

只有定形尺寸，而无定位尺寸的线段称为连接线段，如图 1-56 中的 $R12$。画图时，必须根据 $R12$ 与 $R15$ 和 $R50$ 两圆弧同时外切的几何条件分别画弧，找出 $R12$ 的圆心位置，才能画出 $R12$ 的圆弧。

三、手柄平面图形的绘图方法和步骤

下面介绍手柄平面图形的绘图步骤。

1. 准备工作

（1）准备好制图工具和仪器。

（2）分析平面图形的尺寸及线段，拟定制图步骤→确定比例→选择图幅→固定图纸→画出图框和标题栏，如图 1-57 所示。

图 1-57　画图框和标题栏

2. 绘制底稿

一般用 H 或 2H 铅笔画出底稿，具体绘图步骤如下。

（1）画出作图基准线，画出已知线段，如图 1-58 所示。

（2）画出中间线段，如图 1-59 所示。

（3）画出连接线段，如图 1-60 所示。

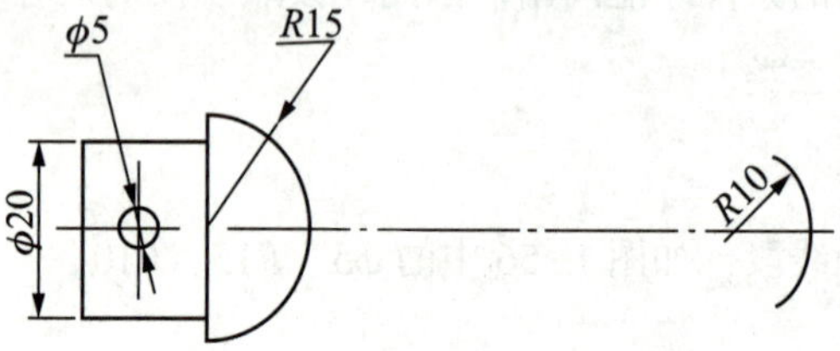

图 1-58　画出已知线段

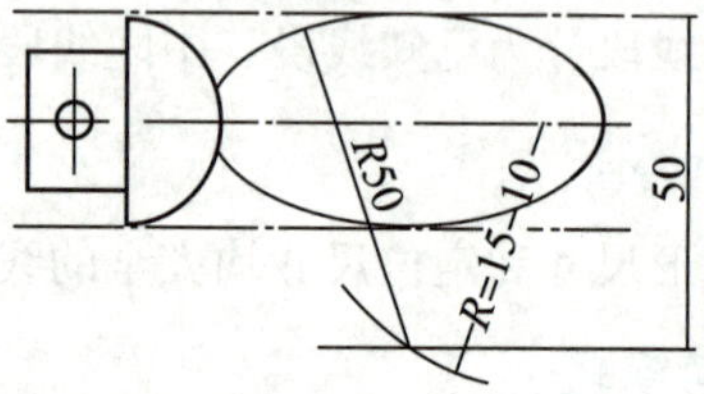

图 1-59　画出中间线段

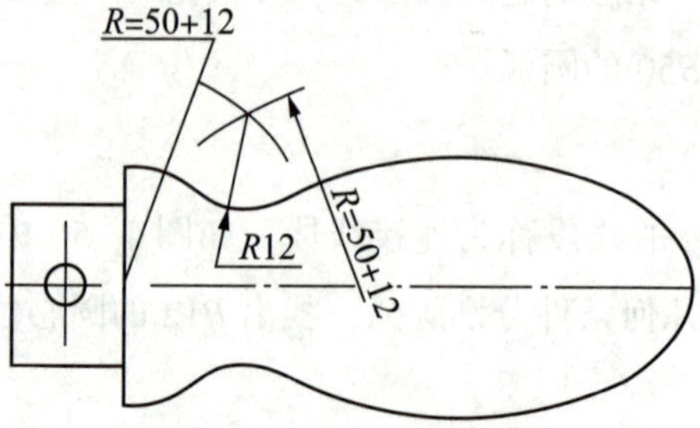

图 1-60　画出连接线段

绘制底稿时，布图要合理均匀，图线要尽量清淡、准确，保持图面整洁。

3. 加深描粗

底稿完成后要仔细核对，校正错误，擦去多余的图线，然后按照要求的线宽进行加深，画出尺寸线和尺寸界线。

描粗时注意以下几点。

（1）先粗后细。先用 B 或 2B 铅笔加深全部粗实线，然后用 HB 铅笔加深细实线、细点画线及细虚线等。

（2）先曲后直。先加深圆或圆弧，再从图的左上方开始，顺次向下描深所有水平方向的线，再从图的左上方开始，顺次向右描深所有垂直方向的线。

4. 标注尺寸，填写标题栏

绘成的手柄平面图形如图 1-61 所示。

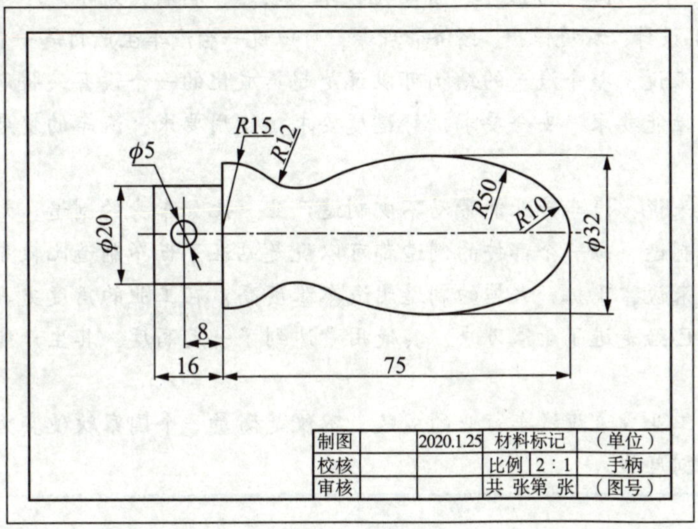

图 1-61　手柄平面图形

知识拓展

平面图形的尺寸标注

平面图形尺寸标注的基本要求是：正确、完整、清晰。

完整是指尺寸不能遗漏，也不重复。若按图形注出的尺寸不能完整画出图形，则说明尺寸有遗漏。而画完图形后没有用到的尺寸则为重复尺寸。

标注尺寸时，根据绘图或制造需要，考虑定形尺寸与定位尺寸，逐一标注各线段尺寸。注意合理布局，尺寸小的在内，大的在外，间隔均匀，不交叉。串联尺寸在同一直线上，尽量作到整齐美观。

思政链接

汽车工业对于国家的意义

人们对物质生活需求的增加，助推着汽车科技的飞跃发展，从第一辆三轮汽车诞生至今，汽车已经较过去发生了翻天覆地的变化。

汽车身上有着数万个零部件，而这些零部件的设计寿命往往在十年以上，期间要经历风霜雨雪，夏季酷暑和冬季严寒。而且还要求这些零部件维护尽可能简单，可靠性也要尽可能高。更重要的是，对于民用产品而言，成本的要求还要尽可能低。

而现代汽车工业的奇迹之一就是能把这么复杂的东西作得可靠性如此之高、可维护性如此之好，成本还如此之低。毫不夸张地说，汽车制造水平代表着一个国家的制造业水平。

首先从设计角度来说，一台汽车的设计所用到的几乎是理工类知识的一个集合。从机械设计、空气力学、热学、人体工程学、电工电子技术、自动化技术到物理、材料、光学、计算机、雷达测控技术、石油化工、纺织、产品设计、环境保护、经济管理等，可以说一台汽车生产的是一个产业链的投影。

其次从结构角度来说，整个汽车的结构可以说是超集成化的一个设备。将所有科技的运用集成在一台车里，要保证性能要求、安全要求、舒适度要求、使用要求，汽车的发展可以说已经是一个工业的发展史。

再次从制造角度来说，汽车产业能带动不少制造产业。比如车身的制造、灯具的制造、自动化控制的制造、轮胎的制造，每一个部件的制造都可以说是站在了世界制造比较先进的领域内。

最后从使用角度来说，飞机、大炮的制造比汽车难度高，在工业的角度更具代表性。但是汽车作为日常交通工具，已经走进了千家万户，其使用量达到了一定高度，其生产能力是其他专项制造业所不能代替的。

总而言之，汽车工业或者说汽车行业的成败，不仅是衡量一个国家软硬实力的标杆，也是估量国民生活水平的一个刻度线。

课 后 习 题

一、填空题

1. 为了便于管理和交流，国家发布了________和________等一系列国家标准。________是一项基础技术标准，具有通用性和一般性，而________是针对机械行业的标准。

2. 图纸宽度与长度组成的图面称为图纸幅面。图纸的基本幅面共有________种。

3. ________是指图样中图形与其实物相应要素的线性尺寸之比。

4. 平面图形中的尺寸可根据作用不同，分为________和________两类。

二、判断题

(　　) 1. 同一产品的图样可以采用不同的图框格式。

(　　) 2. 机件的真实大小在以图样上所注的尺寸数值为依据的基础上，还与图形的大小及绘图的准确度有关。

(　　) 3. 画平面图形时，只有通过分析尺寸，确定线段性质，明确作图顺序，才能正确地画出图形。

(　　) 4. 描粗时应注意作到先粗后细，先曲后直的原则。

项目二 正投影作图基础

项目概述

本项目着重介绍正投影的投影规律和作图方法，并通过立体表面上点、直线、平面的投影分析以及两个机件相交形成的表面交线的分析，初步培养学生的空间思维和想象能力，为学好本课程打下基础。掌握正投影作图基础知识，对于绘制准确、清晰的汽车机械图纸至关重要。

学习目标

知识目标

(1) 了解投影法的概念、分类、特性、基本性质。

(2) 掌握三视图的形成过程、投影规律、绘图步骤。

(3) 掌握各种位置点、直线、平面的投影及特征。

(4) 掌握棱柱、棱锥、圆柱、圆锥、球体的视图分析及画图步骤。

(5) 掌握基本体表面求点的方法与尺寸标注。

(6) 掌握求画截交线的方法和步骤。

(7) 熟悉相贯线的求画方法。

(8) 熟悉常见基本体相交时相贯线的形状。

能力目标

（1）能根据投影的特性判断投影的类型。

（2）能根据直线或平面对投影面摆放位置的不同，判断其投影特性。

（3）能绘制简单机件和基本体的三视图。

（4）能根据要求绘制直线、平面的三面投影。

（5）能根据给定的条件判断直线、平面的类型。

（6）能识读各种类型的截交线。

（7）能识读、绘画常见圆柱相贯的相贯线。

素质目标

（1）培养学生坚韧的意志力，能在制图过程中保持高度的专注和准确性。

（2）培养学生的逻辑思维和逻辑推理能力。

思政目标

（1）让学生了解马克思主义认识论，培养学生尊重客观实际，凡事从实际出发，能够透过现象分析本质问题。

（2）强化工程伦理教育，培养学生精益求精的大国工匠精神。

任务工单

一、任务名称

求图 2-1 所示圆柱被截切后的 *W* 面投影。

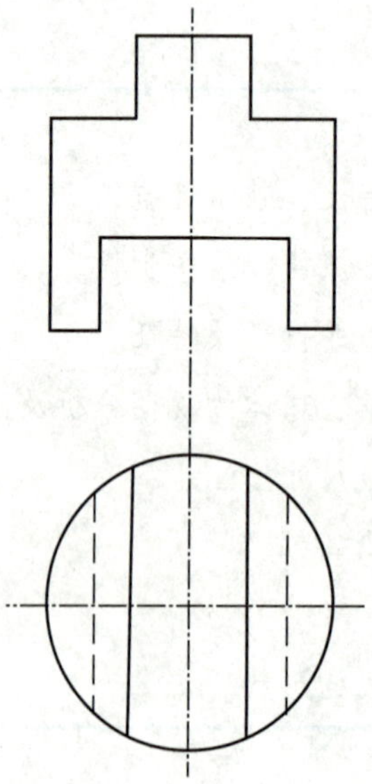

图 2-1　示例图

二、任务描述

求如图 2-1 所示圆柱被截切后的 *W* 面投影，并完成表 2-1 的填写。

表 2-1　实训表（1）

姓名		班级		学号	
学时		日期		实践地点	
实训工具	笔、纸、图板、丁字尺、分规、比例尺、圆规、三角板等				
任务目标	能识读各种类型的截交线，掌握截交线的投影作图				

三、分组讨论

全班学生以 3~6 人为一组进行分组，选出各自组长，组长对组员进行任务分工并将分工情况记入表 2-2 中。

表 2-2　实训表（2）

成员	任务
组长	
组员	
组员	
组员	
组员	
组员	

四、任务思考

1. 什么是截交线？
2. 圆柱被平面截切后，截交线有几种情况？
3. 圆锥被平面截切后，截交线有几种情况？

五、任务实施

在实际操作过程中，将操作内容及实施过程中遇到的问题和解决办法记录在表 2-3 中。

表 2-3　实训表（3）

序号	操作内容	遇到的问题	解决办法

六、任务评价

请各小组选出一名代表展示任务实施的成果，并配合指导教师完成表 2-4 的任务评价。

表 2-4　实训表（4）

评价项目	评价内容	分值	评价分值		
			自评	互评	师评
职业素养考核项目	考勤、仪容仪表	10 分			
	团队交流与合作意识	10 分			
	责任意识、纪律意识	10 分			
专业能力考核项目	积极参与教学活动并正确理解任务要求	10 分			
	认真查找与任务相关的资料	10 分			
	任务实施过程记录表的完成度	10 分			
	对正投影作图基础的掌握程度	20 分			
	独立完成相应任务的程度	20 分			
合计		100 分			
总评	自评（20%）+互评（20%）+师评（60%）=	综合等级	教师（签名）：		

任务一　正投影法基本知识

在日常生活中，常常见到物体被灯光或太阳照射后，会在地面或墙壁上留下一个影子，这就是投影现象。人们通过对这种自然现象进行研究探索，总结其中的规律，创造了投影法。

正投影法基本知识

一、投影法的分类

投射线通过物体向选定的面投射，并在该面上得到图形的方法称为投影法，如图 2-2 所示。根据光源、投射线和投影面三要素的相对位置，投影法可分为中心投影法和平行投影法两类。

1. 中心投影法

投射线交汇于一点的投影法称为中心投影法。如图 2-3 所示，S 为投射中心，选定的 H 为投影面，光线 SA 等为投射线，投射线与投影面的交点 a 称为点 A 在 H 上的投影，$\triangle abc$ 为 $\triangle ABC$ 在平面 H 上的投影。

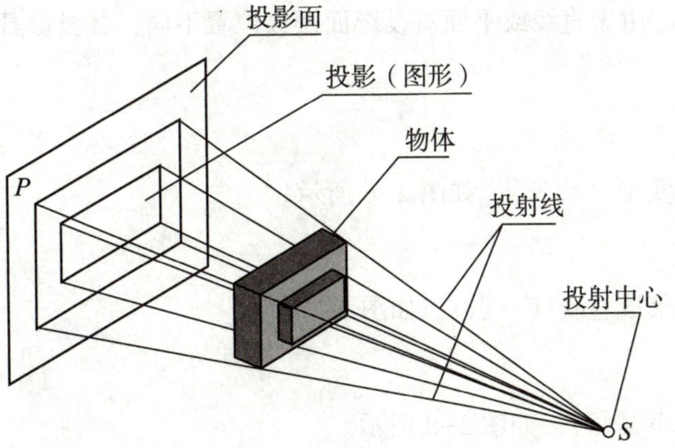

图 2-2 投影法的形成

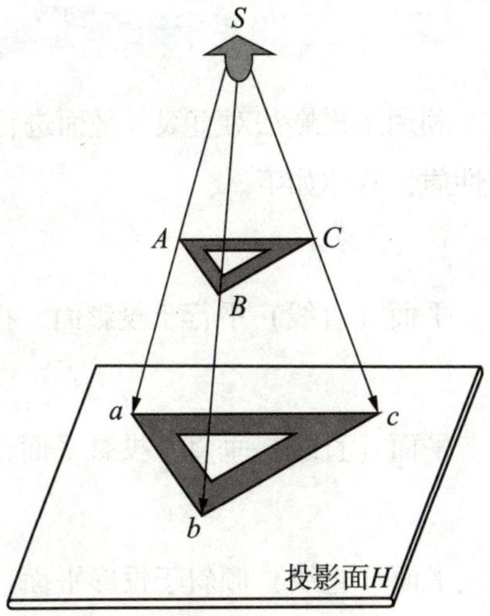

图 2-3 中心投影法

2. 平行投影法

投射线互相平行的投影方法称为平行投影法。根据投射线与投影平面倾斜或垂直，平行投影法又分为正投影法和斜投影法两类。

(1) 正投影法

投射线与投影平面垂直的平行投影法，如图 2-4 所示。

由于正投影法的投射线互相平行且垂直于投影平面，因此在其投影面上能完整而真实地表达机件的形状和大小，因此正投影原理是工程制图的基础。本书将正投影简称为“投影”。在工程图样中，根据有关标准绘制的多面正投影图也称为“视图”。

(2) 斜投影法

投射线与投影平面倾斜的平行投影法，如图 2-5 所示。

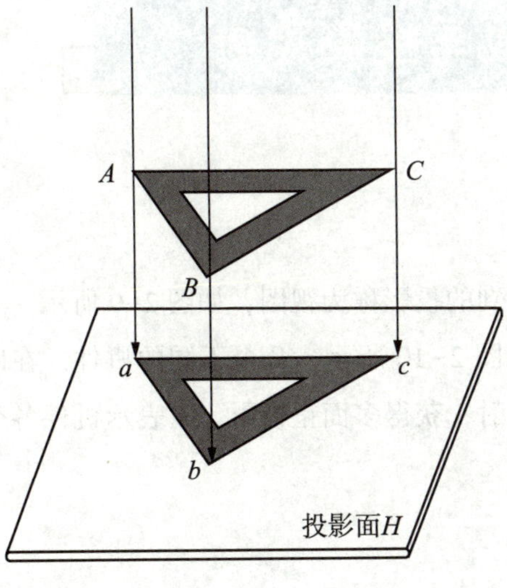

图 2-4 平行投影法

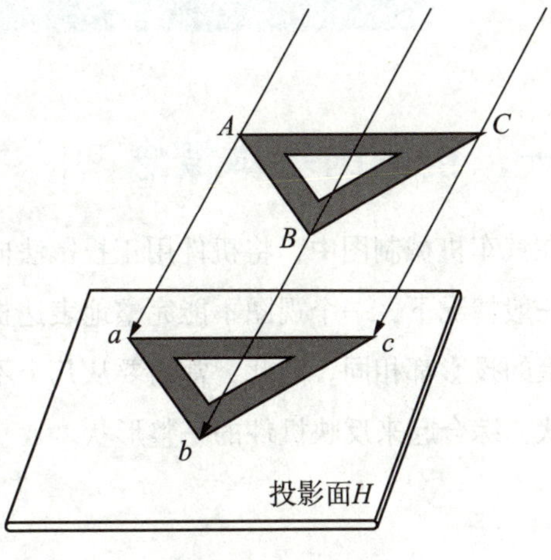

图 2-5 斜投影法

二、正投影法的基本性质

利用正投影法对直线、平面进行投影时，由于直线或平面对投影面摆放位置不同，其投影具有不同的性质，具体如下。

1. 真实性

平面（直线）平行于投影面，投影反映实形（实长），如图 2-6 所示。

2. 积聚性

平面（直线）垂直于投影平面，投影积聚成直线（一点），如图 2-7 所示。

3. 类似性

平面（直线）倾斜于投影平面，投影变小（短），如图 2-8 所示。

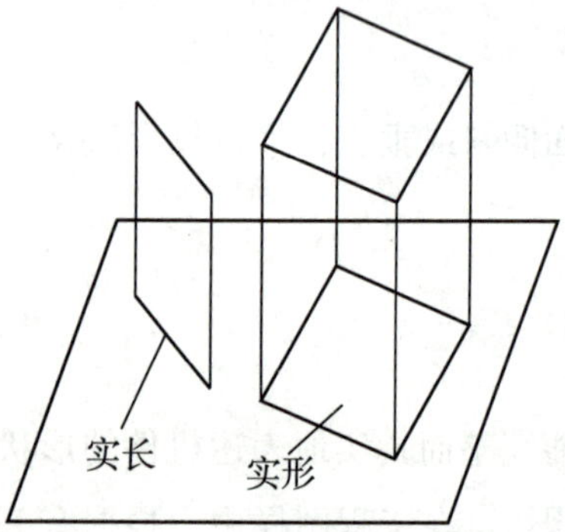

图 2-6　真实性图示

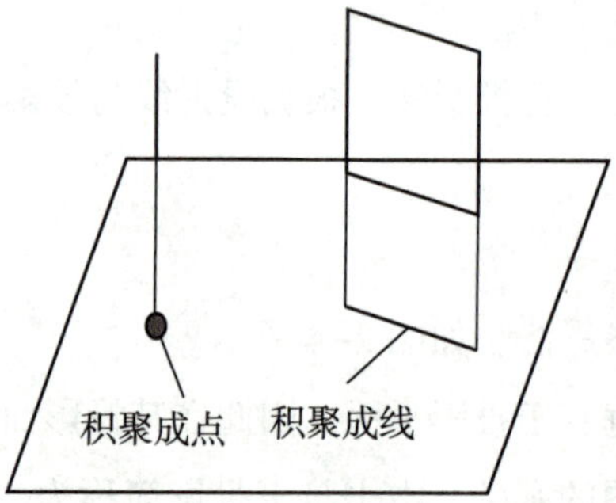

图 2-7　积聚性图示

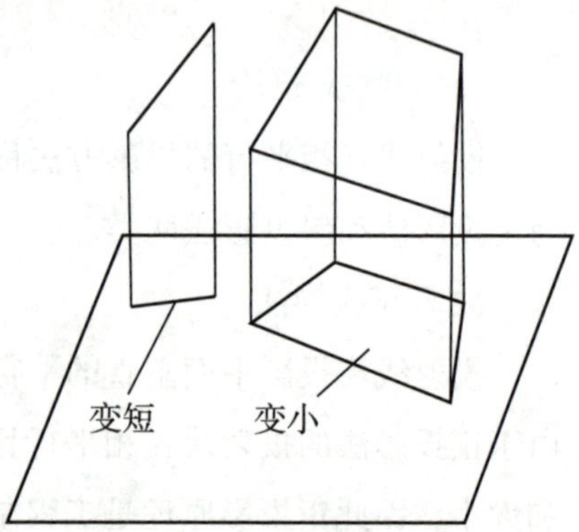

图 2-8　类似性图示

任务二　三视图的形成与投影规律

一、视图的基本概念

在汽车机械制图中，将机件用正投影法向投影面投射得到的投影称为视图，如图 2-9 所示。

一般情况下，一个视图不能完整地表达机件的形状。如图 2-10 所示，几个不同的机件，在同一投影面上的投影都相同。因此，常需要从几个不同方向进行投射，获得多面正投影，以表示机件各个方向的形状，综合起来反映机件的完整形状。

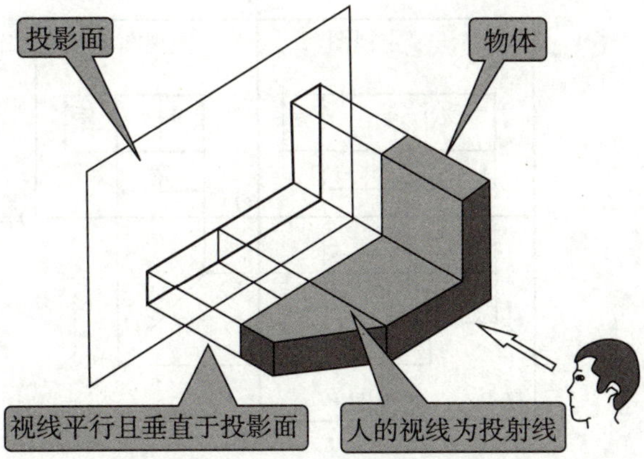

图 2-9　视图的概念

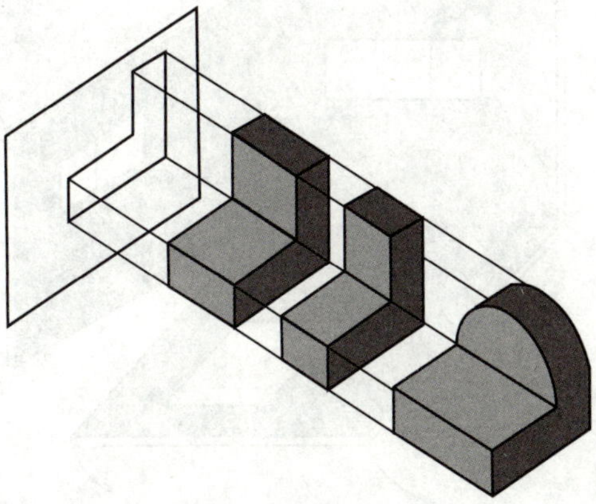

图 2-10　一个视图不能确定机件的形状和大小

二、三视图的形成

1. 物体在三投影体系中的投影

将物体放在三投影体系中，按正投影法分别向三个投影面投射，得到三个视图，如图 2-11 所示。它们分别如下。

（1）主视图：由前向后投射，在 *V* 面上得到的视图。

（2）俯视图：由上向下投射，在 *H* 面上得到的视图。

（3）左视图：由左向右投射，在 *W* 面上得到的视图。

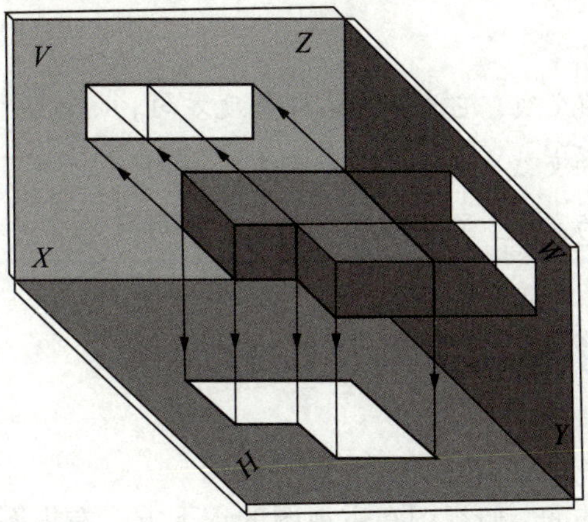

图 2-11　三视图的形成

2. 三投影面的展开

为了读图和画图方便，需要将三个互相垂直的平面展开在同一个平面上，展开方法如图 2-12 所示。*V* 面保持不动，*H* 面绕 *OX* 轴向下旋转 90°，*W* 面绕 *OZ* 轴向右旋转 90°，就得到了展开的三视图，如图 2-13 所示。

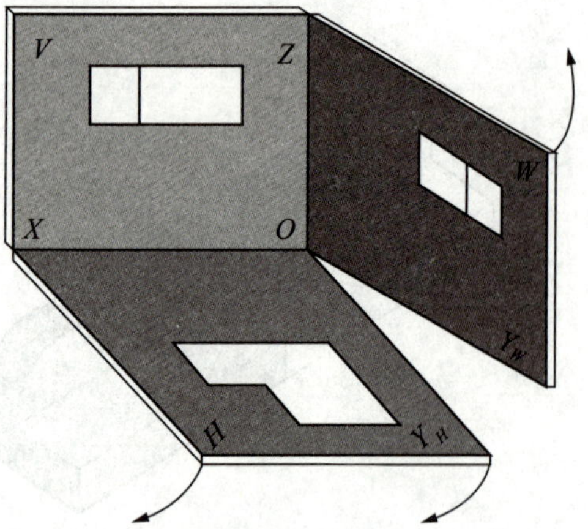

图 2-12　三视图展开方法

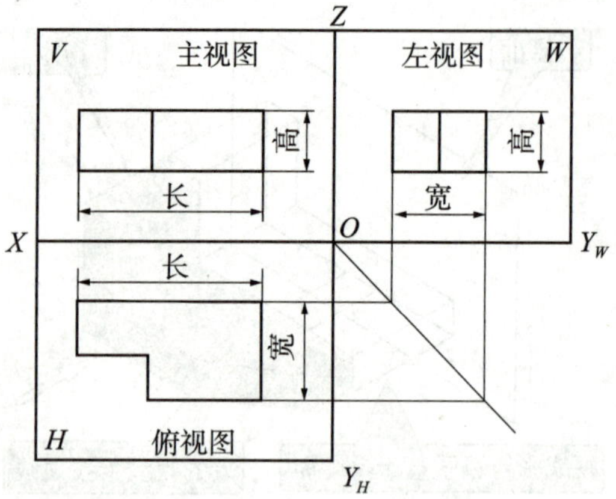

图 2-13　展开的三视图

知识拓展

三投影面体系的建立

三投影面体系由三个相互垂直的投影面组成，如图 2-14 所示。三个投影面分别如下。

(1) 正立投影面，简称正面，用 *V* 表示。

(2) 水平投影面，简称水平面，用 *H* 表示。

(3) 侧立投影面，简称侧面，用 *W* 表示。

投影面的交线 *OX*、*OY*、*OZ* 称为投影轴，三投影轴交于一点 *O*，称为原点。

(1) *OX* 是 *V* 面与 *H* 面的交线，它表示左右即长度方向。

(2) *OY* 是 *H* 面与 *W* 面的交线，它表示前后即宽度方向。

(3) *OZ* 是 *V* 面与 *W* 面的交线，它表示上下即高度方向。

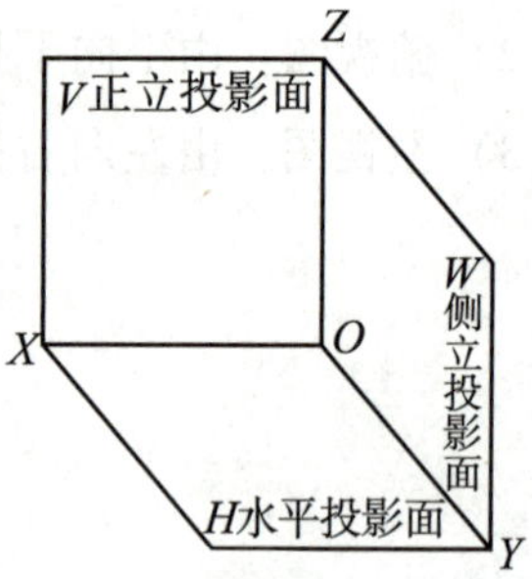

图 2-14　三投影面体系

三、三视图的投影对应关系及投影规律

1. 位置关系

在三视图中，以主视图为基准，俯视图在主视图的正下方，左视图在主视图的正右方。画三视图时，应按照这种位置关系配置视图，不需要另外标注视图名称，如图 2-15 所示。此外，视图主要用来表达物体的形状，而没有必要表达物体与投影面之间的距离，因此绘图时不需画出投影轴和投影间的连线。

2. 方位关系

物体具有上、下、左、右、前、后六个方位，理解清楚这六个方位的关系，对画图和看图是十分有利的。

主视图：反映物体的上、下、左、右关系。

俯视图：反映物体的前、后、左、右关系。

左视图：反映物体的上、下、前、后关系。

画图与看图时一定要注意俯视图、左视图远离主视图的一边表示物体的前面，靠近主视图的一边表示物体的后面，俯视图、左视图不仅要保证宽相等，还要保证前后对应关系。

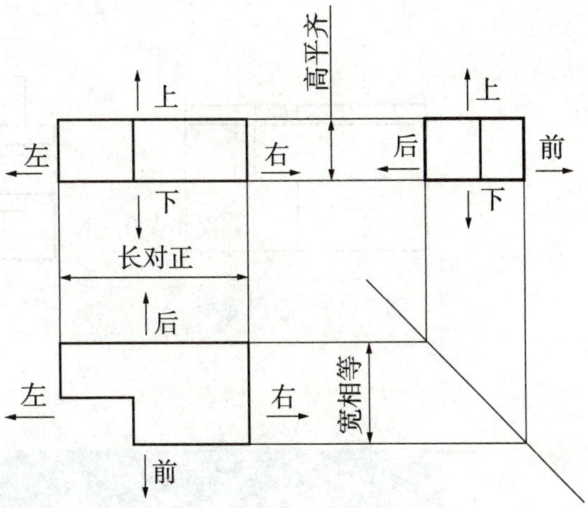

图 2-15　三视图

3. 投影规律

物体有长、宽、高三个方向的尺寸，对应了 X 方向、Y 方向和 Z 方向。

每个视图反映了物体两个方向的大小，具体内容如下。

主视图：反映了物体的长和高。

俯视图：反映了物体的长和宽。

左视图：反映了物体的宽和高。

由于三视图反映的是同一个物体，根据三视图的位置关系，从而可以得出三视图的投影规律为：主、俯长对正，主、左高平齐，俯、左宽相等，简称三等规律。三等规律是三视图的重要特性，也是画图与读图的依据。

四、三视图画法举例

绘制三视图时，首先要根据物体的形状，选择合适的投影角度，以使物体的结构通过视图表达清楚。

例如，根据如图 2-16 所示物体的轴测图，画出其三视图的分析方法及步骤如下。

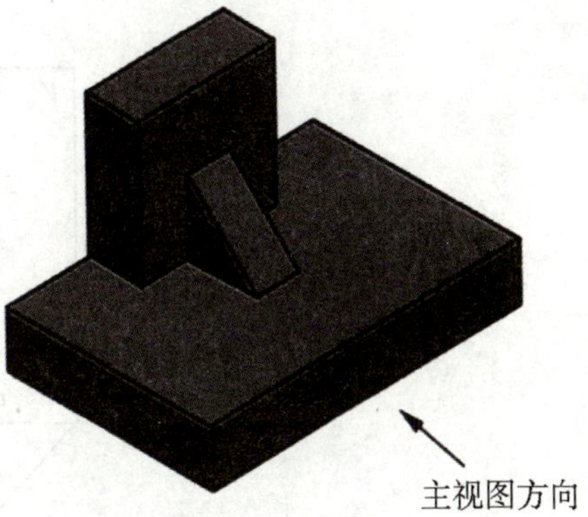

图 2-16　支座

图 2-16 所示的支座，下方为一长方形底板，底板的后面有块立板，立板的前方中间有一块三角形肋板。根据支座的形状特征，使支座的后面与 V 面平行，底面与 H 面平行，由前向后的观察方向为主视图投影方向。

绘制三视图时，要三个视图配合着画，这样可以避免漏线或多线的情况出现，支座三视图绘图步骤如下。

（1）画出对称中心线、基准线、作图辅助线，画出底板，如图 2-17 所示。

（2）画出竖板，画出肋板，如图 2-18 所示。

（3）检查，描粗，完成三视图，如图 2-19 所示。

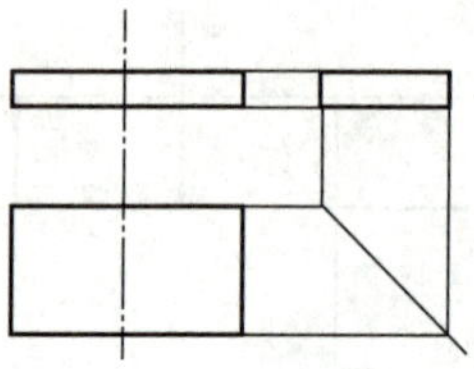
图 2-17　画出底板

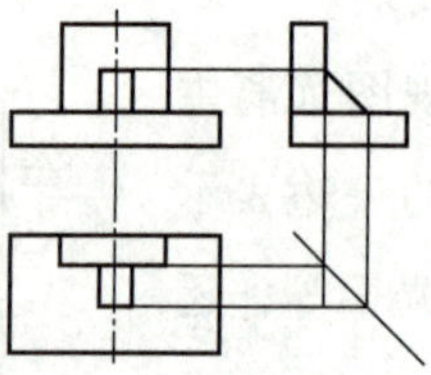
图 2-18　画出肋板

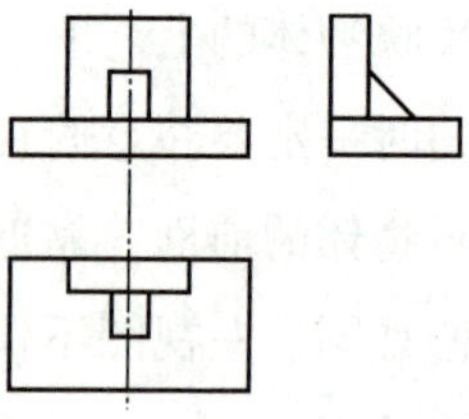
图 2-19　完成三视图

任务三　点、直线、平面的投影

点、直线、平面是组成物体表面的基本几何元素。研究清楚这些点、直线、平面的投影规律，可以快速、准确地画出物体的三视图。

一、点的投影

1. 点的投影规律

如图 2-20 所示，将空间点 A 放在三面投影体系中，分别向 V 面、H 面、W 面作垂直投射线，得到点 A 的正面投影 a'、水平投影 a、侧面投影 a''。

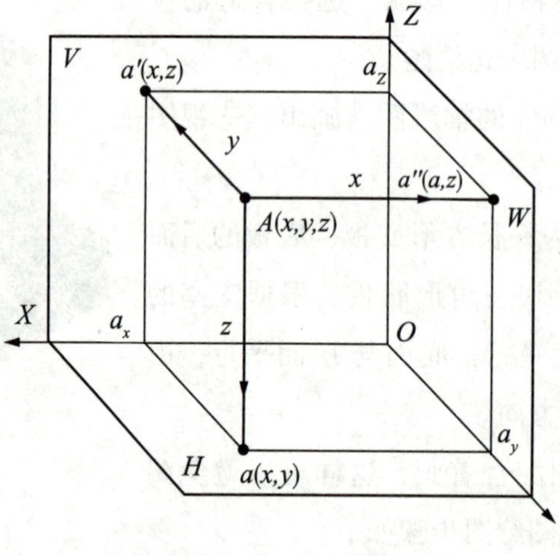

图 2-20　点的投影立体图

空间点及点的三面投影标注，如表 2-5 所示。

表 2-5　点的标注

点的位置	标注示例
空间点	A，B，C……
点的水平面投影	a，b，c……

续表

点的位置	标注示例
点的正立面投影	a'、b'、c'……
点的侧立面投影	a''、b''、c''……

投影面展开后，去掉投影面边框，得到图 2-21 所示点的投影平面图。图中 a_x、a_y、a_z 为点的投影连线与投影轴的交点。

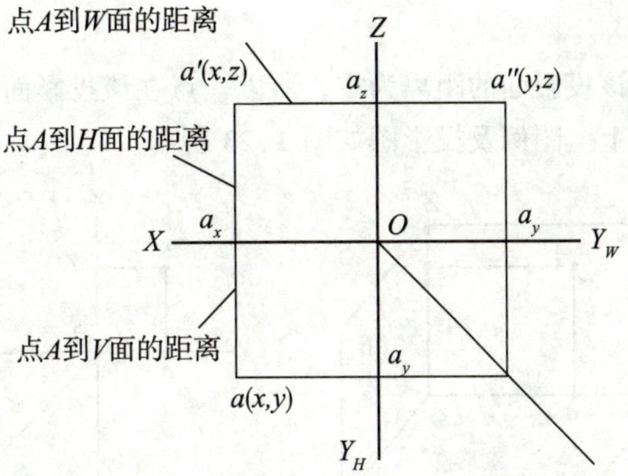

图 2-21　点的投影平面图

从图 2-21 中可以看出点的投影具有以下规律。

(1) 点的两面投影连线垂直于相应的投影轴，即 $a'a \perp OX$ 轴，$a'a'' \perp OZ$ 轴，$aa_y \perp OY_H$ 轴，$a''a_y \perp OY_W$ 轴。

(2) 点的投影到投影轴的距离等于空间点到相应投影面的距离，即

A 点到 V 面的距离：$Aa' = aa_x = a''a_z = a_yO = Y$ 坐标

A 点到 H 面的距离：$Aa = a'a_x = a''a_y = a_zO = Z$ 坐标

A 点到 W 面的距离：$Aa'' = aa_y = a'a_z = a_xO = X$ 坐标

空间点 A 的位置由该点的坐标（x，y，z）确定，点 A 三面投影坐标为 a（x，y）、a'（x，z）、a''（y，z）。

由此可知，点的三面投影，依然符合三视图的三等规律，并且只要知道其中任意两面投影，即可求出第三面投影（简称知二求三）。

2. 各种位置点的投影

点的位置有在空间、在投影面上、在投影轴上以及在原点上，每种情况都有不同的特征，具体内容如下。

(1) 点的位置在空间上

点的三个坐标值均不为零，点的三个投影都在投影面上，图例及投影图如图 2-22 所示。

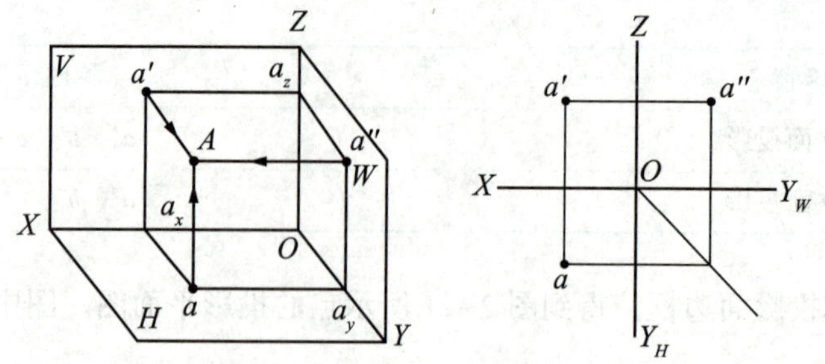

图 2-22　点的位置在空间上

（2）点的位置在投影面上

由于点在投影面上，点对该投影面的距离为零。所以，点在该投影面上的投影与空间点重合，另两投影在该投影面的两根投影轴上，图例及投影图如图 2-23 所示。

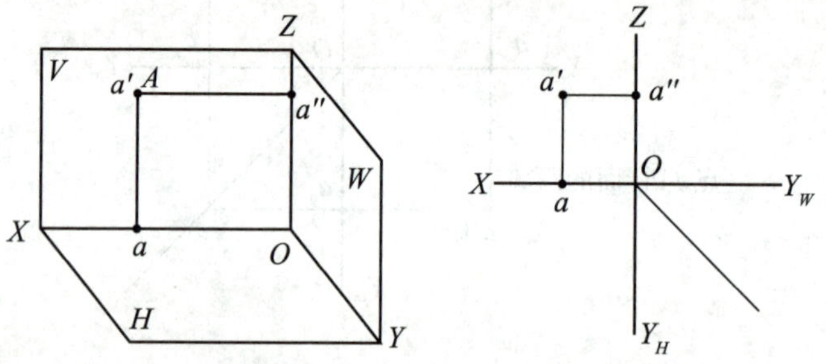

图 2-23　点的位置在投影面上

（3）点的位置在投影轴上

点的两个坐标值为零。点的两个投影在坐标轴上，另外一个投影与原点重合，图例及投影图如图 2-24 所示。

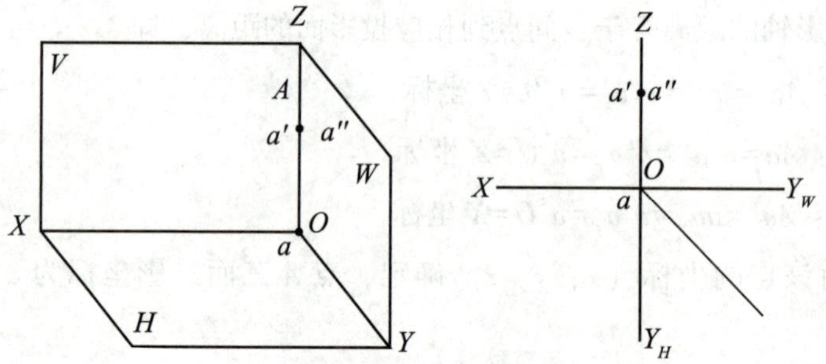

图 2-24　点的位置在投影轴上

（4）点的位置在原点上

在原点上的点三个坐标值均为零。点的三个投影与空间点都重合在原点，图例及投影图如图 2-25 所示。

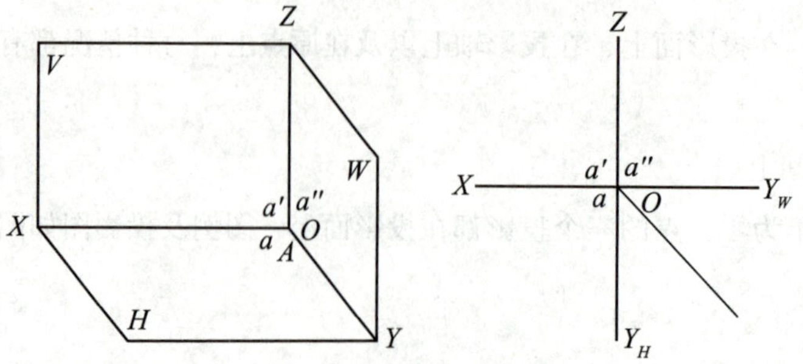

图 2-25　点的位置在原点上

3. 两点的相对位置

如图 2-26 所示，已知空间点 A（x_A，y_A，z_A）和 B（x_B，y_B，z_B），要判断它们的相对位置，只需通过两点的坐标来确定。

两点的左、右相对位置由坐标 X 确定，X 坐标值大者在左。

两点的前、后相对位置由坐标 Y 确定，Y 坐标值大者在前。

两点的上、下相对位置由坐标 Z 确定，Z 坐标值大者在上。

如图 2-27 所示的 A、B 两点，$x_A>x_B$，所以 A 点在 B 点的左边；$y_A<y_B$，所以 A 点在 B 点的后边；$z_A<z_B$，所以 A 点在 B 点的下边。即 A 点在 B 点的左、后、下方。

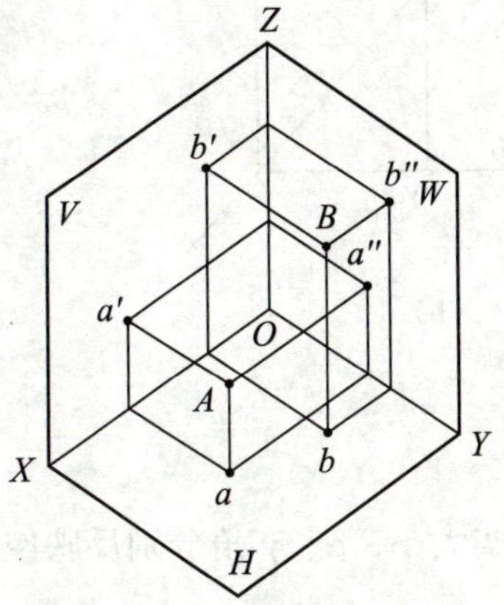

图 2-26　两点的相对位置（1）

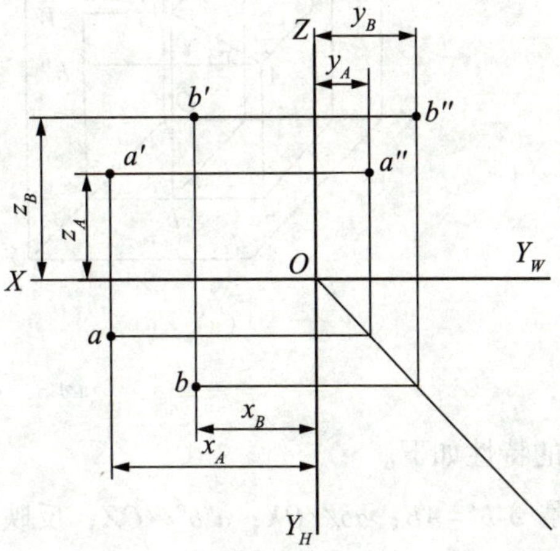

图 2-27　两点的相对位置（2）

二、直线的投影

如图 2-28 所示，两点确定一条直线，将点的同面投影相连接就是直线的投影。

空间直线相对于投影面的位置有平行、垂直和倾斜。根据三种位置不同，可将空间直线分为投影面平行线、投影面垂直线和一般位置直线，其中，投影面平行线和投影面垂直线又称为特殊位置直线。直线与投影面所夹的角称为倾角，直线对 H、V、W 面的倾角分别如图 2-29 和图 2-30 中 α、β、γ 所示。

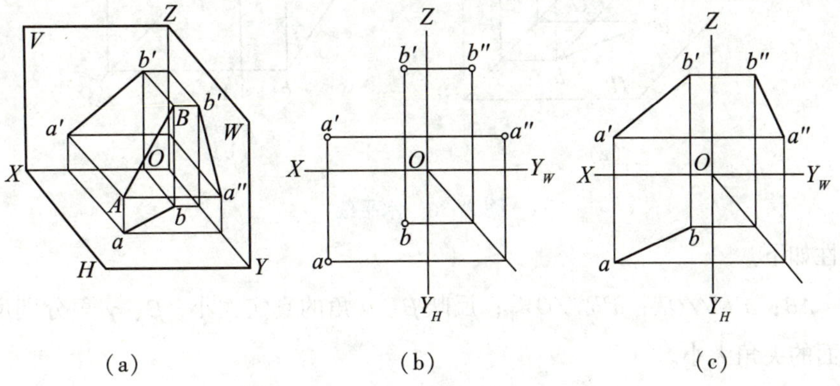

图 2-28　直线的三面投影

1. 投影面平行线特性

平行于一个投影面且与另外两个投影面都倾斜的直线称为投影面平行线。只和 V 面平行的称为正平线，只和 H 面平行的称为水平线，只和 W 面平行的称为侧平线，这三种平行线的具体内容如下。

（1）正平线

立体图和投影图如图 2-29 所示。

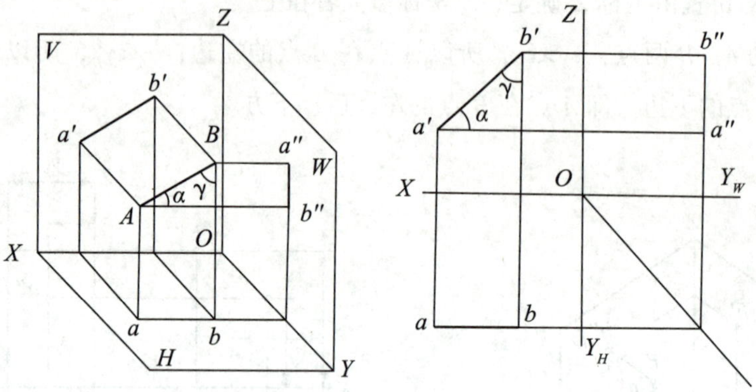

(a)　　(b)

图 2-29　正平线

正平线的特性如下。

正面投影 $a'b'=AB$；$ab//OX$；$a''b''//OZ$；反映 α、γ 角的真实大小，α、γ 角分别反映空间直线 AB 与水平面及侧立面的夹角大小。

（2）水平线

立体图和投影图如图 2-30 所示。

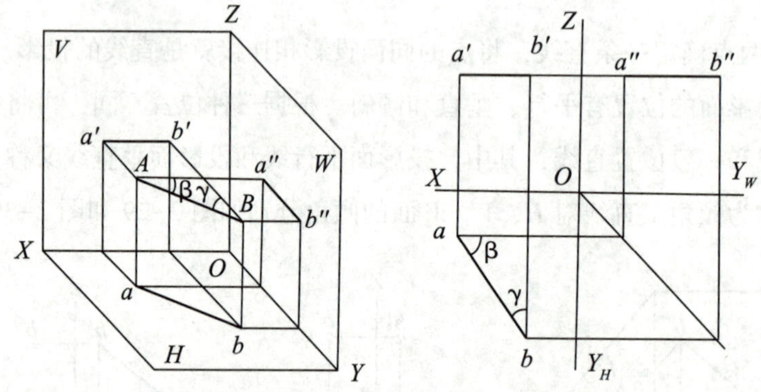

(a)　　(b)

图 2-30　水平线

水平线的特性如下。

水平投影 $ab=AB$；$a'b'//OX$；$a''b''//OY_W$；反映 β、γ 角的真实大小，β、γ 角分别反映空间直线 AB 与正立面及侧立面的夹角大小。

（3）侧平线

立体图和投影图如图 2-31 所示。

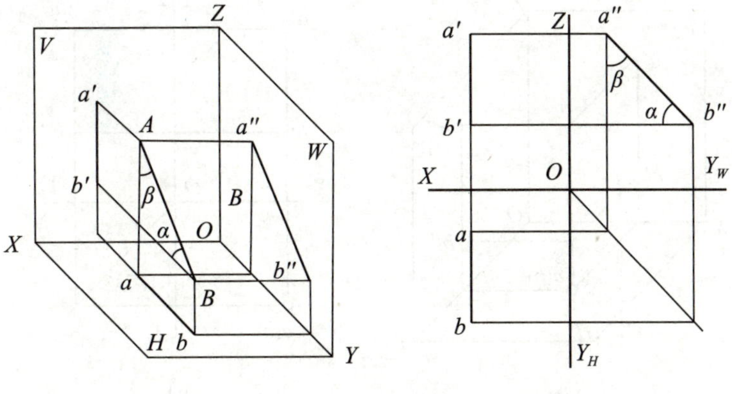

（a）　　　　（b）

图 2-31　侧平线

侧平线的特性如下。

侧面投影 $a''b''=AB$；$a'b'//OZ$；$ab//OY_H$；反映 α、β 角的真实大小，α、β 角分别反映空间直线 AB 与水平面及正立面的夹角大小。

由以上所述总结出一斜一平。

① 直线在所平行的投影面上的投影均反映实长。

② 直线在其他两面的投影平行于相应的投影轴。

③ 反映实长的投影与投影轴的夹角等于空间直线对相应投影面的倾角。

2. 投影面垂直线投影特性

垂直于一个投影面，与另外两个投影面平行的直线称为投影面垂直线。与 V 面垂直的线称为正垂线，与 H 面垂直的线称为铅垂线，与 W 面垂直的线称为侧垂线，这三种垂直线的具体内容如下。

（1）正垂线

立体图和投影图如图 2-32 所示。

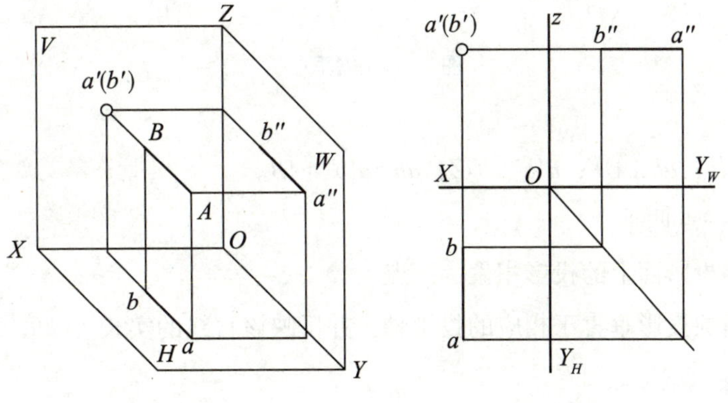

（a）　　　　（b）

图 2-32　正垂线

正垂线的特征如下。

a'（b'）积聚成一点；$ab \perp OX$；$a''b'' \perp OZ$；$ab=a''b''=AB$。

（2）铅垂线

立体图和投影图如图 2-33 所示。

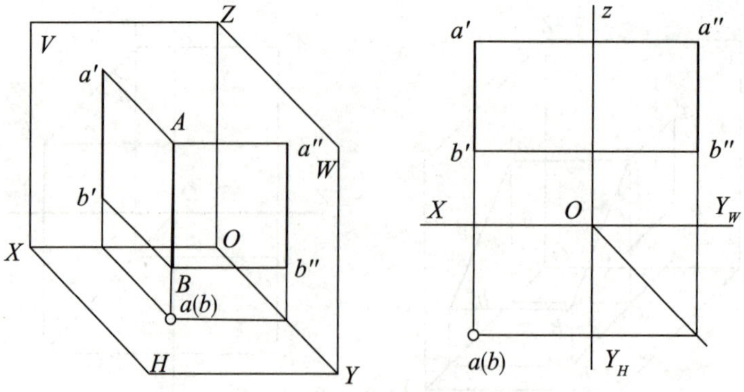

（a）　　　　（b）

图 2-33　铅垂线

铅垂线的特性如下。

a（b）积聚成一点；$a'b' \perp OX$；$a''b'' \perp OY$；$a'b' = a''b'' = AB$。

（3）侧垂线

立体图和投影图如图 2-34 所示。

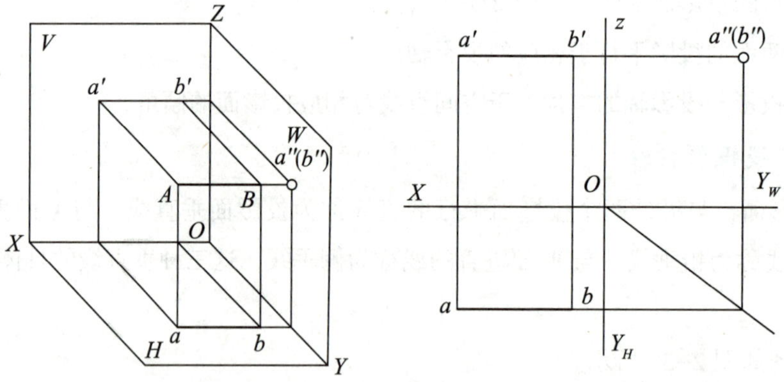

（a）　　　　（b）

图 2-34　侧垂线

侧垂线的特性如下。

a''（b''）积聚成一点；$ab \perp OY$；$a'b' \perp OZ$；$ab = a'b' = AB$。

由以上所述总结出一点两垂。

① 直线在所垂直的投影面上的投影积聚为一点。

② 直线在其他两面的投影垂直于相应的投影轴，并反映该直线的实长。

3. 一般位置直线投影特性

与三个投影面均倾斜的直线称为一般位置直线，立体图和投影图如图 2-35 所示。

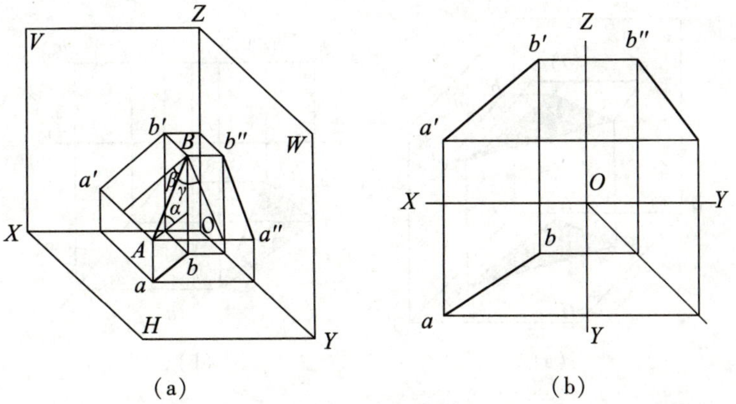

图 2-35　一般位置直线

一般位置直线投影特性是：直线的三面投影都倾斜于投影轴；投影的长度均小于直线的实长。可以总结出三斜三短。

三、平面的投影

根据平面相对于投影面位置的不同，平面可分为投影面平行面、投影面垂直面和一般位置平面，其中前两种统称为特殊位置平面。

1. 投影面平行面投影特性

平行于一个投影面，同时与其他两个投影面垂直的平面称为投影面平行面。平行于 V 面的称为正平面，平行于 H 面的称为水平面，平行于 W 面的称为侧平面，具体内容如下。

（1）正平面

立体图和投影图如图 2-36 所示。

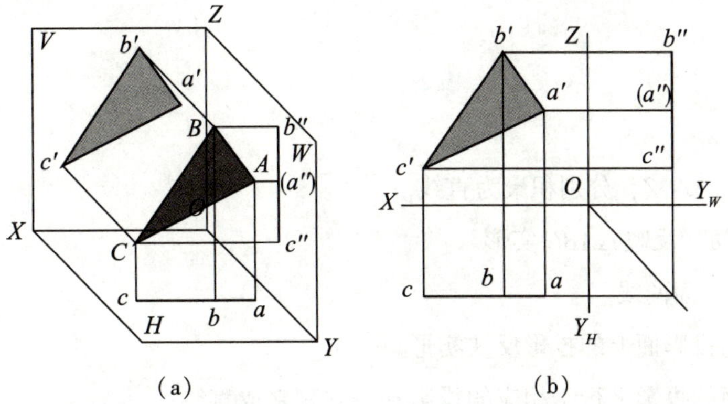

图 2-36　正平面

正平面的特性如下。

① $abc//OX$，$a''b''c''//OZ$，分别积聚为直线。

② 正面投影△$a'b'c'$反映△ABC 实形。

（2）水平面

立体图和投影图如图 2-37 所示。

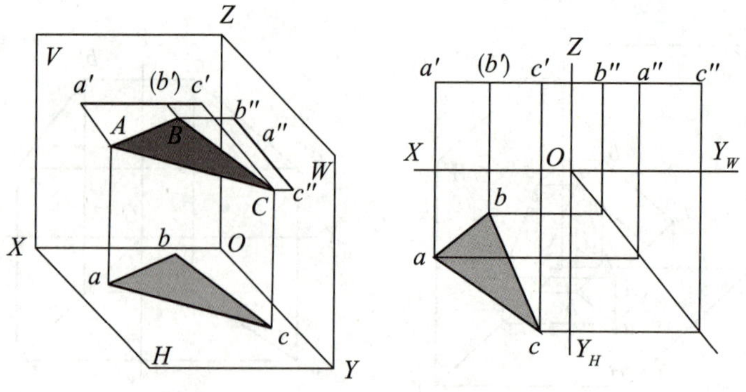

（a）　　　　　　（b）

图 2-37　水平面

水平面的特性如下。

① $a'b'c'//OX$，$a''b''c''//OY_W$，分别积聚为直线。

② 水平投影△abc 反映△ABC 实形。

（3）侧平面

立体图和投影图如图 2-38 所示。

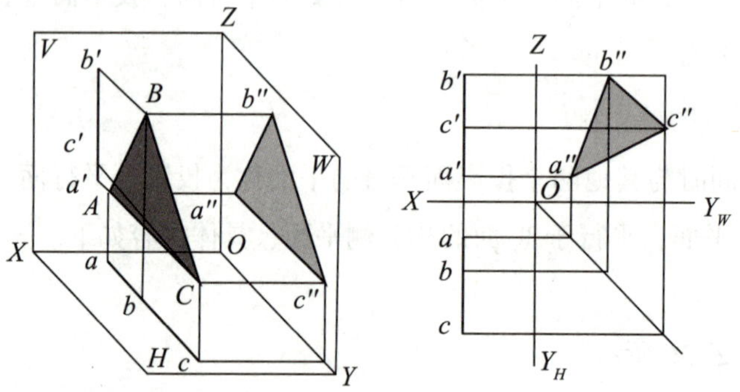

（a）　　　　　　（b）

图 2-38　侧平面

侧平面的特性如下。

① $abc//OY_H$，$a'b'c'//OZ$，分别积聚为直线。

② 侧平面投影△$a''b''c''$反映△ABC 实形。

由以上所述总结出一面两线。

① 平面在所平行的投影面上的投影反映实形。

② 平面在其他两面的投影平行于相应的投影轴，并积聚成直线。

2. 投影面垂直面投影特性

垂直于一个投影面，且与另外两个投影面倾斜的平面称为投影面垂直面。与 V 面垂直的面称为正垂面，与 H 面垂直的面称为铅垂面，与 W 面垂直的面称为侧垂面，这三种垂直面的具体内容如下。

（1）正垂面

立体图和投影图如图 2-39 所示。

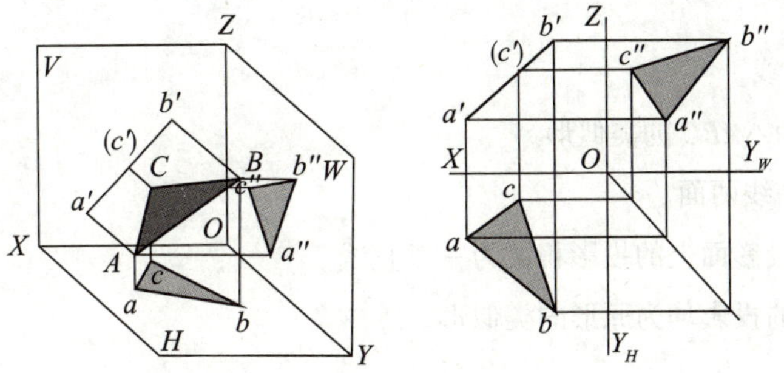

(a) (b)

图 2-39 正垂面

正平面的特性如下。

① $a'b'c'$积聚为一条线。

② 正面投影△abc、△$a''b''c''$为△ABC 的类似形。

(2) 铅垂面

立体图和投影图如图 2-40 所示。

铅垂面的特性如下。

① abc 积聚为一条线。

② △$a'b'c'$、△$a''b''c''$为△ABC 的类似形。

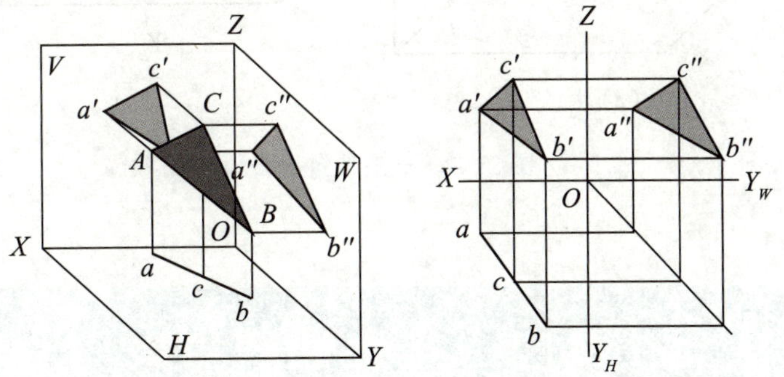

(a) (b)

图 2-40 铅垂面

(3) 侧垂面

立体图和投影图如图 2-41 所示。

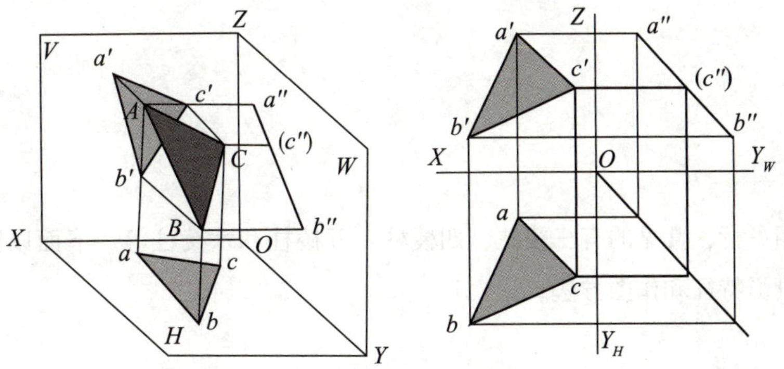

(a) (b)

图 2-41 侧垂面

侧垂面的特性如下。

① $a''b''c''$积聚为一条线。

② △abc、△$a'b'c'$为△ABC 的类似形。

由以上所述总结出一线两面。

① 平面在所垂直的投影面上的投影积聚为一条直线。

② 平面在其他两面的投影均为原形的类似形。

3. 一般位置平面投影特性

立体图和投影图如图 2-42 所示。

一般位置平面投影特性是：平面的三面投影均不反映实形；三面投影均为实形的类似形。可以总结出三个投影均成平面图形。

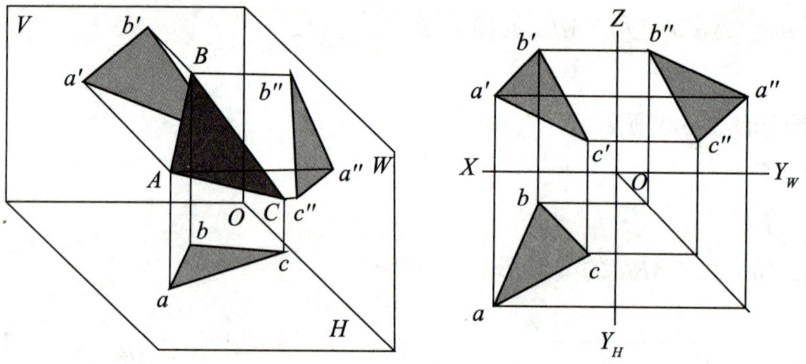

(a)　　(b)

图 2-42　一般位置平面

任务四　基本体的投影

基本体是任何物体的组成部分。基本体分为平面体和曲面体两类。平面体的每个表面都是平面，如棱柱、棱锥等。曲面体至少一个表面是曲面，如圆柱、圆锥、圆球等。下面介绍这几种常见基本体的画法及标注。

一、棱柱

1. 棱柱的三视图

棱柱的棱线互相平行，常见的有三棱柱、四棱柱、五棱柱和六棱柱等。下面以图 2-43 所示的正五棱柱为例，分析其投影特征和作图方法。

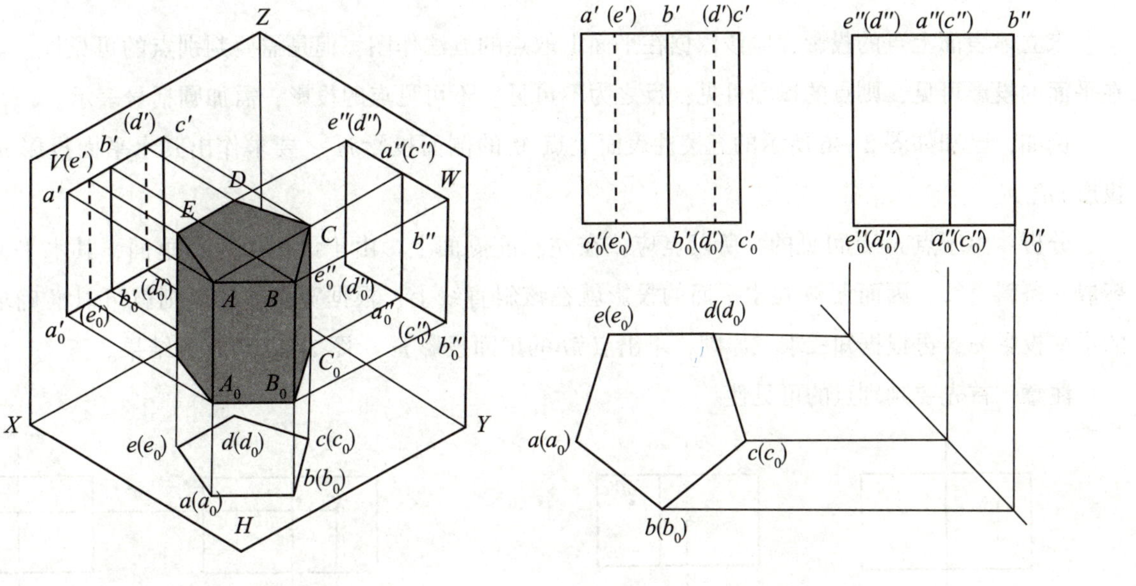

图 2-43　正五棱柱投影

正五棱柱的上平面 $ABCDE$ 和下平面 $A_0B_0C_0D_0E_0$ 平行于水平面，后棱面 EDD_0E_0 平行于正立面，其余棱面垂直于水平面。

正五棱柱的投影特性为：$ABCDE$ 和 $A_0B_0C_0D_0E_0$ 为水平面，水平投影重合并反映出正五棱柱的实形——五边形，五个棱面在水平面内的投影积聚成五边形的五条边。五棱柱在其余两个面的投影为矩形，并包含若干个小矩形。

绘图时，先画出顶面和底面的投影，再根据投影规律作出其他两面投影，最后判别可见性，具体步骤如下所示。

（1）作出正五棱柱的对称中心线和底面基线，确定视图的位置。画出反映主要形状特征的视图，即俯视图的正五边形，如图 2-44 所示。

（2）按照长对正的投影关系及正五棱柱的高度，画出主视图。按照高平齐、宽相等的投影关系作出左视图，如图 2-45 所示。

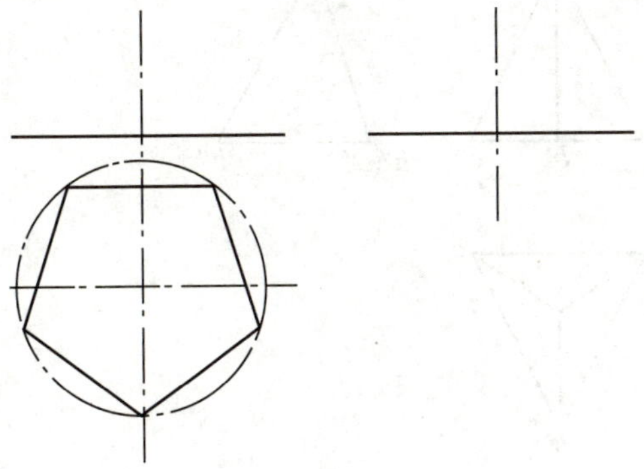

图 2-44　确定视图的位置

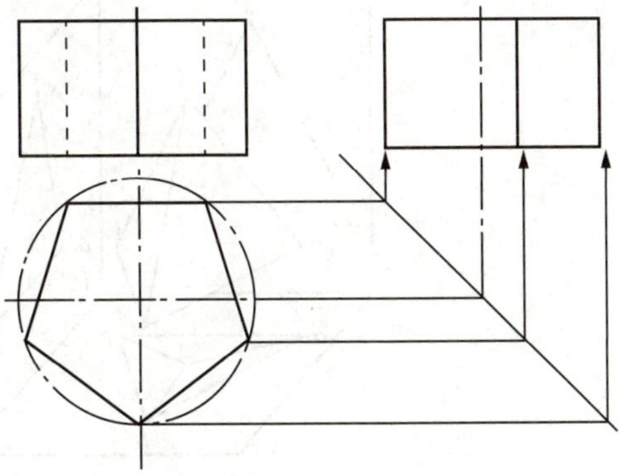

图 2-45　画出主视图

2. 棱柱表面上点的投影

求立体表面上点的投影，应该依据在平面上取点的方法作图，但是需要判别点的可见性。如果点所在平面的投影可见，则点的投影可见；反之为不可见。不可见点的投影，需加圆括号表示。

例如，已知如图 2-46 所示的五棱柱表面上点 M 的侧面投影 m''，要求作出其水平面投影 m 和正面投影 m'。

分析：由于点 m''是可见的，所以点应该在左、前侧面上。由于该侧面为铅垂面，其水平面投影积聚成一条斜直线，因而点 M 在水平面的投影就在该斜直线上，根据宽相等的原则就可以准确求出点 M 的水平投影 m，再根据知二求三原则，求出点 M 的正面投影 m'。图 2-47 为解题结果。

注意，首先要判别点的可见性。

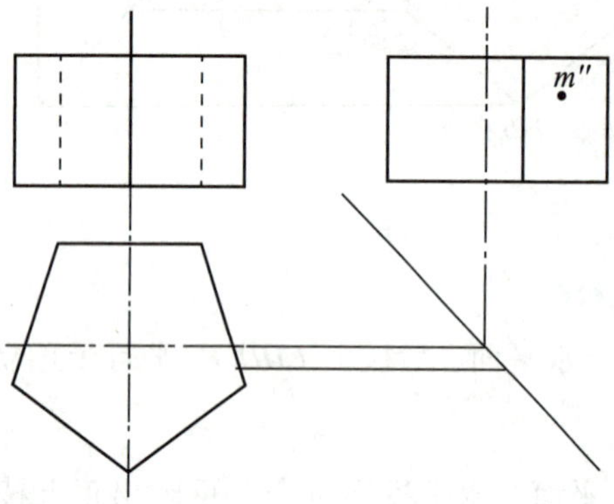

图 2-46　棱柱表面上的点示例图

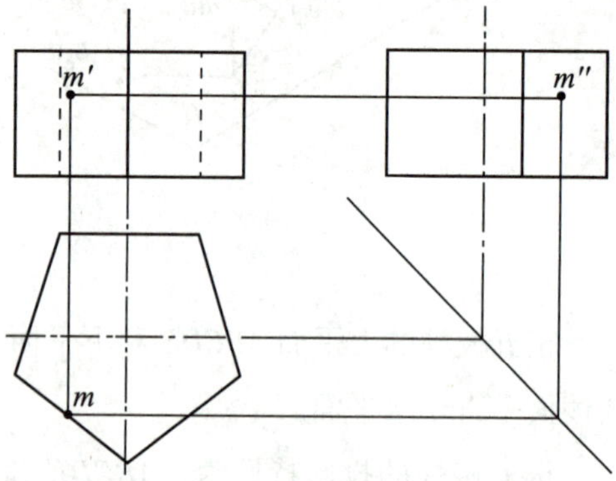

图 2-47　解题结果

二、棱锥

1. 棱锥的三视图

棱锥的棱线交于一点，常见的有三棱锥、四棱锥、五棱锥等。下面以图 2-48 所示的三棱锥为例，分析其投影特征和作图方法。

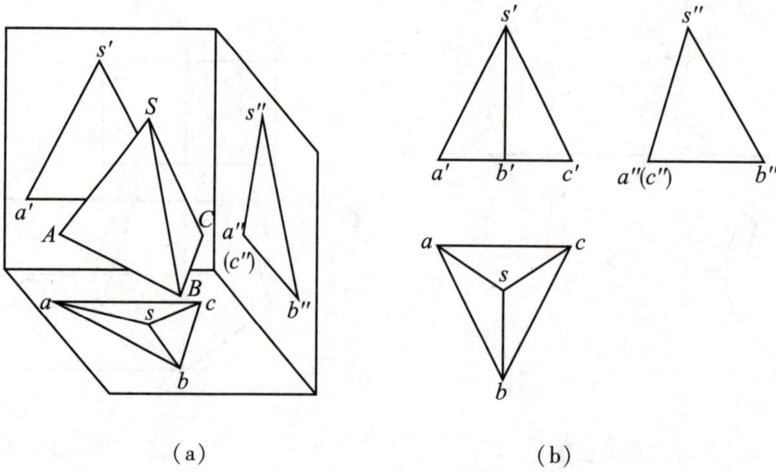

图 2-48　三棱锥的投影

三棱锥由底面△*ABC*和三个棱面△*SAB*、△*SAC*、△*SBC*组成。△*ABC*平行于水平面，三个棱面和投影面倾斜。

三棱锥的投影特性为：△*ABC*为水平面，投影反映出三棱锥底面的实形——三角形，三个棱面在水平面内的投影积聚成三角形的三条边。三棱锥在其余两个面的投影为三角形。

绘图时，先画出底面的投影，再根据投影规律作出其他两面投影，最后判别可见性，具体步骤如下。

（1）作出三棱锥的中心线和底面基线，确定视图的位置。画出反映主要形状特征的视图，即俯视图的三角形，如图2-49所示。

（2）按照长对正的投影关系及三棱锥的高度，画出主视图。按照高平齐、宽相等的投影关系作出左视图，如图2-50所示。

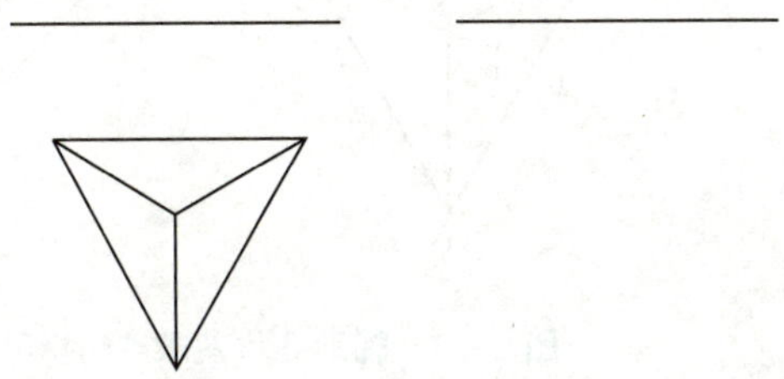

图2-49　俯视图的三角形

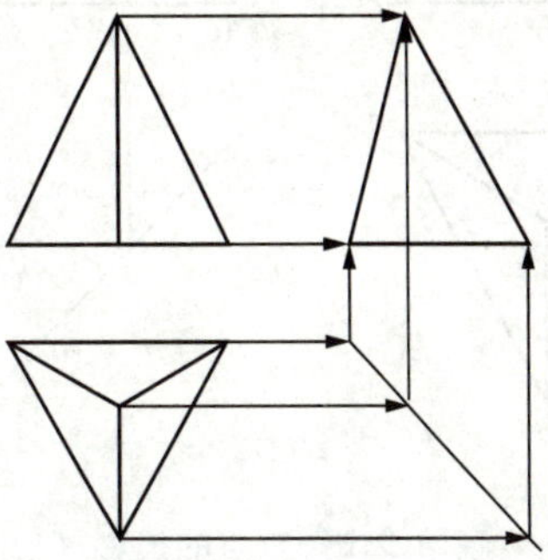

图2-50　作出主视图

2. 棱锥表面上点的投影

三棱锥表面有特殊位置面，也有一般位置平面。属于特殊位置平面上点的投影可以通过特殊位置平面投影的积聚性直接求得，一般位置平面上点的投影，则要通过在该平面上作辅助线的方法求得。

例如，已知如图2-51所示的三棱锥表面上点*N*的正面投影n'，要求作出其水平面投影n和侧面投影n''。

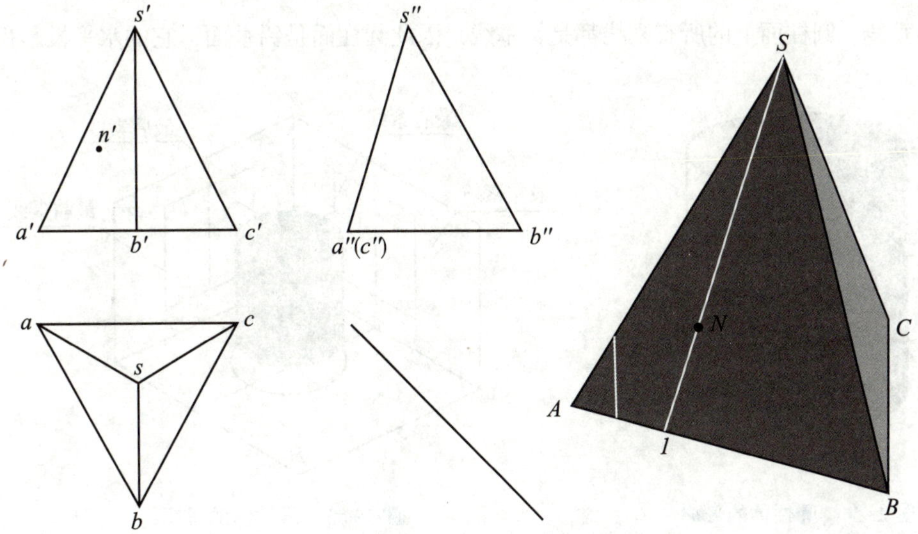

图2-51　三棱锥表面上点的投影

由于点 n' 是可见的，点应该在左棱面 △SAB 上。由于该平面为一般位置平面，其三面投影均为类似形，所以无法通过积聚性直接求得 n 和 n''，因而必须通过辅助线作图。辅助线作图求点的投影，具体如下。

（1）连接点 s' 和 n'，并延长与 $a'b'$ 交于点 l'，求出 $s'l'$ 在其他两面的投影，如图 2-52 所示。

（2）根据点在直线上的投影特性，点 N 在水平面上的投影在 sl 上，在侧立面的投影在 $s''l''$ 上，如图 2-53 所示。

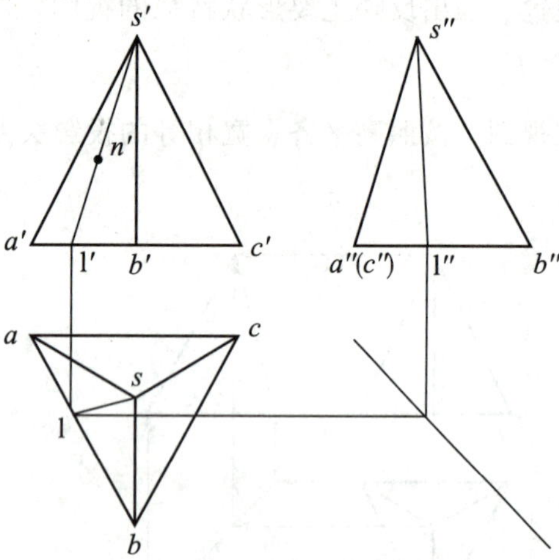

图 2-52　辅助线作图求点的投影（1）

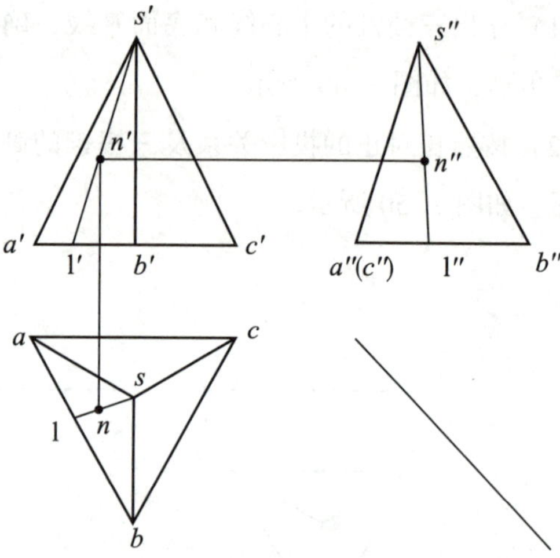

图 2-53　辅助线作图求点的投影（2）

三、圆柱

1. 圆柱的三视图

圆柱体由圆柱面和上下两个端面组成。圆柱面可以看成一条直线 AB 绕与它平行的轴线 OO_1 回转而成。OO_1 是回转轴，AB 是母线，母线转至任一位置时称为素线，如图 2-54 所示。素线在最左、最右、最前、最后分别称为特殊位置素线。

如图 2-55 所示，圆柱体的顶面和底面为水平面，其水平投影反映实形，并且上下底面的投影重合。圆柱轴线是铅垂线，圆柱面上的所有素线都是铅垂线，因此圆柱面是铅垂面，它的水平投影积聚成一个圆。

图 2-54　圆柱体的形成

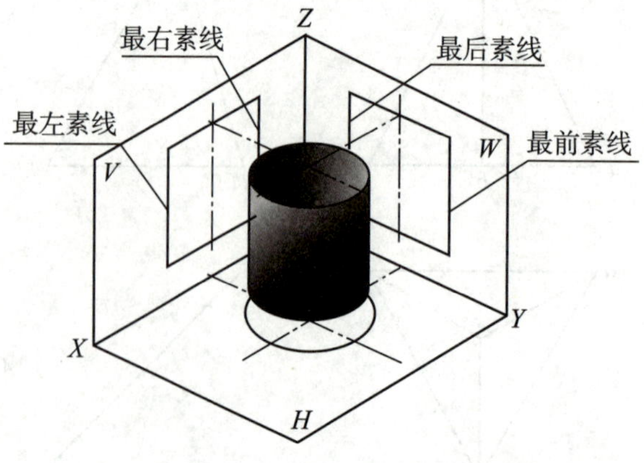

图 2-55　圆柱体的投影

一般先画投影具有积聚性的圆，再根据投影规律和圆柱的高度完成其他两个视图，如下所示。

（1）作出圆柱体的中心线和底面基线，确定视图的位置。画出反映主要形状特征的视图，即俯视图的圆。

（2）根据投影规律和圆柱的高度完成其他两个视图，如图 2-56 所示。

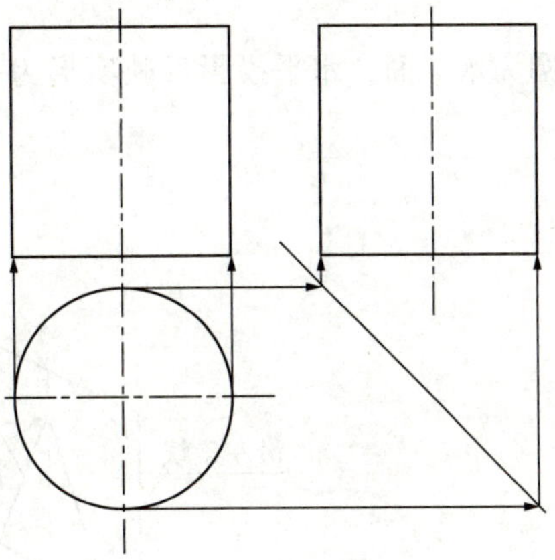

图 2-56　圆柱的作图示范

2. 圆柱表面上点的投影

圆柱表面上点的投影可以利用圆柱面投影的积聚性来求。

例如，如图 2-57 所示，已知圆柱表面上点 M 的水平投影 m、点 N 的正面投影 n'，求点 M 和点 N 在其他两面的投影。

根据给定的 m 的位置，可判断点 M 在圆柱的顶面上，可以直接求出点 M 的其他两面投影；由于圆柱体的水平投影具有积聚性，所以点 N 的水平投影应该在圆柱体的水平投影上，再根据知二求三原则，求出点 N 的第三面投影。

求出点 M 的其他两面投影，求出点 N 的其他两面投影，如图 2-58 所示。

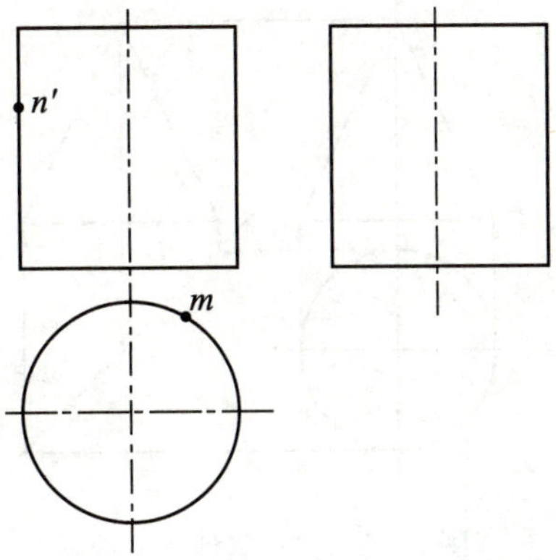

图 2-57　圆柱表面上点的投影

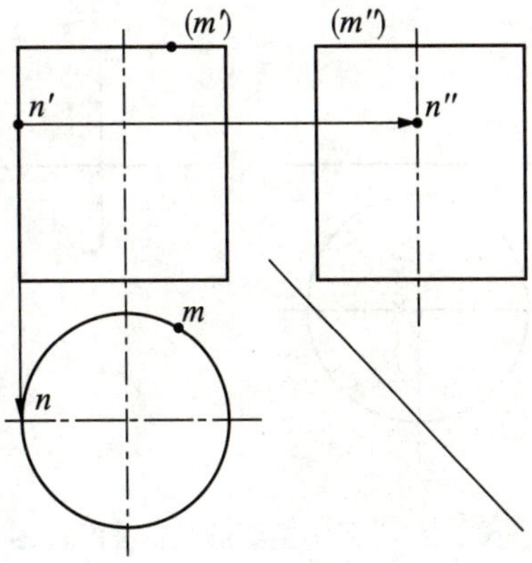

图 2-58　圆柱表面上点的投影

四、圆锥

1. 圆锥的三视图

圆锥是由圆锥面和底圆平面所组成。圆锥面是由一条母线 SA 绕与它相交的轴线 OO_1 回转而成，如图 2-59 所示。

如图 2-60 所示的圆锥，底面圆为水平面，水平投影反映实形为一圆线框，正面投影和侧面投影积聚成一直线段。

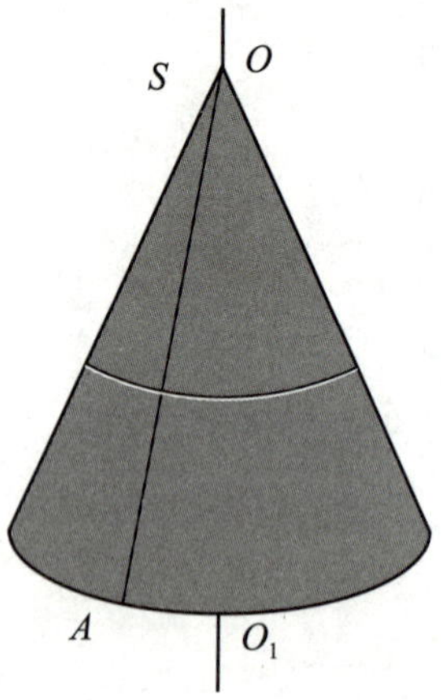

图 2-59　圆锥的形成

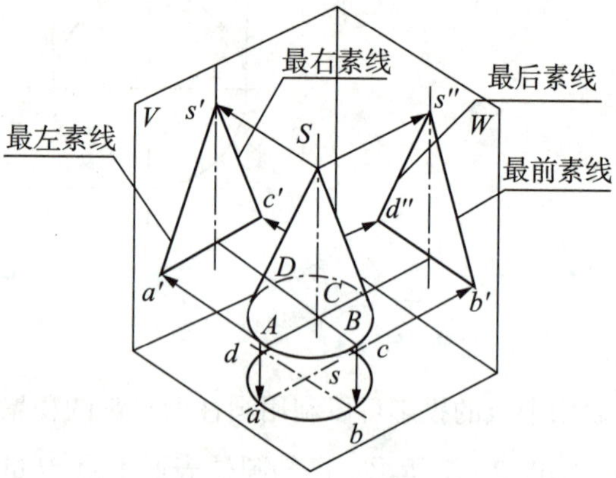

图 2-60　圆锥的三视图

画圆锥的三视图时，先画出圆锥底面的投影，再画出圆锥顶点的投影，接着画出特殊位置素线的投影，从而完成圆锥的三视图。

（1）作出圆锥的中心线和底面基线，确定视图的位置。画出反映主要形状特征的视图，即俯视图的圆，如图 2-61 所示。

（2）根据投影规律完成其他两个视图，如图 2-62 所示。

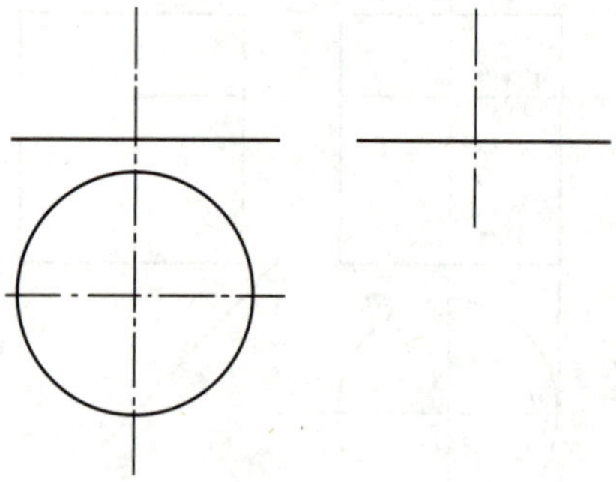

图 2-61　画出主要形状特征的视图

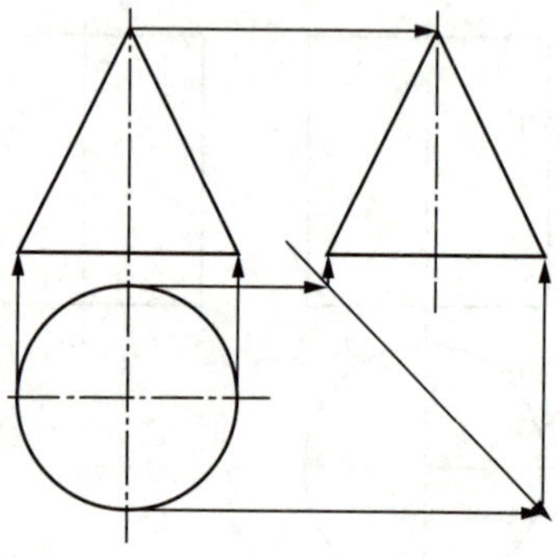

图 2-62　完成其他两个视图

2. 圆锥体表面上点的投影

当点位于底圆平面或特殊位置素线上时，可以根据投影关系求出，表面上其余的点的投影必须利用辅助线法或辅助圆法来求取。

例如，如图 2-63 所示，已知圆锥面上的点 M 的正面投影 m'，求 m 和 m''。

根据点 M 的位置和可见性，可以判定点 M 在前、左圆锥面上，因此点 M 的三面投影均可作出。

圆锥体表面上的点的投影可以利用辅助线法或辅助圆法来求取，解题步骤如下所示。

（1）辅助线法

连接 s' 和 m'，并延长与底面的正面投影交于 l'，求出 $s'l'$ 在其他两面的投影，根据点在直线上的投影特性，点 m 在水平面上的投影在 sl 上，在侧立面的投影在 $s''l''$ 上，如图 2-64 所示。

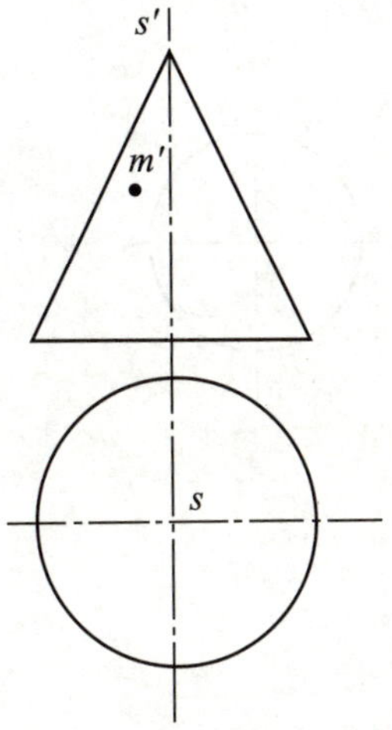

图 2-63　圆锥体表面上的点

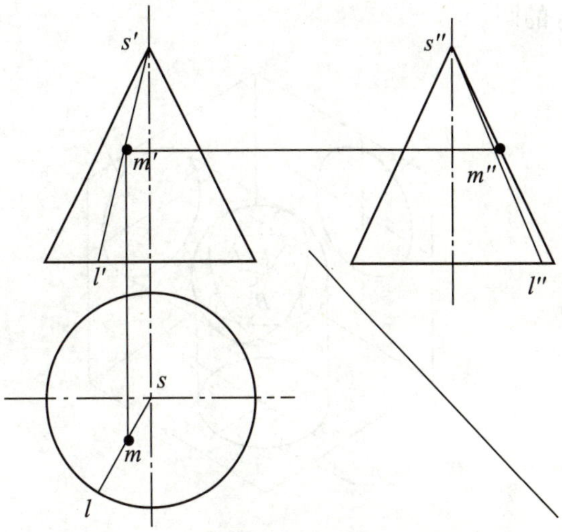

图 2-64　辅助线法

（2）辅助圆法

过点 m' 作直线平行于 OX 轴，并延长与最左素线和最右素线交于点 $2'$ 和 $3'$，求出点 $2'$、$3'$ 在其他面的投影，过点 m' 作 OX 轴的垂线，与辅助圆的交点即为 m，再根据 m 和 m' 求出 m''，如图 2-65 所示。

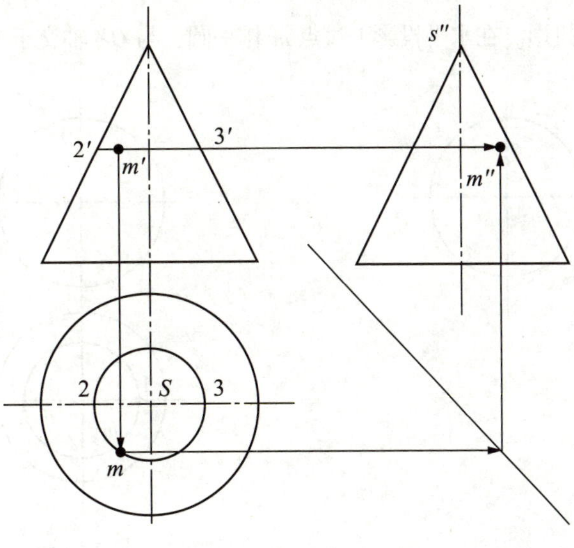

图 2-65　辅助圆法

五、圆球

1. 圆球的三视图

圆球的表面是球面。球面是一个圆母线绕过圆心且在同一平面上的轴线回转而形成的。如图 2-66

所示，圆球的三个投影均为圆，其直径与球直径相等，但三个投影面上的圆的意义是不同的。

正面投影是平行于 V 面的圆素线的投影，也就是前后半球分界线的投影。

水平投影是平行于 H 面的圆素线的投影，也就是上下半球分界线的投影。

侧面投影是平行于 W 面的圆素线的投影，也就是左右半球分界线的投影。

绘图时，如图 2-67 所示，先确定球心的三面投影，用细点画线画出中心线，再作出三个与球直径相等的圆。

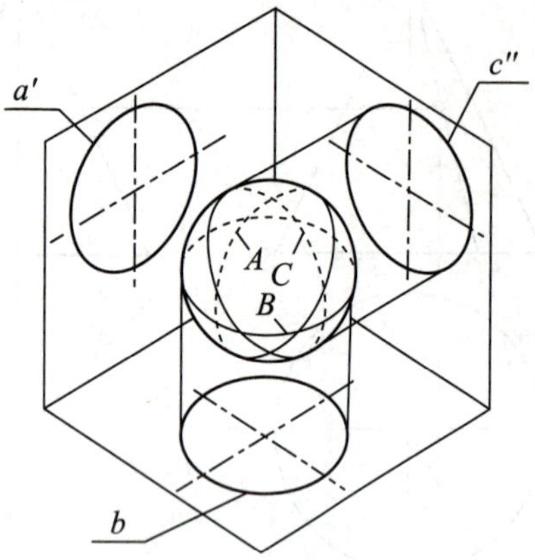

图 2-66　圆球的三视图

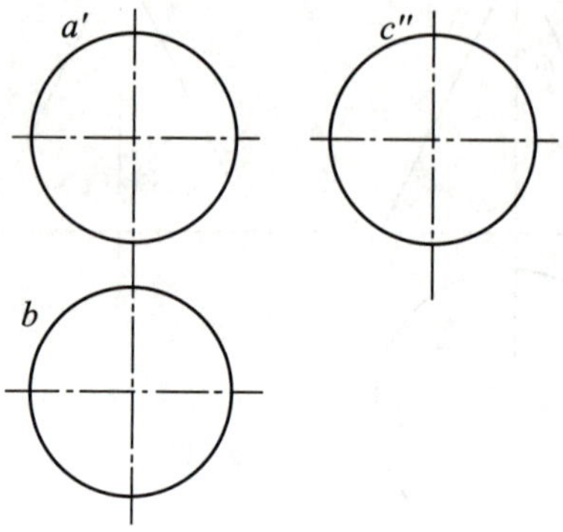

图 2-67　圆球的作图示范

2. 圆球表面上点的投影

如图 2-68 所示，已知圆球面上点 M 的水平投影 m 和点 N 的正面投影 n'，求其他两面投影。

点 N 在前后两半球的分界线上，n 和 n'' 可以直接求出。由于点 N 在右半球，所以侧面投影 n'' 不可见；点 M 在前、左、上半球，需采用辅助圆法求 m' 和 m''。解题步骤如下。

（1）求出点 N 的另两面投影。在水平投影上过点 m 作一圆，与 OX 轴交于 1 和 2 两点，如图 2-69 所示。

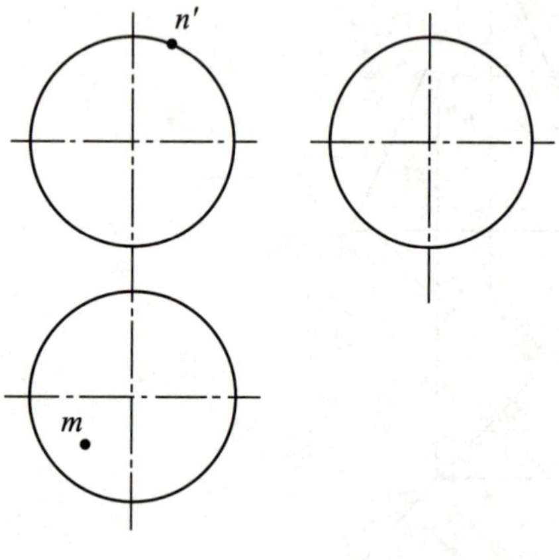

图 2-68　圆球表面上的点

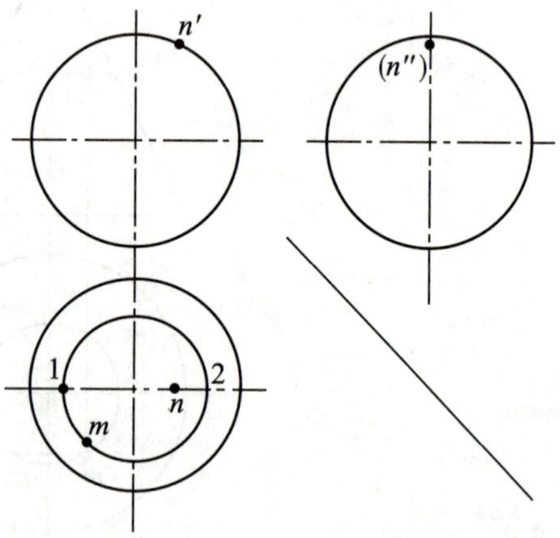

图 2-69　圆球表面上点的投影作图示范（1）

（2）求出 12 在正立面的投影 $1'2'$，过点 m 作 OX 轴的垂线，与 $1'2'$ 的交点即为 m'，再根据 m 和 m' 求出 m''，如图 2-70 所示。

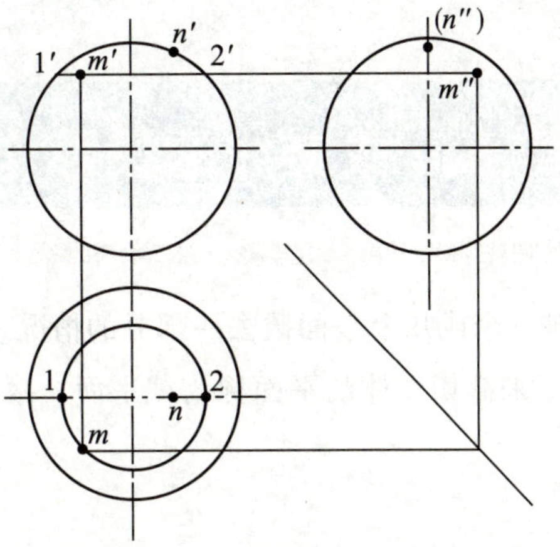

图 2-70　圆球表面上点的投影作图示范（2）

六、基本体的尺寸标注

基本体的大小通常由长、宽、高三个方向的尺寸来确定。

1. 平面体的尺寸标注

对于棱柱、棱锥、棱台，除了要确定其底面和顶面形状大小的尺寸外，还要标注高度尺寸。为了便于看图，确定底面和顶面形状大小的尺寸应标注在反映其实形的视图上，如图 2-71 所示。

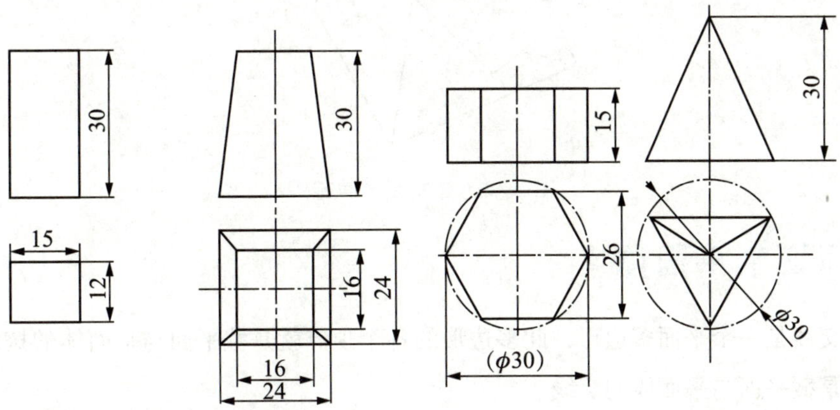

图 2-71　平面体的尺寸标注示例

2. 回转体的尺寸标注

对于圆柱、圆锥、圆台，应标注底圆直径和高度尺寸，并且要在标注数字前加“ϕ”；标注圆球或半圆球时，在尺寸数字前加球直径符号“Sϕ”或球半径符号“SR”，如图 2-72 所示。

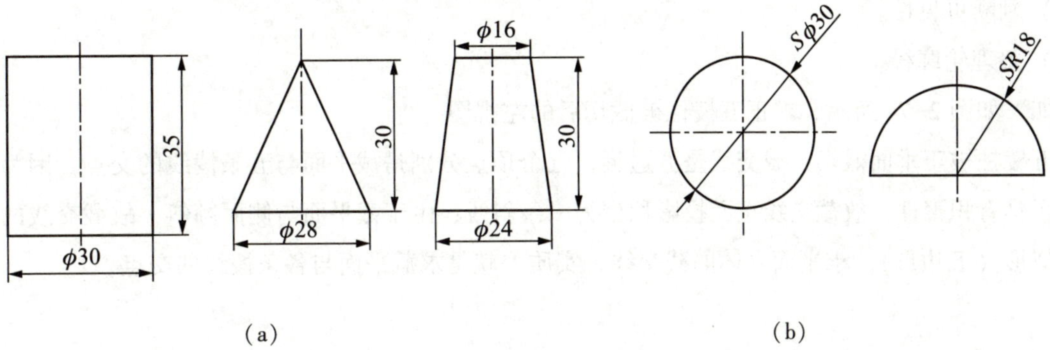

图 2-72　回转体的尺寸标注示例

任务五　截交线的投影作图

在机器零件上常有一些立体被一个或几个平面截去一部分的情况。当立体被平面截断成两部分时，其中任何一部分都称为截断体，用来截切立体的平面称为截平面，截平面与立体表面的交线称为截交线，如图 2-73 所示。

截交线有以下两个基本性质。

（1）共有性。截交线是截平面与立体表面共有的线。

（2）封闭性。由于任何立体都有一定的范围，所以截交线一定是封闭的平面图形。

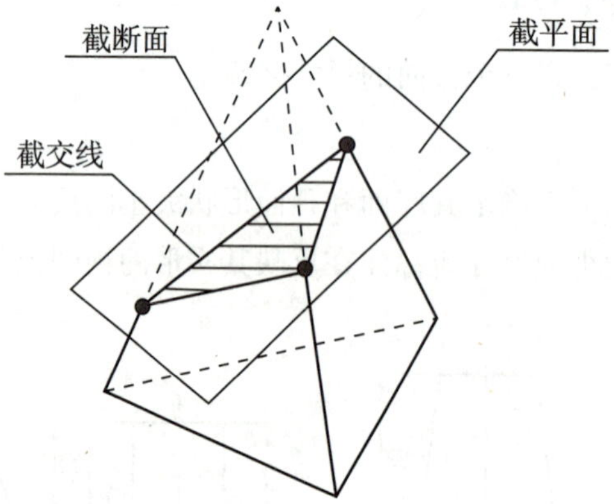

图 2-73　截交线与截断面

一、平面切割平面体

平面体的截交线是一个平面多边形，此多边形的各个顶点就是截平面与平面体的棱线的交点，多边形的每一条边就是截平面与平面体的交线。

平面体截交线的作图步骤如下。

（1）求截交线上的所有特殊点，一般为截平面与棱柱棱线的交点。

（2）求出若干个中间点，中间点的数量和位置由作图需要决定。

（3）顺次连接各点。

（4）判断可见性。

（5）整理轮廓线。

例如，如图 2-74 所示，求正五棱柱被截切后的左视图。

正五棱柱被正垂面截切，截交线是五边形，五个顶点分别是截平面与五条棱线的交点。因为截平面正面投影具有积聚性，故截交线正面投影积聚为一条斜线；由于截平面与侧面倾斜，故截交线的侧面投影是类似形（五边形）。求平面立体的截交线，实质上就是求截平面与各条棱线的交点。

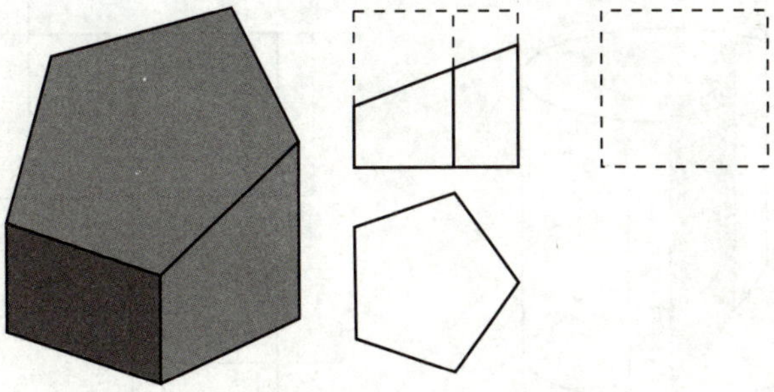

图 2-74　截切后的正五棱柱

详细解题步骤如下。

（1）画出五棱柱未截切之前的左视图，求截交线上的所有特殊点。找到棱线与截平面交点在三面的投影，如图 2-75 所示。

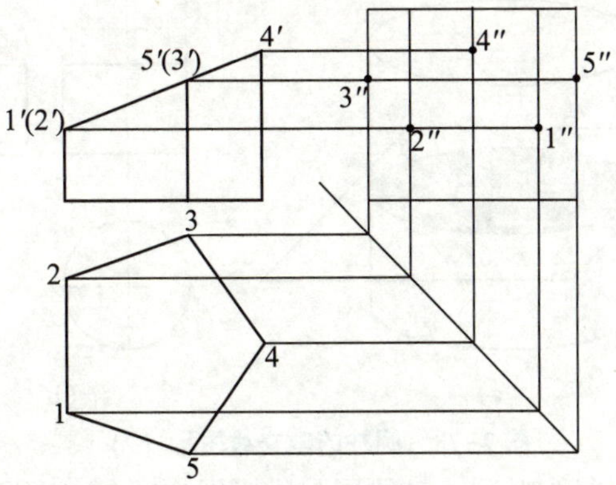

图 2-75　平面切割平面体作图示范（1）

（2）顺次连接各点，判别可见性，检查、整理、描深轮廓，如图 2-76 所示。

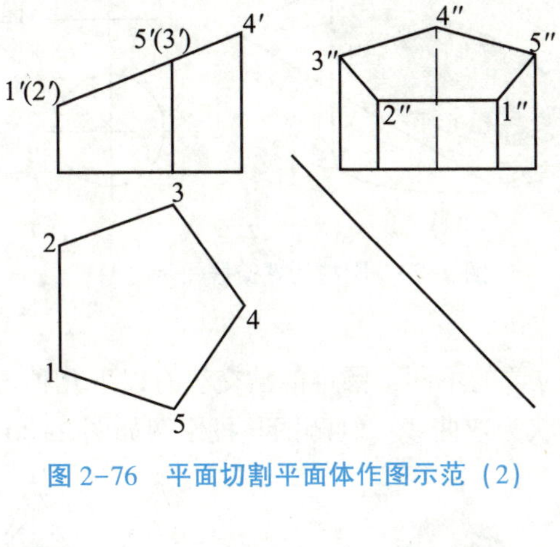

图 2-76　平面切割平面体作图示范（2）

二、平面切割回转体

平面与回转体相交时，其截交线一般为封闭的平面曲线或平面曲线和直线围成的封闭的平面图形。

1. 平面切割圆柱体

根据截平面与圆柱轴线相对位置的不同，圆柱的截交线有以下三种情况，内容如下。

（1）与轴线平行，截交线形状为矩形。轴测图与投影图如图 2-77 所示。

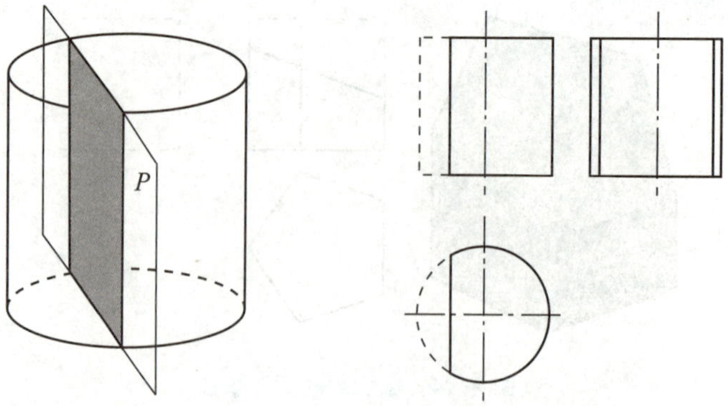

图 2-77　圆柱的截交线图示（1）

（2）与轴线垂直，截交线形状为圆。轴测图与投影图如图 2-78 所示。

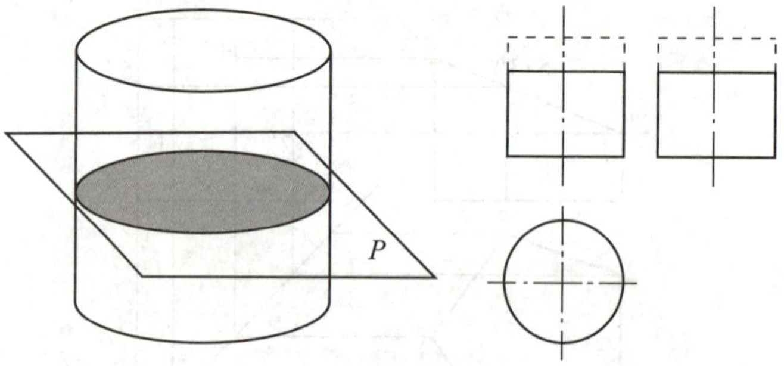

图 2-78　圆柱的截交线图示（2）

（3）与轴线倾斜，截交线形状为椭圆。轴测图与投影图如图 2-79 所示。

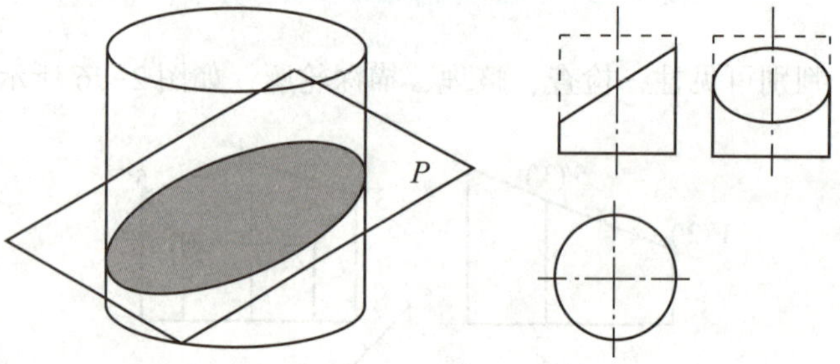

图 2-79　圆柱的截交线图示（3）

2. 平面切割圆锥体

根据截平面与圆锥轴线相对位置的不同，圆锥的截交线有以下几种情况，内容如下。

（1）与轴线平行，截交线形状为双曲线。轴测图与投影图如图 2-80 所示。

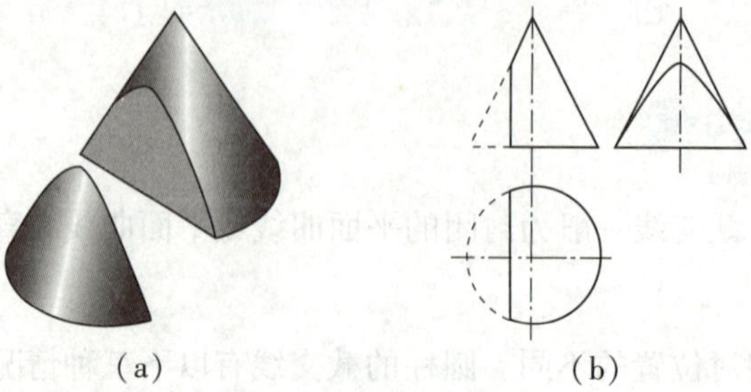

图 2-80　圆锥的截交线图示（1）

（2）与轴线垂直，截交线形状为圆。轴测图与投影图如图 2-81 所示。

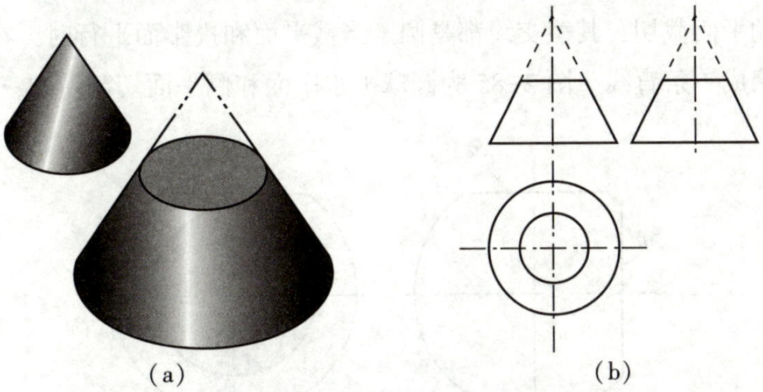

图 2-81　圆锥的截交线图示（2）

（3）与轴线倾斜，截交线形状为椭圆。轴测图与投影图如图 2-82 所示。

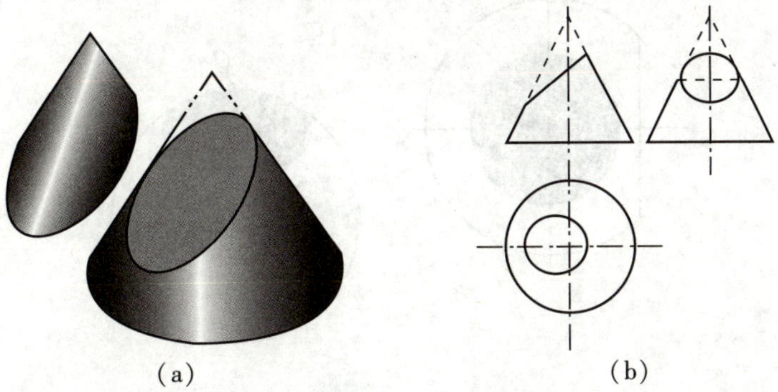

图 2-82　圆锥的截交线图示（3）

（4）过圆锥顶点，截交线形状为等腰三角形。轴测图与投影图如图 2-83 所示。

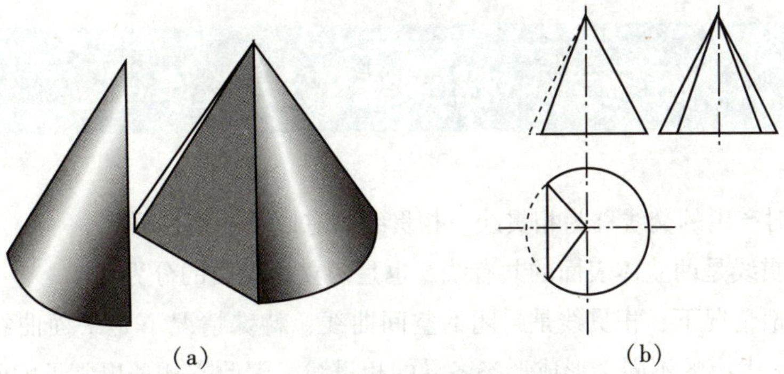

图 2-83　圆锥的截交线图示（4）

（5）平行于任一素线，截交线形状为抛物线。轴测图与投影图如图 2-84 所示。

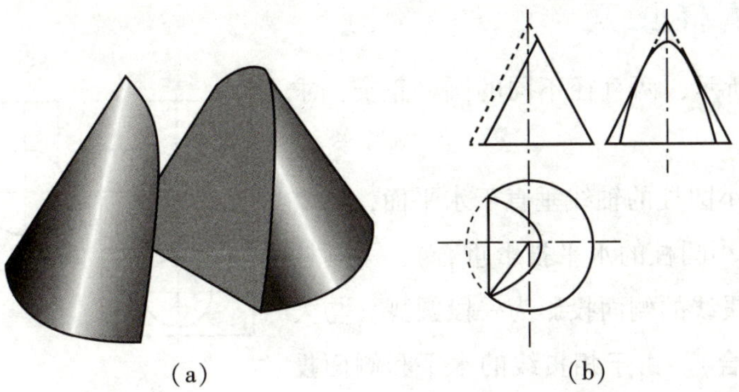

图 2-84　圆锥的截交线图示（5）

3. 平面切割圆球

球体被任何位置的平面截切，其截交线都是圆。当截平面和投影面平行时，在该投影面上的投影为圆，其余两面投影积聚成一条直线。图 2-85 为圆球被水平面和侧平面切割后的三面投影。

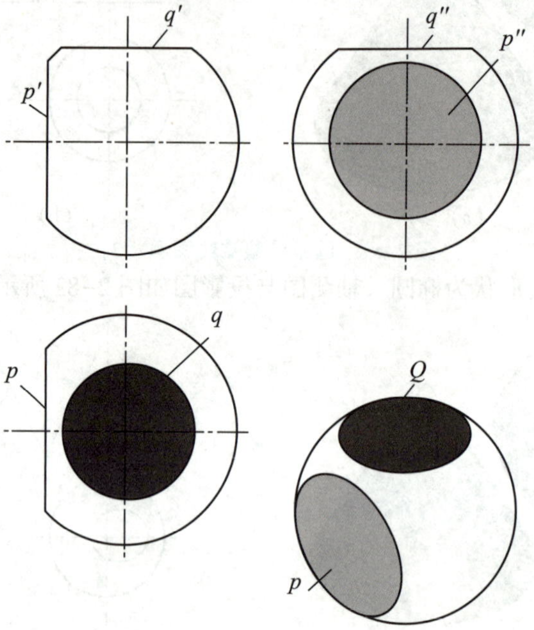

图 2-85　平面切割圆球

任务六　相贯线的投影作图

两立体表面相交时产生的交线称为相贯线。相贯线具有以下基本性质。

（1）共有性。相贯线是两立体表面的共有线，也是两立体表面的分界线。

（2）封闭性。一般情况下，相贯线是封闭的空间曲线，特殊情况下是平面曲线或直线。由于两相交立体的形状、位置、大小的不同会形成形态各异的相贯线，因此本任务以常见的两回转体（圆柱与圆柱、圆柱与圆锥）正交为例，介绍求两回转体相贯线的一般画法。

一、圆柱与圆柱正交

例如，如图 2-86 所示，两直径不同的圆柱正交，求作相贯线的投影。

两圆柱垂直相交，小圆柱的轴线垂直于水平面，相贯线的水平投影为圆（与小圆柱的水平投影重合），大圆柱的轴线和侧面垂直，相贯线的侧面投影为一段圆弧（与大圆柱的侧面投影部分重合）。由于相贯线的水平和侧面投影均已知，因此可利用积聚性求得相贯线的正面投影。

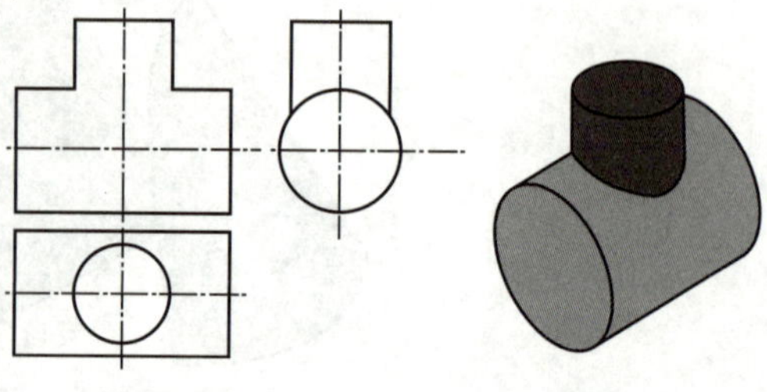

（a）　（b）

图 2-86　两直径不同的圆柱正交

详细解题步骤如下。

（1）求特殊点的三面投影。

① 1、3：小圆柱的最左和最右素线与大圆柱最高素线的交点。

② 2、4：小圆柱的最前和最后素线与大圆柱的交点，如图 2-87 所示。

（2）求一般点的三面投影，顺次连接正立面的各点，判别可见性，检查、整理、描深轮廓，如图 2-88 所示。

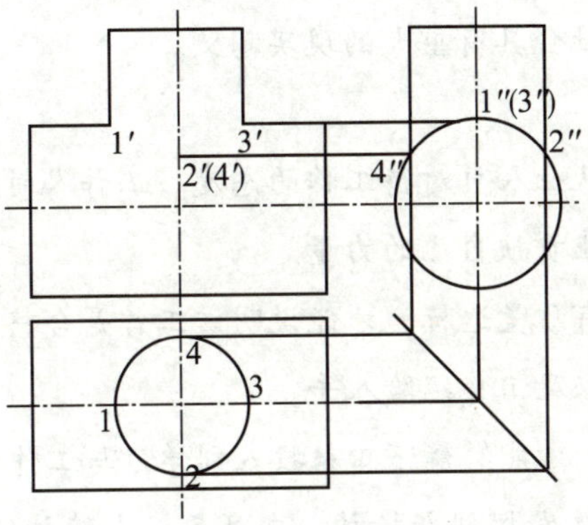

图 2-87　特殊点的三面投影作图示范

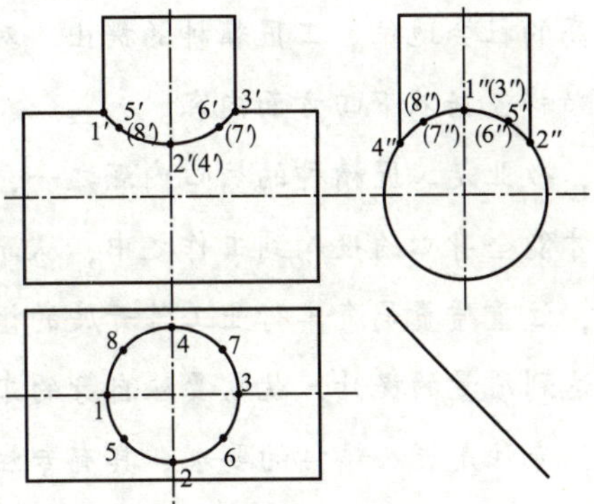

图 2-88　一般点的三面投影作图示范

二、相贯线的特殊情况

两回转体相交，其相贯线一般是封闭的空间曲线，但在某些特殊情况下，它们的相贯线是平面曲线或直线。

1. 相贯线为平面曲线

（1）两个回转体具有公共轴线时，其表面的相贯线为垂直轴线的圆。

（2）当轴线相交的两圆柱（圆柱与圆锥）公切于同一球面时，相贯线一定是平面曲线即两个相交的椭圆。

2. 相贯线为直线

当相交两圆柱的轴线平行时，相贯线为直线；当两圆锥共顶时，相贯线也为直线。

思政链接

重视工匠精神的培养

在工业化经济不断发展的当今社会，汽车行业的发展前景非常可观，对汽车机械制图人才的需求也与日俱增。对于将来从事机械加工行业的的学生来说，掌握好机械制图是能够顺利胜任工作任务的重要保障。在激烈竞争的环境中，社会越来越需要全方位发展的高端人才，因而，学生在本专业基础知识学习的过程中，还要加强对工匠精神的培养。

工匠精神是一种职业精神，是从业者对行业奉献精神的体现。学生应该在本专业课程的学习过程中领悟工匠精神的重要性，具备较为完善的价值观，形成良好的工作习惯。

工匠精神，首先是一种精神。是工匠们对自己的产品精益求精、精雕细琢，追求极致、追求完美、追求更好，努力把品质从99%提升到99.99%的精神。其次是一种追求。是工匠们以质取胜的价值取向，以及对自己所热爱的事业无比执著的职业追求。再次是一种品质。是工匠们执着于产品和品牌，锲而不舍、心无旁骛、专心致志的品质。最后是一种氛围。是全社会对工匠们的敬意，以及相应较高的社会地位。工匠精神的提出，对于当前社会具有重大的现实意义。

工匠精神包括以下四方面内容。

第一，敬业是工匠精神的核心内涵之一，指的是从业人员对待工作的态度。工作人员只有拥有敬业精神才能全身心的投入到工作之中，从而为本行业贡献自己的力量。

第二，注重质量是汽车行业工作开展的根本。只有质量达标，才能说明该工作是合格的。从业人员为了达到质量的提升，就需要从自身的工作能力以及工作经验入手。

第三，专注是匠人精神的要求。具有专注的精神，才能够静下心来投入到学习与工作之中。

第四，在时代不断发展的前提下，从业人员一定要发挥创新精神，在具备以上精神的基础上，根据社会发展的需求创新工作方法，寻找新的契机。

课后习题

一、填空题

1. 投射线通过物体向选定的面投射，并在该面上得到图形的方法称为________。

2. 在汽车机械制图中，将机件用正投影法向投影面投射得到的投影称为________。

3. 根据平面相对于投影面位置的不同，平面可分为________、________和一般位置平面。

4. 平面体的截交线是一个平面多边形，此多边形的各个顶点就是________与________的棱线的交点，多边形的每一条边就是截平面与平面体的交线。

二、判断题

(　　) 1. 点、直线、平面、是组成物体表面的基本几何元素。

(　　) 2. 在三视图中，以主视图为基准，俯视图在主视图的正下方，左视图在主视图的正左方。

(　　) 3. 棱柱的棱线互相平行，常见的有三棱柱、四棱柱、五棱柱和六棱柱等。

(　　) 4. 平面与回转体相交时，其截交线一般为封闭的平面曲线或平面曲线和直线围成的封闭的平面图形。

项目三

轴测图

项目概述

多面正投影图能完整、准确地反映出物体的形状和大小，而且作图简单，但它缺乏立体感，只有具备一定的读图能力的人才能看懂。工程上有时也采用具有立体感的轴测图来表达设计意图。轴测图能够同时反映物体长、宽、高三个方向的形状，有立体感，但其作图复杂，在汽车机械图样中只能作为辅助图样。本项目主要介绍轴测图的基本知识和画法。

学习目标

知识目标

(1) 了解轴测图的基本概念。

(2) 掌握正等轴测图的画法。

(3) 掌握斜二等轴测图的画法。

能力目标

(1) 能熟练绘制正等轴测图及斜二等轴测图的轴测轴。

(2) 能绘制中等复杂的汽车平面体正等轴测图。

(3) 能绘制一般复杂程度的汽车回转体正等轴测图。

(4) 能绘制汽车常见形体斜二等轴测图。

素质目标

(1) 培养学生的团队合作意识。

(2) 强化学生自身学习能力和社会实践能力，形成终身学习的学习态度。

思政目标

(1) 注重科学精神和人文精神的统一，培养民族复兴大任所需要的拔尖创新人才。

(2) 培养学生辩证的科学观和自然观。

任务工单

一、任务名称

分析图 3-1 所示三视图，绘制斜二轴测图。

二、任务描述

分析图 3-1 所示支座的三视图，绘制支座的斜二轴测图，并完成表 3-1 的填写。

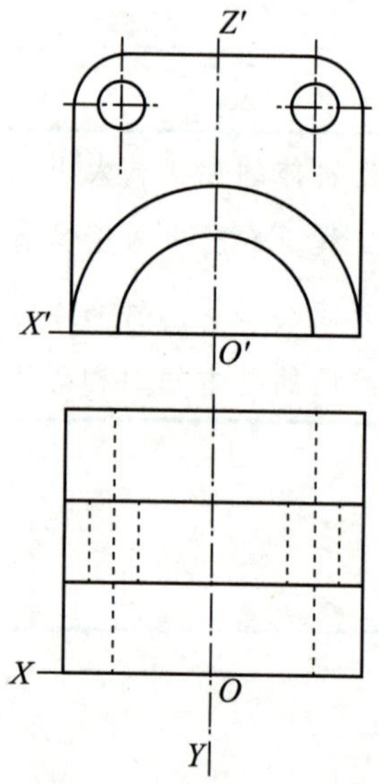

图 3-1 支座的三视图

表 3-1 实训表（1）

姓名		班级		学号	
学时		日期		实践地点	
实训工具	笔、纸、图板、丁字尺、分规、比例尺、圆规、三角板等				
任务目标	能绘制常见形体斜二轴测图				

三、分组讨论

全班学生以 3~6 人为一组进行分组，选出各自组长，组长对组员进行任务分工并将分工情况记入表 3-2 中。

表 3-2 实训表（2）

成员	任务
组长	
组员	
组员	
组员	
组员	
组员	

四、任务思考

1. 什么是斜二轴测图？
2. 斜二测具有哪些特点？
3. 斜二轴测图中，轴间角 $\angle XOZ$、$\angle XOY$、$\angle YOZ$ 的度数分别为？

五、任务实施

在实际操作过程中，将操作内容及实施过程中遇到的问题和解决办法记录在表 3-3 中。

表 3-3 实训表（3）

序号	操作内容	遇到的问题	解决办法

六、任务评价

请各小组选出一名代表展示任务实施的成果，并配合指导教师完成表 3-4 的任务评价。

表 3-4 实训表（4）

评价项目	评价内容	分值	评价分值		
			自评	互评	师评
职业素养考核项目	考勤、仪容仪表	10 分			
	团队交流与合作意识	10 分			
	责任意识、纪律意识	10 分			

续表

评价项目	评价内容	分值	评价分值		
			自评	互评	师评
专业能力考核项目	积极参与教学活动并正确理解任务要求	10 分			
	认真查找与任务相关的资料	10 分			
	任务实施过程记录表的完成度	10 分			
	对斜二等轴测图的画法的掌握程度	20 分			
	独立完成相应任务的程度	20 分			
合计		100 分			
总评	自评（20%）+互评（20%）+师评（60%）=	综合等级	教师（签名）：		

任务一　轴测图的基本知识

一、轴测图的形成

轴测图的基本知识

将物体连同其所在的直角坐标系，沿不平行于任一坐标平面的方向，用平行投影法将其投射在单一投影面上所得到的具有立体感的图形，称为轴测投影图，简称轴测图。

如图 3-2、图 3-3 所示，沿投射方向 S 用平行投影法将空间物体进行投射的情况，所得的投影即为轴测图，投影面 P 称为轴测投影面。

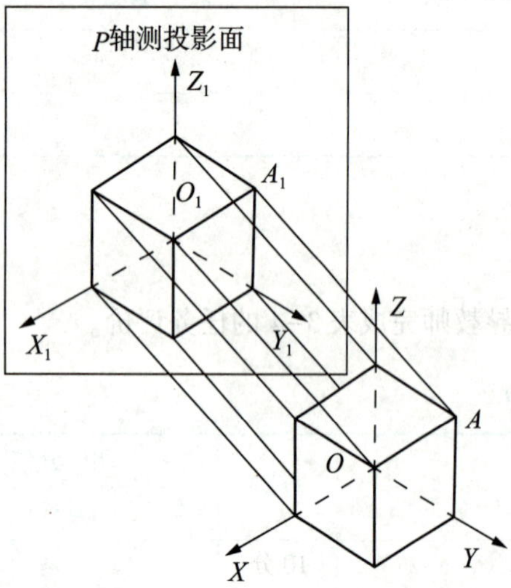

图 3-2　正等轴测图

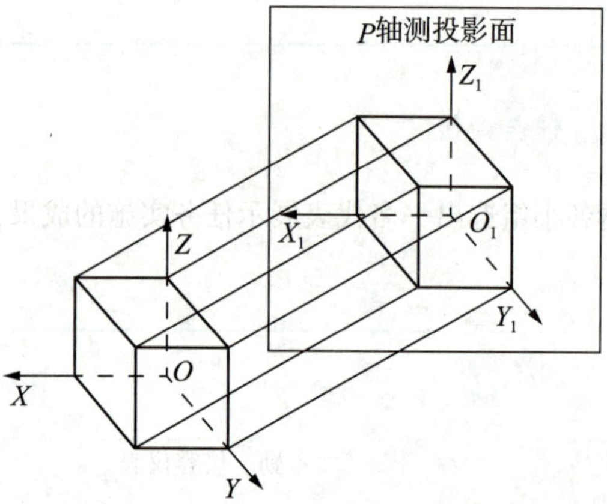

图 3-3　斜二轴测图

二、轴测投影的术语

（1）轴测轴

空间直角坐标轴 OX、OY、OZ 在轴测投影面上的投影 O_1X_1、O_1Y_1、O_1Z_1 称为轴测轴，如图 3-2 所示。

（2）轴间角

轴测投影中，任意两轴测轴之间的夹角称为轴间角。如图 3-2 中$\angle X_1O_1Y_1$、$\angle X_1O_1Z_1$、$\angle Y_1O_1Z_1$。

（3）轴向伸缩系数

轴测轴上的单位长度与相应的直角坐标轴上对应的单位长度的比值，称为轴向伸缩系数。X、Y、Z 轴的轴向伸缩系数分别用 p_1、q_1、r_1 表示，即

$$p_1=O_1X_1/OX \qquad q_1=O_1Y_1/OY \qquad r_1=O_1Z_1/OZ$$

知识拓展

轴测图的投影特性

由于轴测投影属于平行投影，因此，轴测投影具有如下平行投影的基本性质。

（1）物体上相互平行的线段，其轴测投影也相互平行。

（2）物体上与坐标轴平行的线段，其轴测投影平行于相应的轴测轴，且其变形系数与该坐标轴的轴向变形系数相同。

三、轴测图的分类

按照投影方向与轴测投影面之间关系的不同，轴测图可分为正等轴测图和斜轴测图两类。工程上常见的是正等轴测图和斜二等轴测图。

（1）正等轴测图

轴测投影方向与轴测投影面垂直时所得到的轴测图。$p=q=r$，三个轴向伸缩系数相同，如图 3-2 所示。

（2）斜二等轴测图

轴测投影方向与轴测投影面倾斜时所得到的轴测图。若 $p=r=2q$，称为斜二等轴测图，简称斜二测，如图 3-3 所示。

任务二　正等轴测图的画法

一、正等轴测图的形成及参数

如图 3-4 所示，正等测的轴间角均为 120°，Z 轴处于铅垂方向，X 轴和 Y 轴与水平方向成 30°，轴

测轴的画法，如图 3-5 所示。由于空间直角坐标轴与轴测投影面的倾角相同，所以 3 个轴向伸缩系数均相等，经推证并计算得知 $P_1=q_1=r_1\approx0.82$。

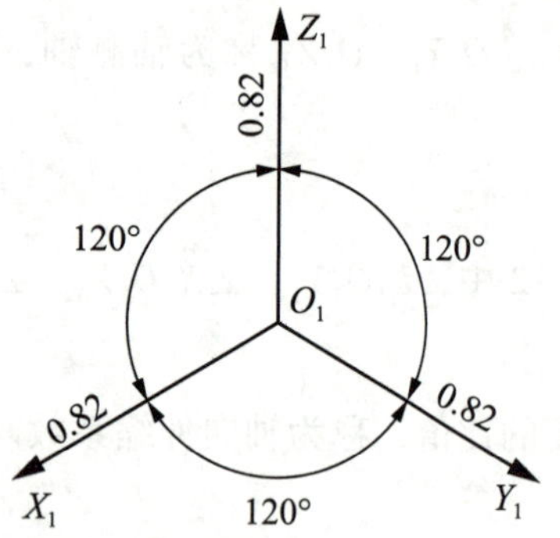

图 3-4　正等测轴间角、轴向伸缩系数及轴测轴的画法（1）

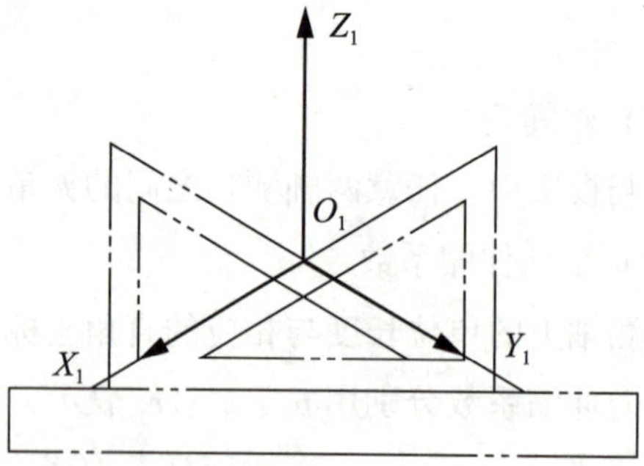

图 3-5　正等测轴间角、轴向伸缩系数及轴测轴的画法（2）

为了作图方便，实际作图时采用简化的变形系数，即 $p=q=r=1$。

画正等测图时，沿轴向的所有尺寸可直接按物体的实际长度来作图。但按简化伸缩系数画出的图形比实际物体放大了 1/0.82≈1.22 倍。图形虽然大了一些，但形状和直观性都没有发生变化。图 3-6 所示的正等测用两种不同的伸缩系数画出，结果如图 3-7、图 3-8 所示。

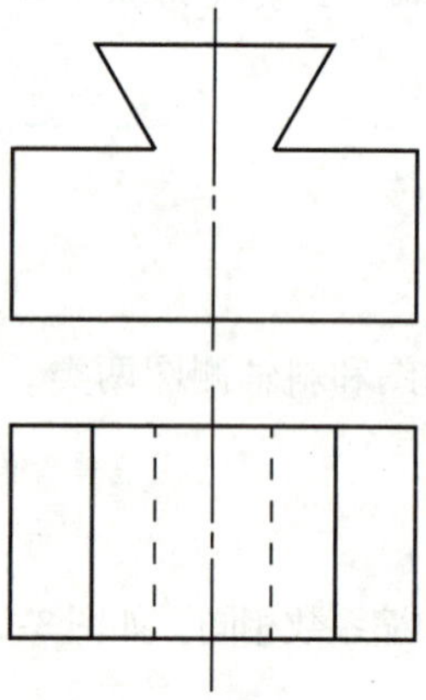

图 3-6　正投影图

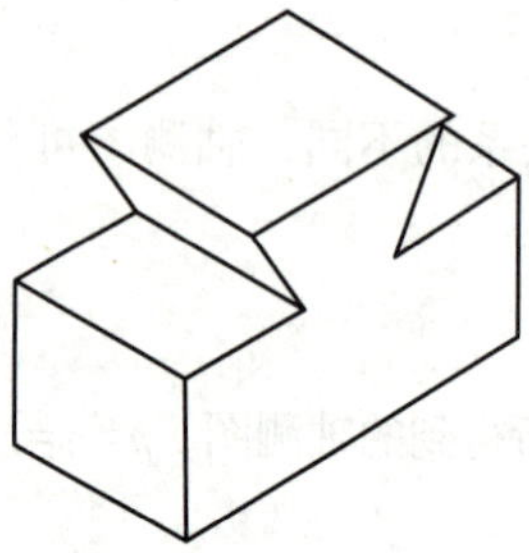

图 3-7　0.82 系数画图

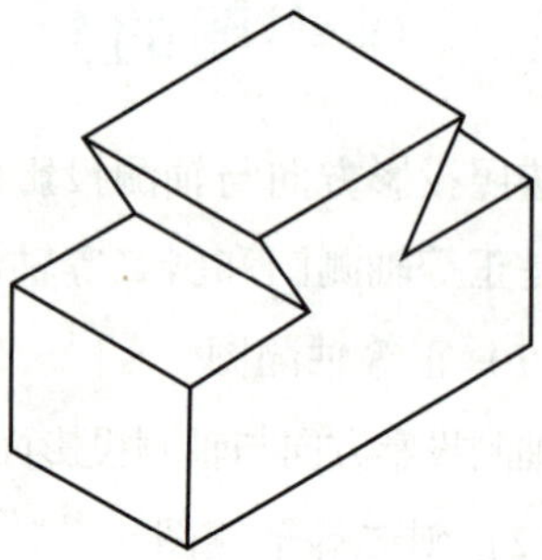

图 3-8　简化系数画图

二、平面立体的正等轴测图画法

1. 基本形体正等轴测图画法

通常采用坐标法绘制立体的正等轴测图。作图时，首先定出空间直角坐标系，画出轴测轴；再按立体表面上各顶点或直线的端点坐标，画出其轴测投影；最后按其可见性连接各点，完成轴测图。

例如，画三棱锥的正等轴测图，作图步骤如下。

（1）确定空间直角坐标体系，为作图方便，使 OX 轴与 AB 重合，即 or 与 ab 重合，$o'x'$与 $a'b'$重合，坐标原点与棱锥底面的三角形顶点 B 点重合，即 o 与 b 重合、o'与 b'重合，如图 3-9 所示。

（2）画轴测轴，按底面三角形顶点的坐标画出 A、B、C 的轴测图，如图 3-10 所示。

（3）画出锥顶 S 的轴测图 S_1，如图 3-11 所示。

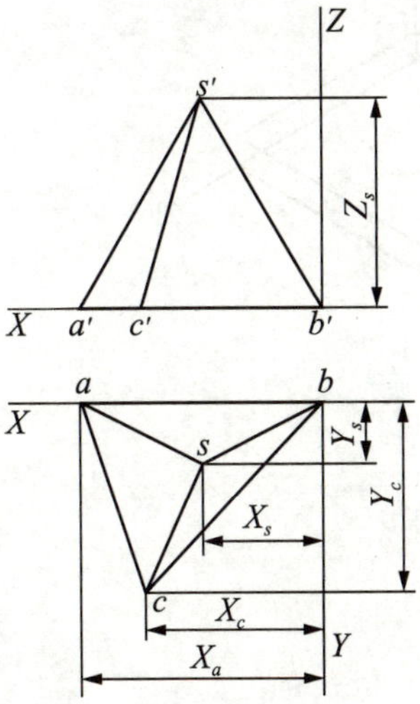

图 3-9 三棱锥的正等轴测图作图示范（1）

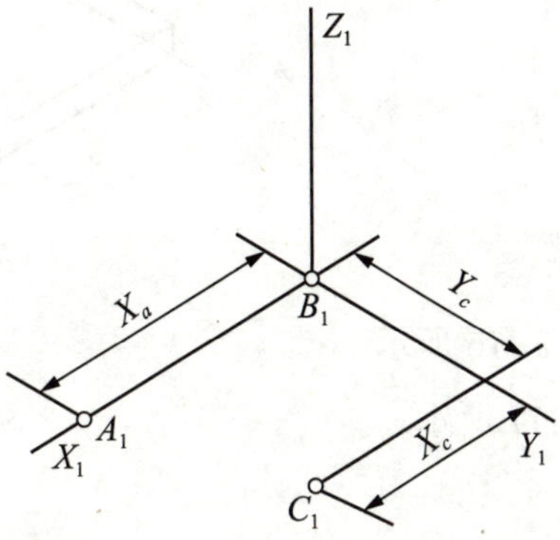

图 3-10 三棱锥的正等轴测图作图示范（2）

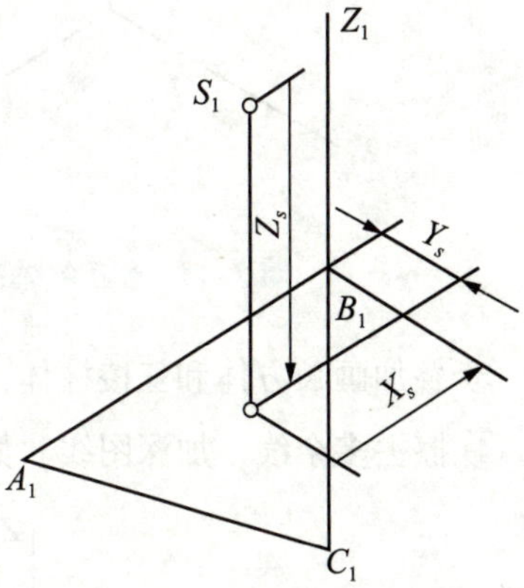

图 3-11 三棱锥的正等轴测图作图示范（3）

（4）按可见性连接各顶点并描深，如图 3-12 所示。

2. 组合体正等轴测图的画法

组合体正等轴测图的画法根据组合体的具体的情况分为两种，即叠加法和切割法。

（1）叠加法

先将组合体分解成若干个基本形体，然后按照其相对位置逐个画出各基本形体的轴测图，进而完成整体的轴测图。

例如，根据图 3-13 所示的组合体的三视图，作其正等轴测图。该组合体由底板、长方体和四个三棱柱叠加而成。

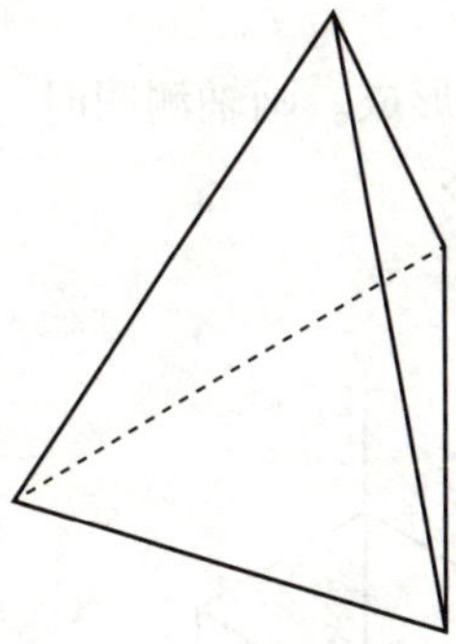

图 3-12 三棱锥的正等轴测图作图示范（4）

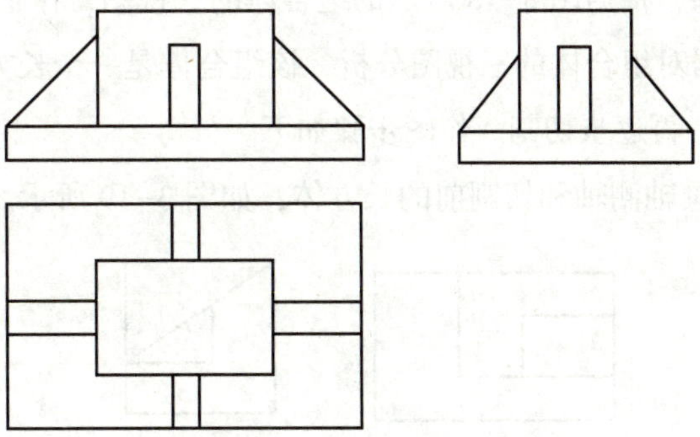

图 3-13 已知三视图

采用叠加法画出其轴测图。其作图步骤如下。

① 画正等轴测图，如图 3-14 所示。

② 画底板，如图 3-15 所示。

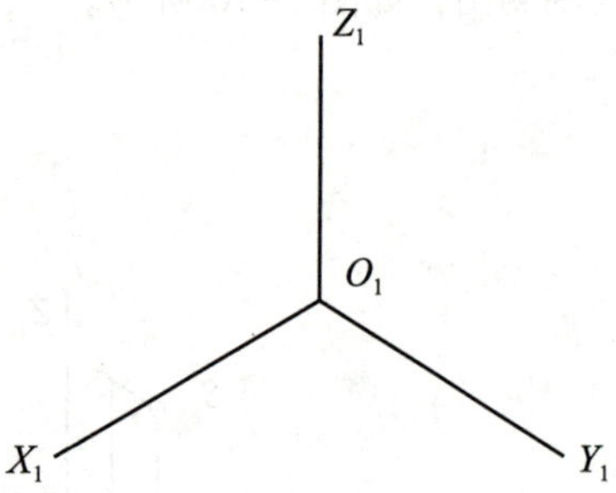

图 3-14　画正等轴测图

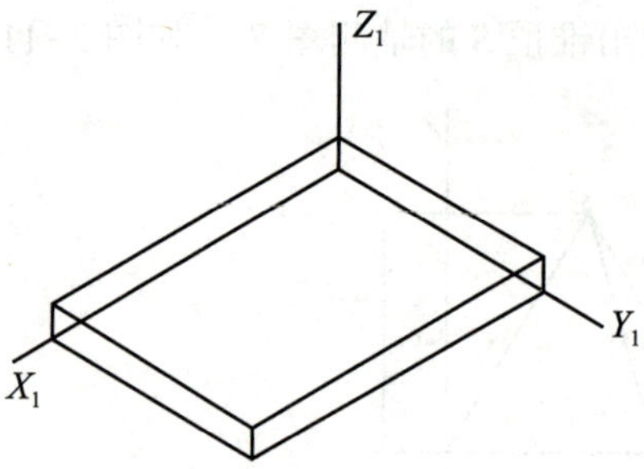

图 3-15　画底板

③ 叠加画长方体和三棱柱体，如图 3-16 所示。

④ 擦去多余线，加深图线，如图 3-17 所示。

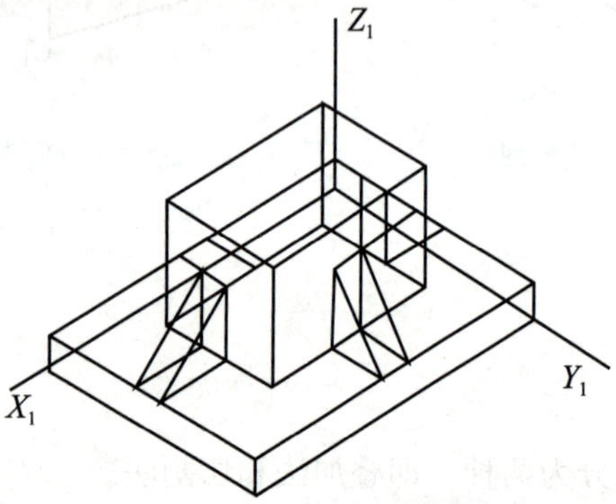

图 3-16　画长方体和三棱柱体

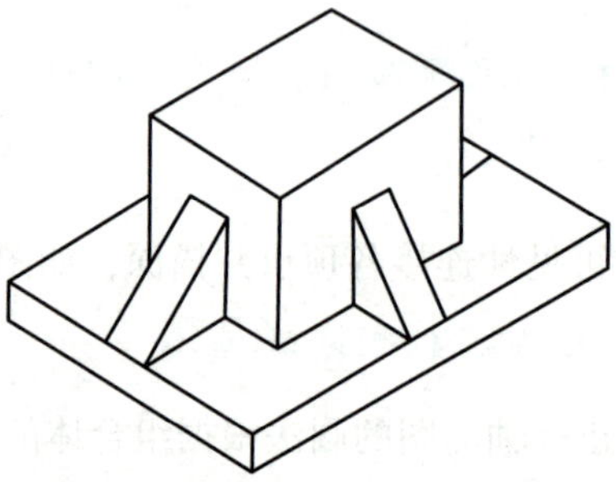

图 3-17　加深图线

（2）切割法

切割法与叠加法的不同在于先画出完整的基本形体的轴测图（通常为长方体，也称方箱），然后按其结构特点逐个地切去多余的部分，进而完成组合体的轴测图。

例如，根据图 3-18 所示的组合体的三视图，作正等轴测图。

根据对组合体的三视图分析，该组合体是一个长方体经过多次切割形成。画轴测图时，先画出整体（方箱），再逐步切割。作图步骤如下。

① 画轴测轴和切割前的长方体，如图 3-19 所示。

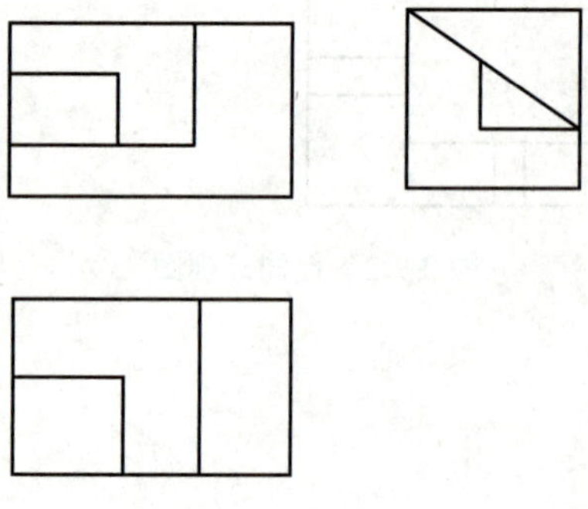

图 3-18　已知三视图

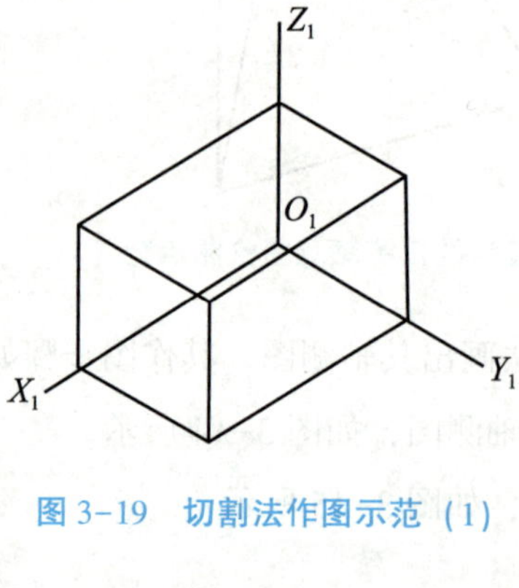

图 3-19　切割法作图示范（1）

② 画出切割形体的轴测图，如图 3-20 所示。

③ 连接各点加深图线，如图 3-21 所示。

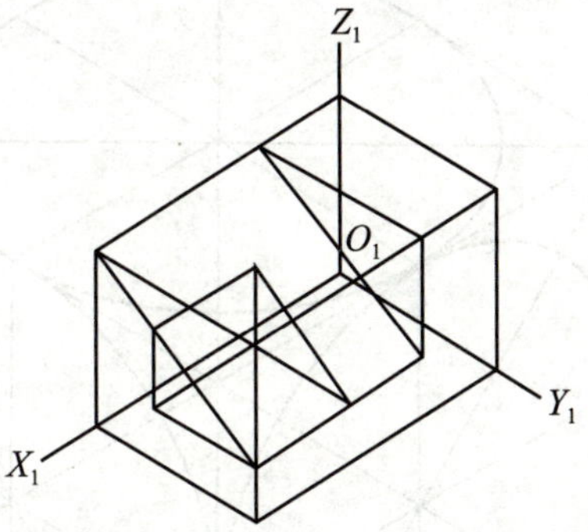

图 3-20　切割法作图示范（2）

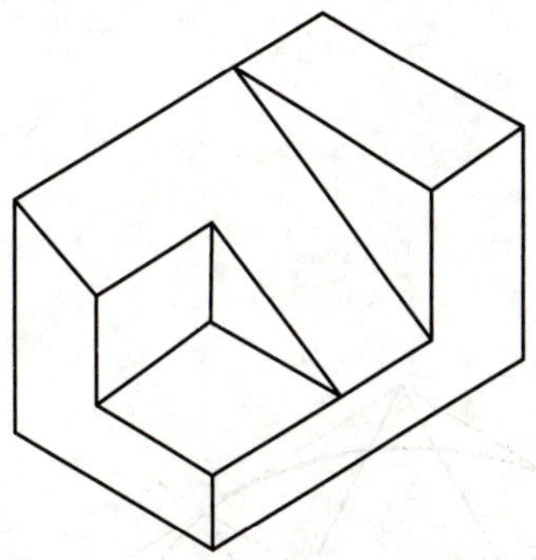

图 3-21　切割法作图示范（3）

三、回转体的正等轴测图画法

绘制回转体的正等测，关键是要掌握圆的正等轴测画法。

1. 圆的正等轴测画法

圆的正等测图常采用菱形法（也叫“四心法”）画椭圆。此方法只适用于正等轴测中画平行于坐标面的圆。作图时，首先作出圆的外切正方形轴测投影，即椭圆的外切菱形；然后，再定出画椭圆的四个圆心，由四段圆弧连接即成椭圆。

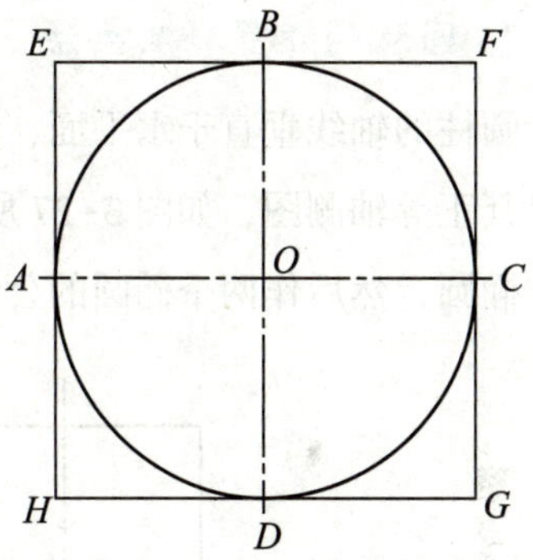

图 3-22　圆的正等轴测画法作图示范（1）

例如，以水平圆为例，具体作图步骤如下。

（1）画圆外切正方形，如图 3-22 所示。

（2）作外切正方形的正等轴测图，如图 3-23 所示。

（3）作大圆弧，如图 3-24 所示。

（4）作小圆弧，如图 3-25 所示。

（5）平行于坐标面的圆，其正等轴测图都是椭圆。画回转体的正等轴测时，要明确圆所在的平面与哪一个坐标面平行，才能保证画出方位正确的椭圆，如图 3-26 所示。

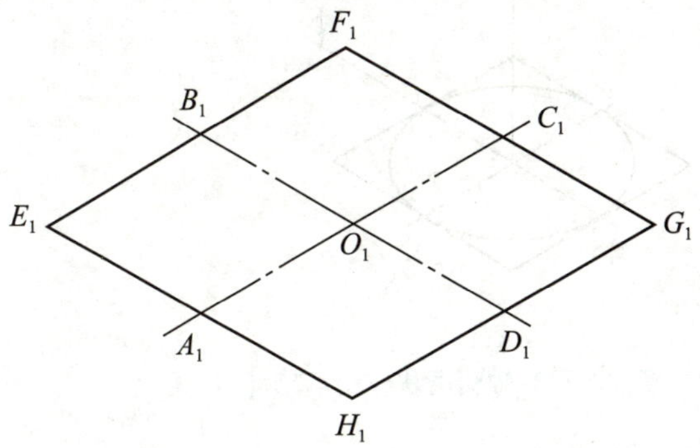

图 3-23　圆的正等轴测画法作图示范（2）

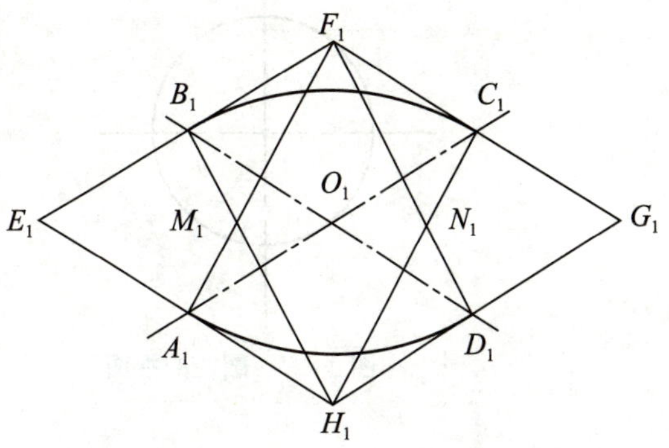

图 3-24　圆的正等轴测画法作图示范（3）

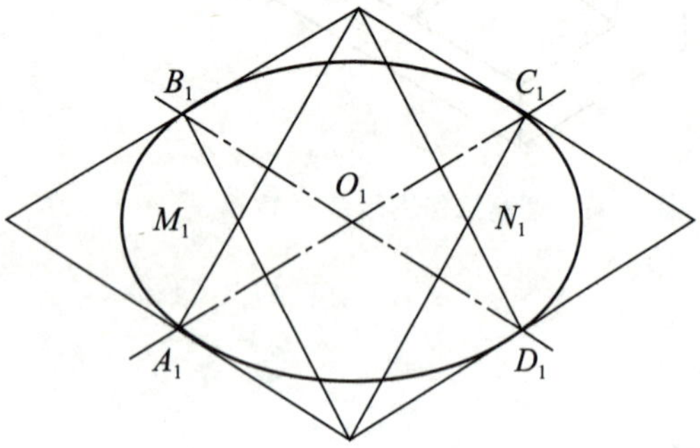

图 3-25　圆的正等轴测画法作图示范（4）

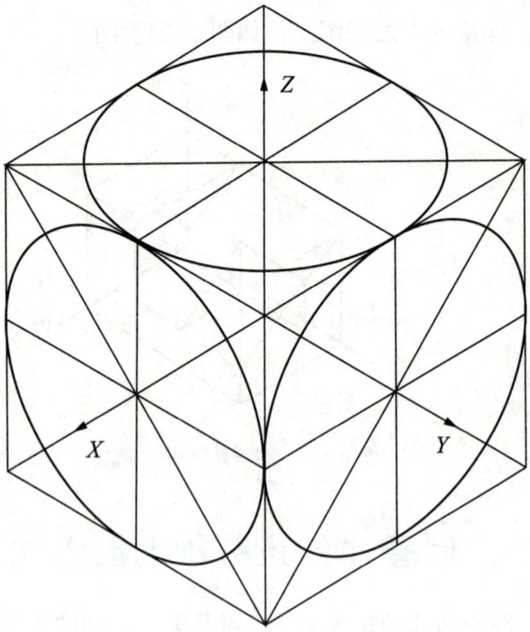

图 3-26　圆的正等轴测画法作图示范（5）

2. 圆柱的正等轴测画法

圆柱的轴线垂直于水平面，其上、下底两个圆与水平面平行且大小相等，例如，根据圆柱的视图，作出其正等轴测图，如图 3-27 所示。可根据其直径 d 和高度 h 作出两个大小完全相同、中心距为 h 的两个椭圆，然后作两个椭圆的公切线即可。具体的作图步骤如图 3-28 至图 3-30 所示。

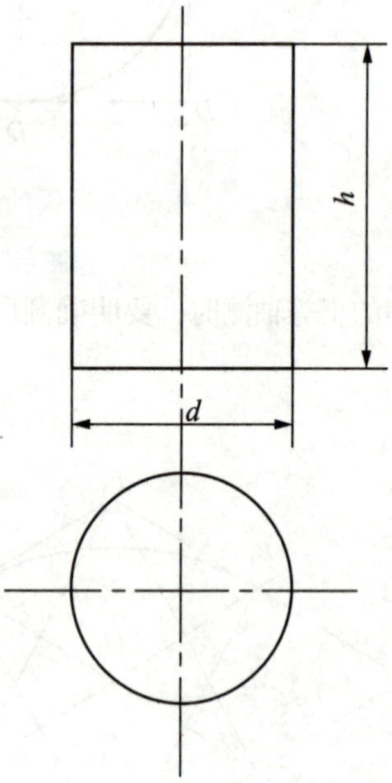

图 3-27　圆柱的视图

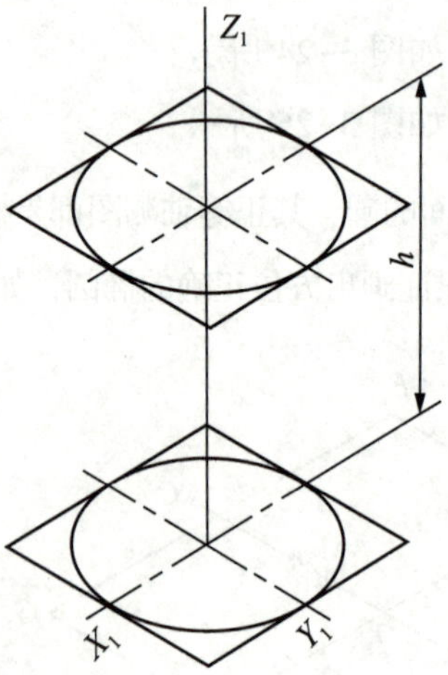

图 3-28　圆柱的正等轴测画法作图示范（1）

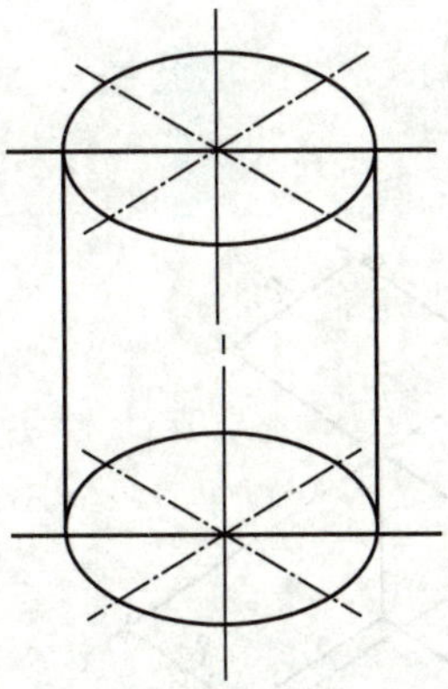

图 3-29 圆柱的正等轴测画法作图示范（2）

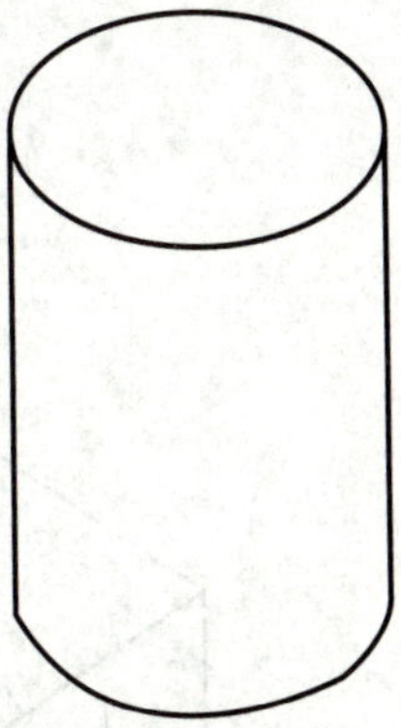

图 3-30 圆柱的正等轴测画法作图示范（3）

3. 圆角的简化画法

平行于坐标面的圆角，实质上是平行于坐标面的圆的一部分。这些圆角的轴测图分别对应于椭圆的四段圆弧，画圆角时不必作出整个椭圆，只需直接画出该段圆弧即可。在圆角的边上量取半径 R，从量得的点作边线的垂线，再以两垂线的交点为圆心，以垂线长为半径画圆弧即为所需的圆角。具体步骤如下。

（1）已知条件并定原点和坐标轴，如图 3-31 所示。

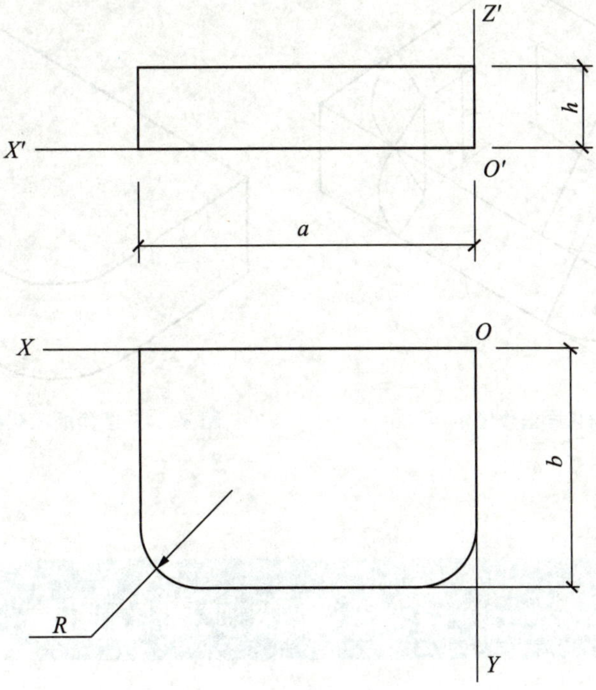

图 3-31 圆角的简化画法作图示范（1）

（2）作上表面的两圆角轴测投影，如图 3-32 所示。

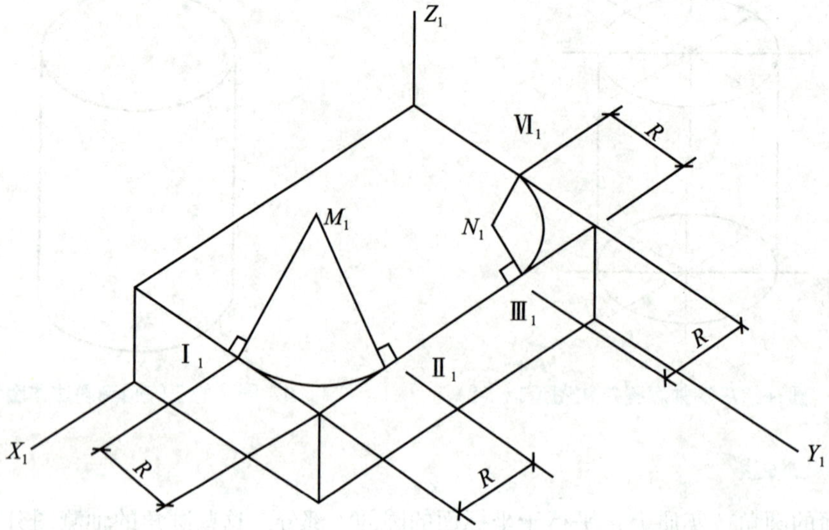

图 3-32　圆角的简化画法作图示范（2）

（3）作下表面的两圆角轴测图，如图 3-33 所示。

（4）作圆角切线，加深加粗得形体轴测图，如图 3-34 所示。

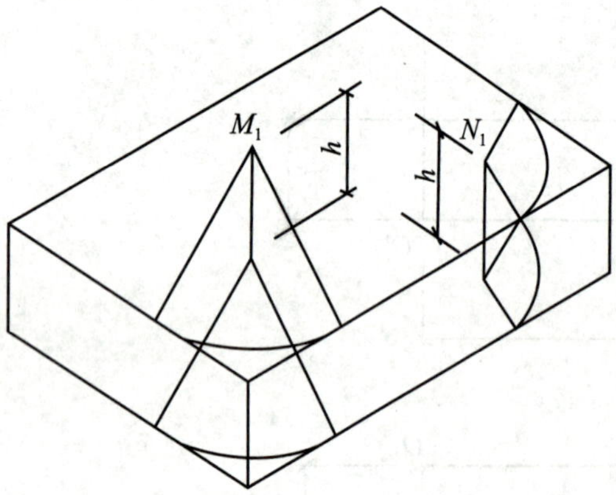

图 3-33　圆角的简化画法作图示范（3）

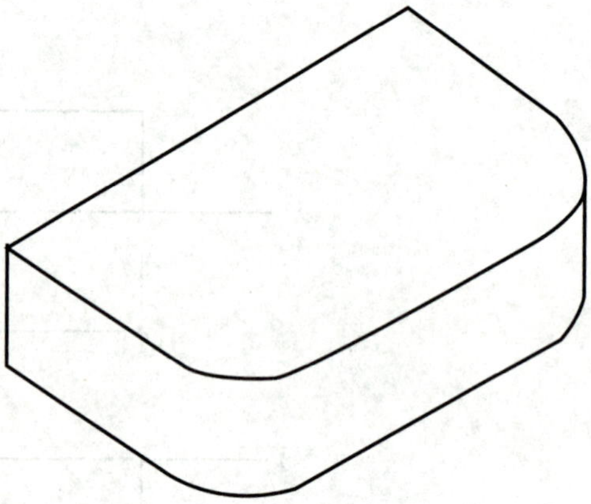

图 3-34　圆角的简化画法作图示范（4）

任务三　斜二等轴测图的画法

一、斜二等轴测图的形成及参数

如图 3-35 所示，在确定物体的直角坐标系时，使 OX 轴与 OZ 轴平行轴测投影面 P，用斜投影法将物体连同其坐标轴一起向 P 面投射，即得到斜二轴测图（简称为斜二测）。斜二测的 3 个坐标轴 O_1Y_1、O_1X_1、O_1Z_1 之间的夹角，形成轴间角，一般取 $\angle X_1O_1Y_1=\angle X_1O_1Z_1=135°$；$\angle X_1O_1Z_1=90°$。

由于 XOZ 坐标面与轴测投影面平行，OX、OZ 轴的轴向伸缩系数相等，即 $P_1=r_1=1$；OY 轴的轴向伸缩系数 q_1 随着投射方向的不同而不同，可以任意选定，为了绘图简便，国家标准规定，$q_1=0.5$。

按照上述的规定绘制出来的斜轴测图就是斜二测。斜二测的特点是，物体上凡是平行于 XOZ 坐标面的表面，其轴测投影反映实形。利用这一特点画斜二测时，尽量将形状复杂的平面或圆放在与 $X_1O_1Z_1$ 面平行的位置上，作图比较简便快捷。

二、斜二等轴测图的画法

斜二测的作图方法和正等测基本相同，也可采用坐标法、切割法、叠加法等作图方法。所不同的是斜二测的轴间角和正等测不同，斜二测中 OY 的轴向伸缩系数 $q_1=0.5$，沿 O_1Y_1 方向的长度应只取物体上相应长度的一半。

例如，绘制空心圆锥台的斜二测。

如图 3-36 所示的空心圆锥台，单方向的圆较多。故将其轴向垂直于 XOZ 坐标面，使前、后两底圆均平行 XOZ，其轴测图反映实形（圆），沿 Y 轴以 0.5 轴向变形系数依次决定各圆的圆心位置，画出各圆。

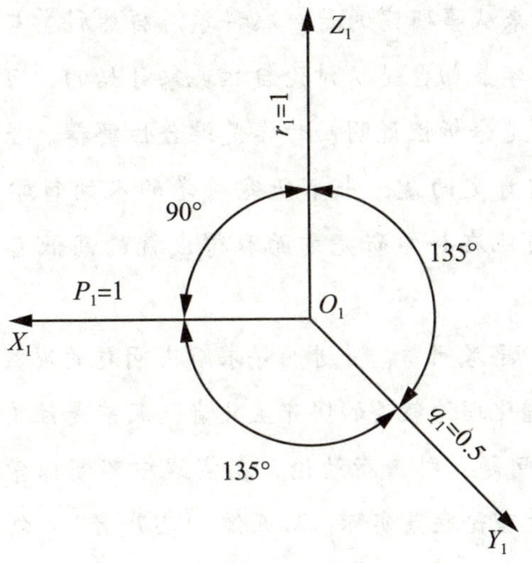

图 3-35 斜二测的轴向伸缩系数和轴间角

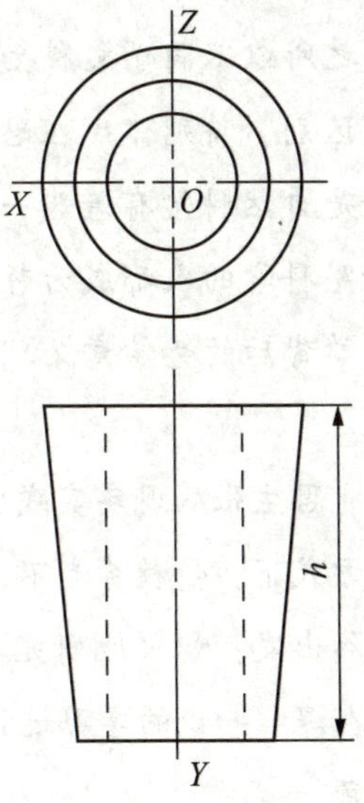

图 3-36 空心圆锥台视图

绘制空心圆锥台的斜二测具体作图步骤如下。

（1）画前、后底圆的轴测图，如图 3-37 所示。

（2）作公切线、描深，如图 3-38 所示。

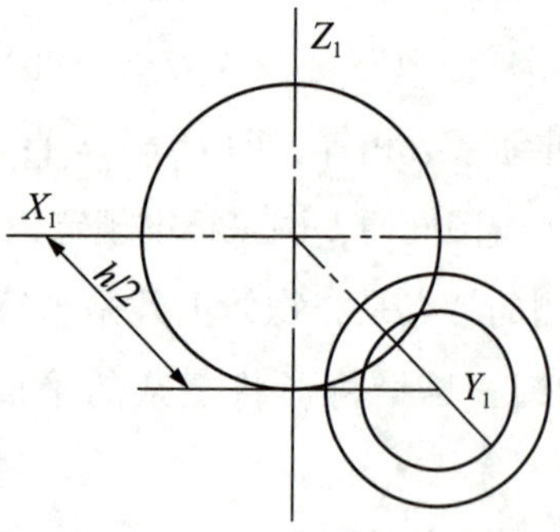

图 3-37　绘制空心圆锥台的斜二测作图示范（1）

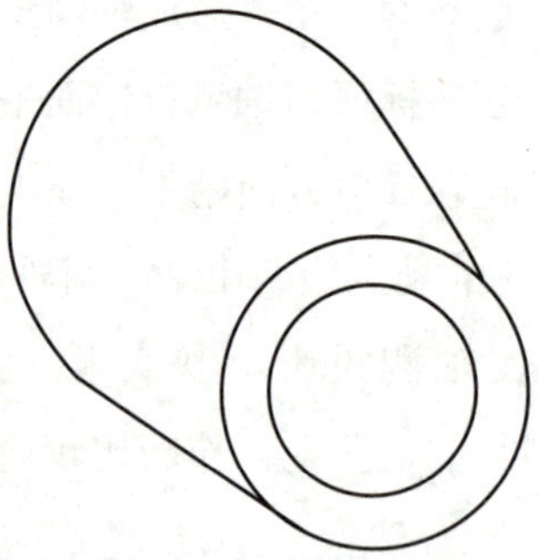

图 3-38　绘制空心圆锥台的斜二测作图示范（2）

思政链接

重视哲学思维方式的培养

人类在掌握了科学技术之后，在如何使用自己的科学技术时，如果没有正确的价值观、人生观，那么他对整个社会来说是有弊而无利的。而哲学的思维方式与“智慧”，是避免科学误入歧途的很好的手段。苏格拉底曾说，最高的知识是关于善与恶的知识，是关于生活智慧的知识。从这些方面来看，哲学对于研究自然科学的理工科学生有着特殊的重要性与必要性。

理工科之所以不同于文科生，是因为他们将来从事研究的是自然科学。自然科学与人文科学有着很大的区别，特别体现在思维方式上。而哲学最初也是从讨论自然现象开始的，可见哲学与科学，特别是自然科学有着非一般的关系。科学是分析性说明，哲学是综合性解释。虽然不能强求每一个研究科学的人都成为哲学家，但是可以肯定的是，一个研究科学的人的哲学素养的高低，对于科学背后的哲学意义理解的深度必然与他在科学研究方面取得成就的高低有着必然的联系。

比如马克思主张从现实实践出发去发现问题、思考问题，并进而寻求解决问题的现实途径。在这样的教育方式下，受教育者不应再是那种恪守僵化理论教条的保守主义者，而应是注重理论联系实际，从实际出发，积极地研究新事物、发现新问题、引出新结论，在实践中不断探索、不断创新。因此，在课程知识的学习过程中，应引导学生理论联系实际，从而像“实践者”“创造者”那样去思考问题。

大学时期是人生最灿烂的时期之一，是学生逐步养成世界观与人生观的时期，是为将来自身幸福乃至国家繁荣而拼搏奋斗的时期。加强理工科学生的哲学教育，对于其一生有着深远的影响。

课后习题

一、填空题

1. 将物体连同其所在的直角坐标系，沿不平行于任一坐标平面的方向，用平行投影法将其投射在单一投影面上所得到的具有立体感的图形，称为轴测投影图，简称________。

2. 通常采用________绘制立体的正等轴测图。

3. 组合体正等轴测图的画法根据组合体的具体的情况分为两种，即________和________。

4. 圆的正等测图常采用________（也叫“四心法”）画椭圆。

二、判断题

（　　）1. 由于轴测投影属于平行投影，因此，轴测投影具有如下平行投影的基本性质。

（　　）2. 平行于坐标面的圆，其正等轴测图都是圆。

（　　）3. 画正等测图时，沿轴向的所有尺寸可直接按物体的实际长度来作图。

（　　）4. 斜二测的特点是，物体上凡是平行于 XOZ 坐标面的表面，其轴测投影反映实形。

项目四 组合体

项目概述

任何零件都是由一些基本体经过叠加、切割等方式组合而成。这种由两个或两个以上的基本体形成的整体称为组合体。本项目主要介绍组合体的组合形式、组合体视图的画法，组合体的尺寸标注，为今后学习汽车零件图奠定基础。

学习目标

知识目标

(1) 了解组合体的组合形式。

(2) 掌握组合体视图的画法。

(3) 掌握组合体的尺寸标注。

(4) 熟悉看组合体视图的方法。

(5) 熟悉常见形体的尺寸标注。

(6) 掌握读图的基本要领。

(7) 掌握识读组合体视图的方法和步骤。

能力目标

(1) 能熟练分析汽车组合体的组合形成及表面连接关系。

(2) 能熟练对组合体进行形体分析。

(3) 能根据形体分析，熟练标注中等复杂程度的组合体尺寸。

(4) 能识读中等复杂的汽车组合体视图。

素质目标

(1) 使学生在收获知识之余实现人格的历练和提升。

(2) 使学生明确学习目的，端正学习态度，培养科学精神、科学态度，学习科学的学习方法。

思政目标

(1) 培养学生勇于创新、严谨求实的学术风气和大无畏的精神。

(2) 培养学生专注、严谨、敬业、求精的工作态度和职业精神。

任务工单

一、任务名称

标注如图 4-1 所示组合体的尺寸。

二、任务描述

标注如图 4-1 所示组合体的尺寸（数值从图上量取），并完成表 4-1 的填写。

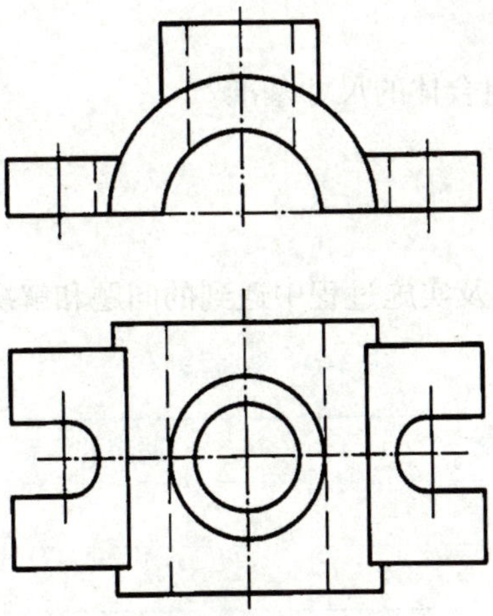

图 4-1 组合体示例图

表 4-1 实训表（1）

姓名		班级		学号	
学时		日期		实践地点	
实训工具	笔、纸、图板、丁字尺、分规、比例尺、圆规、三角板等				
任务目标	能够熟练标注中等复杂程度的组合体尺寸				

三、分组讨论

全班学生以 3~6 人为一组进行分组，选出各自组长，组长对组员进行任务分工并将分工情况记入表 4-2 中。

表 4-2　实训表（2）

成员	任务
组长	
组员	
组员	
组员	
组员	
组员	

四、任务思考

1. 组合体尺寸标注有哪些基本要求？
2. 组合体的尺寸种类有哪些？
3. 标注定位尺寸时，如何确定组合体的尺寸基准？

五、任务实施

在实际操作过程中，将操作内容及实施过程中遇到的问题和解决办法记录在表 4-3 中。

表 4-3　实训表（3）

序号	操作内容	遇到的问题	解决办法

六、任务评价

请各小组选出一名代表展示任务实施的成果，并配合指导教师完成表 4-4 的任务评价。

表 4-4　实训表（4）

序评价项目	评价内容	分值	评价分值		
			自评	互评	师评
职业素养考核项目	考勤、仪容仪表	10 分			
	团队交流与合作意识	10 分			
	责任意识、纪律意识	10 分			

续表

<table>
<tr><th rowspan="2">序评价项目</th><th rowspan="2">评价内容</th><th rowspan="2">分值</th><th colspan="3">评价分值</th></tr>
<tr><th>自评</th><th>互评</th><th>师评</th></tr>
<tr><td rowspan="5">专业能力考核项目</td><td>积极参与教学活动并正确理解任务要求</td><td>10 分</td><td></td><td></td><td></td></tr>
<tr><td>认真查找与任务相关的资料</td><td>10 分</td><td></td><td></td><td></td></tr>
<tr><td>任务实施过程记录表的完成度</td><td>10 分</td><td></td><td></td><td></td></tr>
<tr><td>对组合体尺寸标注的掌握程度</td><td>20 分</td><td></td><td></td><td></td></tr>
<tr><td>独立完成相应任务的程度</td><td>20 分</td><td></td><td></td><td></td></tr>
<tr><td colspan="2">合计</td><td>100 分</td><td></td><td></td><td></td></tr>
<tr><td>总评</td><td>自评（20%）+互评（20%）+师评（60%）=</td><td>综合等级</td><td colspan="3">教师（签名）：</td></tr>
</table>

任务一　组合体的组合形式

1. 组合体的形体分析

任何复杂的物体都可以假想是由若干个基本几何体组合而成。这些基本体可以是完整的，也可以是经过钻孔、切槽等加工。分析各部分形状，再综合想出整体结构的方法称为形体分析法。如图 4-2 所示的支座，可看成是由两个尺寸不同的四棱柱、一个半圆柱和两个肋板如图 4-3 叠加起来后，再切出一个大圆柱体和四个小圆柱体而成的，如图 4-4 所示。

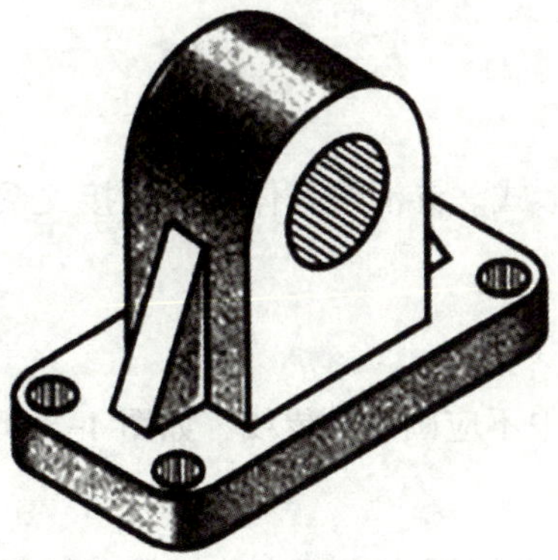
图 4-2　支座的形体分析（1）

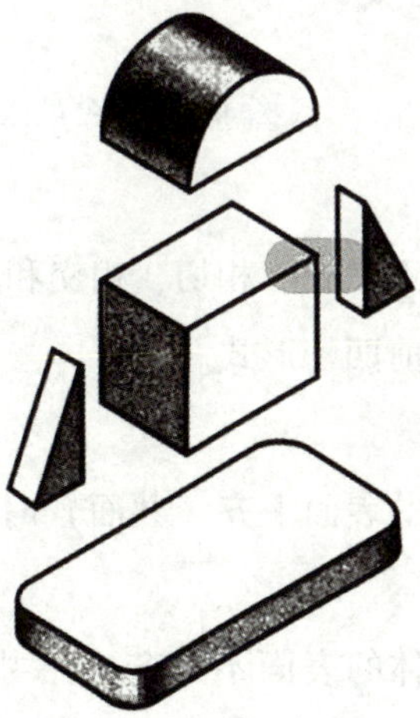
图 4-3　支座的形体分析（2）

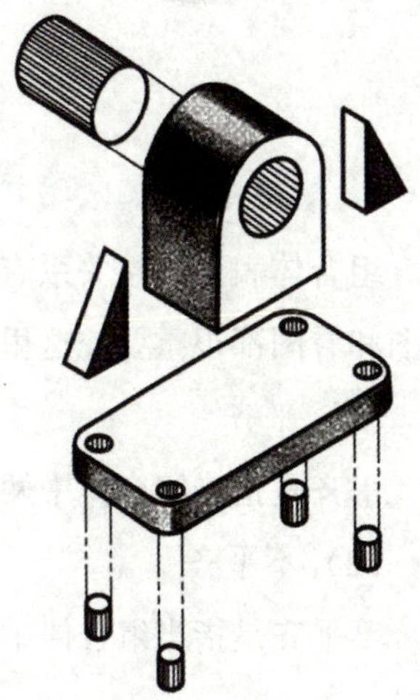
图 4-4　支座的形体分析（3）

2. 组合体的组合形式

组合体可分为叠加、切割和综合三种组合形式，其中综合式是由前两种形式综合而成。

（1）叠加

叠加是指将各基本体以平面接触相互堆积、叠加后形成的组合体，如图 4-5 所示。

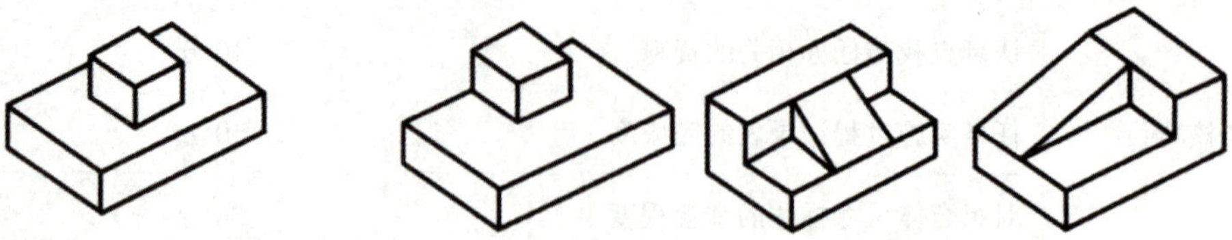

图 4-5　叠加型组合体

（2）切割

切割是指在基本体上进行切块、挖槽、穿孔等切割后形成的组合体，如图 4-6 所示。

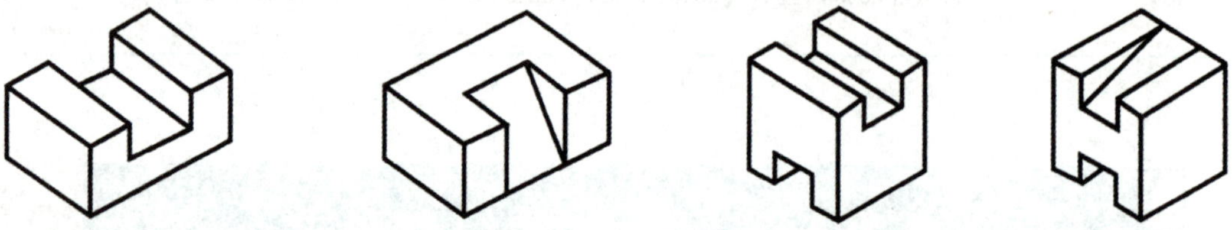

图 4-6　切割型组合体

（3）综合

综合是指由叠加式和切割式两种形式综合组成的组合体，如图 4-7 所示。

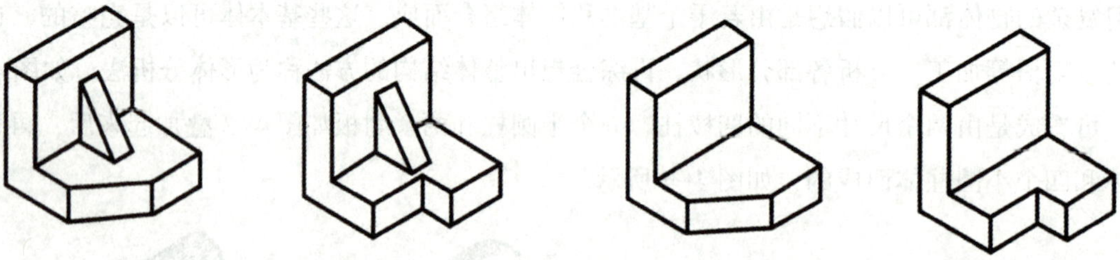

图 4-7　综合型组合体

3. 组合体的表面连接关系

组合体表面连接关系有平齐、不平齐、相切、相交和相贯五种形式。弄清组合体表面连接关系，对画图和看图都很重要。这里将介绍前四种形式。

（1）平齐

平齐是指当组合体中两基本体的表面平齐（共面）时，在视图中不应画出分界线，如图 4-8 所示。

（2）不平齐

不平齐是指当组合体中两基本体的表面不平齐（不共面）时，在视图中应画出分界线，如图 4-9 所示。

（3）相切

相切是指当组合体中两基本体的表面相切时，在视图中的相切处不画线，如图 4-10 所示。

(4) 相交

相交是指当组合体中两基本体的表面相交时，在视图中的相交处应画线，如图 4-11 所示。

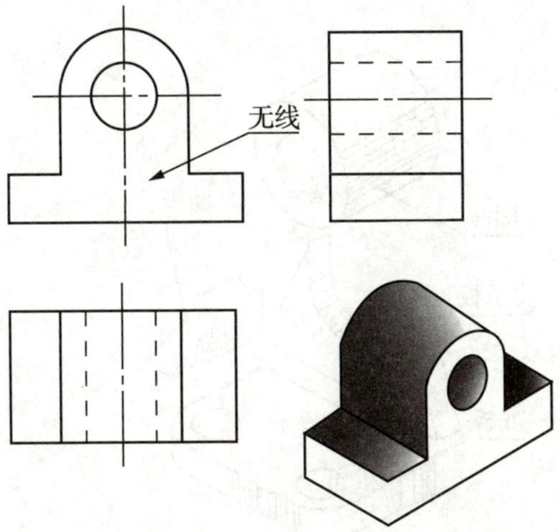

图 4-8　两表面平齐的画法

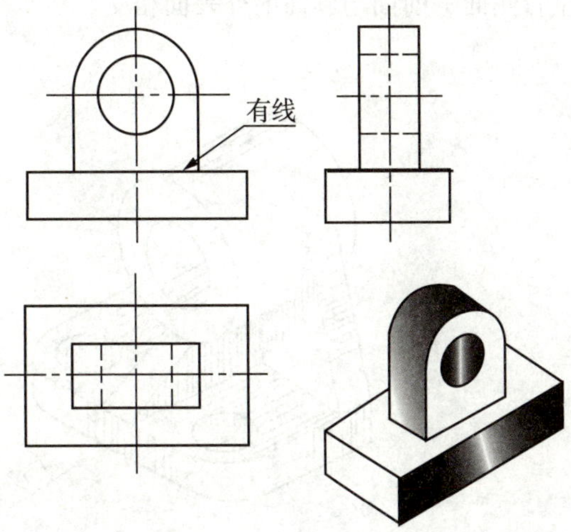

图 4-9　两表面不平齐的画法

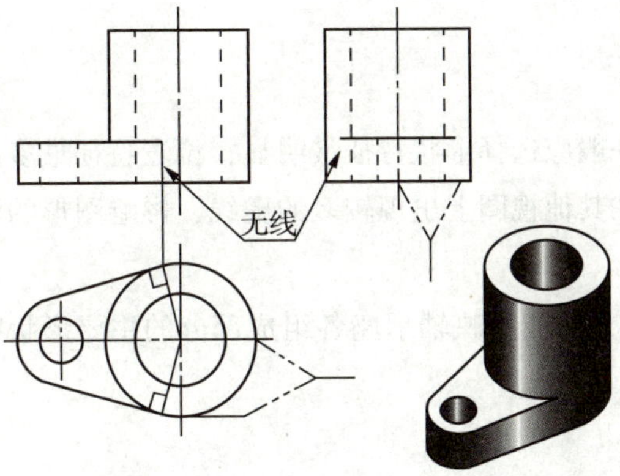

图 4-10　形体相切的画法

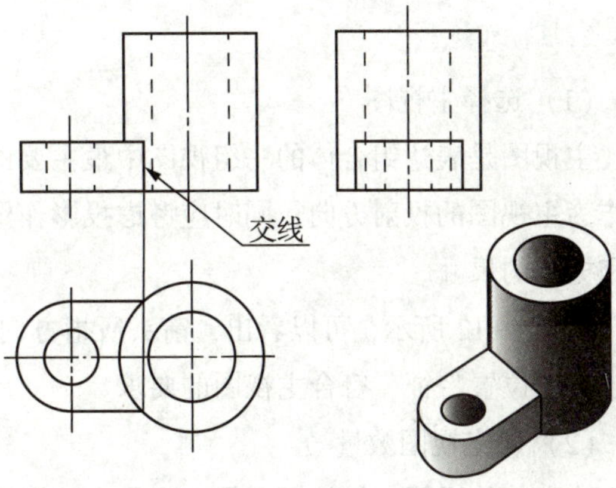

图 4-11　形体相交的画法

任务二　组合体视图的画法

画组合体的视图时，首先要运用形体分析法将组合体合理地分解为若干个基本形体，并按照各基本形体的形状、组合形式、形体间的相对位置和表面连接关系，逐步地进行作图。下面结合实例，介绍组合体视图的画法。

一、叠加型组合体视图的画法

例如，以图 4-12 所示的轴承座为例，介绍叠加型组合体视图的画图方法和步骤。

1. 形体分析

如图 4-13 所示，轴承座可分解为底板、圆筒、支承板和肋板四部分。底板上有直径相等的两个圆孔和 1/4 圆角，底板、支承板和肋板之间的组合形式为叠加。支承板与底板的后面平齐，圆筒与支承板的后面不平齐，支承板的左右侧面与圆筒的外表面相切，肋板位于圆筒的正下方并与支承板垂直相交，其左右侧面、前面与圆筒的外表面相交。

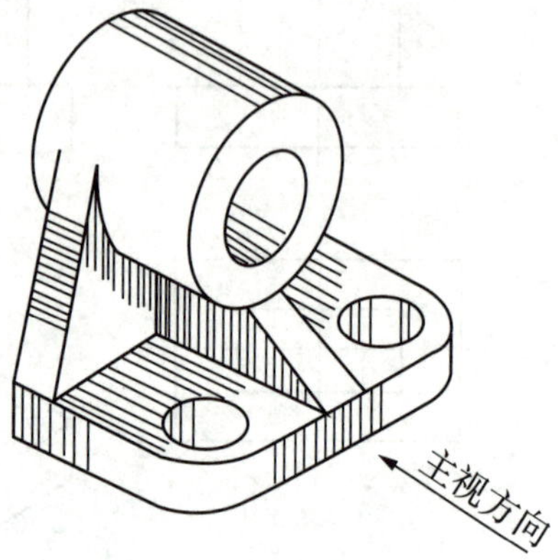

图 4-12 轴承座形体分析（1）

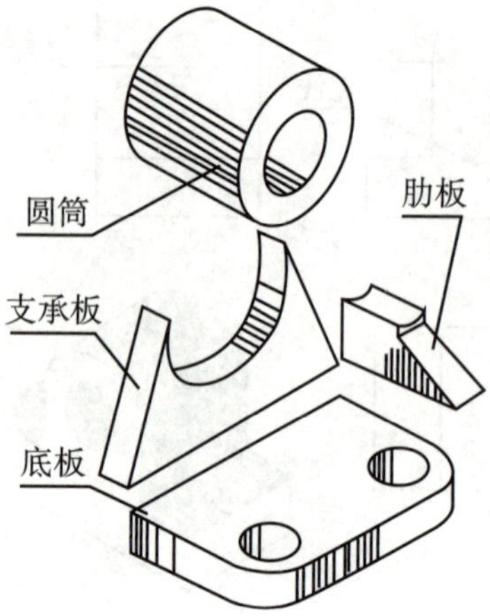

图 4-13 轴承座形体分析（2）

2. 选择视图

（1）选择主视图

主视图是表达组合体的一组视图中最主要的视图。一般应选择形状特征最明显，位置特征最多的方向作为主视图的投射方向，同时应考虑投影作图时避免在其他视图上出现较多的虚线，影响图形的清晰性和标注的尺寸。

如图 4-12 所示，可以看出，箭头所指方向作为投射方向能反映轴承座各组成部分的主要形状特征和较多的位置特征，符合主视图的要求。

（2）确定视图数量

确定其他视图数量的原则是：用最少的视图最清楚地表达组合体各组成部分的形状结构、相对位置和表面连接关系。

因此，主视图投射方向选定后，根据轴承座的表达需要，确定画出俯视图来表达底板的形状和两孔的相对位置，画出左视图来表达肋板的形状以及支承板和圆筒的宽度。所以，轴承座需要用主、俯、左三个视图才能表达清楚。

（3）选比例、定图幅

选定视图后，要根据组合体的实际大小，按国标规定选择比例和图幅。一般情况下，应采用 1∶1 的比例作图。选择图幅时，应留有足够的空间标注尺寸。

（4）布置视图

根据组合体的总长、总宽、总高确定各视图在图框内的具体位置，使视图分布均匀。因此，画图时应首先画出各视图两个方向的基准线，常用的基准线是视图的对称线，大圆柱体的轴线以及大的底面或端面。

（5）画底稿

底稿中的图线应分出线型，线要画得细而轻淡，以便修改和保持图面整洁。

（6）检查、描深

底稿完成后，要仔细检查全图，改正错误。准确无误后，按国家标准规定的线型加粗、描深。描深时应先画圆或圆弧，后画直线；先画虚线、点画线、细实线，后画粗实线，最后标注尺寸。

绘图具体方法与步骤如下。

（1）布置视图并画出基准线，如图 4-14 所示。

（2）画底板三视图，如图 4-15 所示。

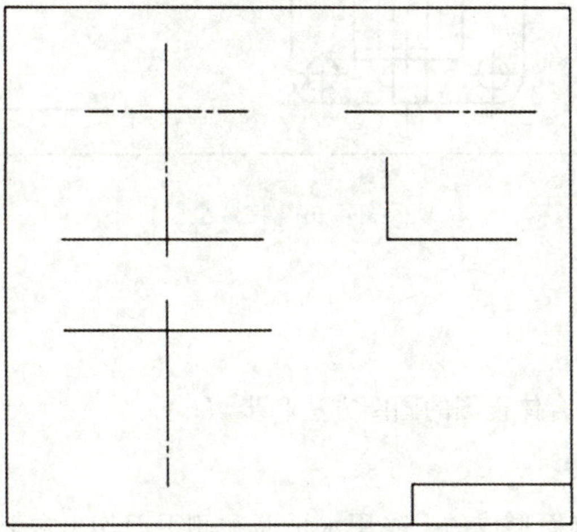

图 4-14　画出基准线

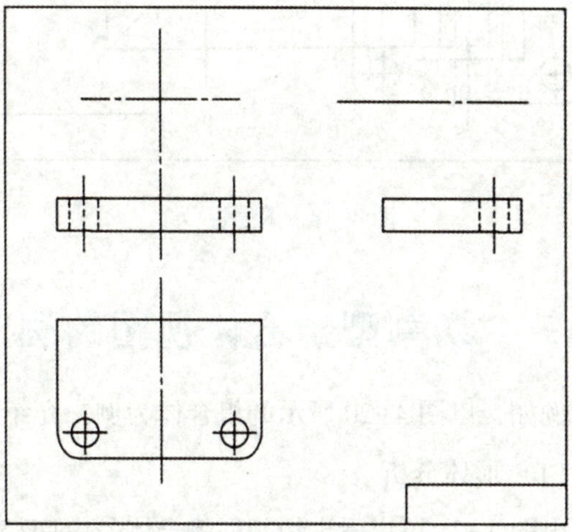

图 4-15　画底板三视图

（3）画圆筒，如图 4-16 所示。

（4）画支撑板，如图 4-17 所示。

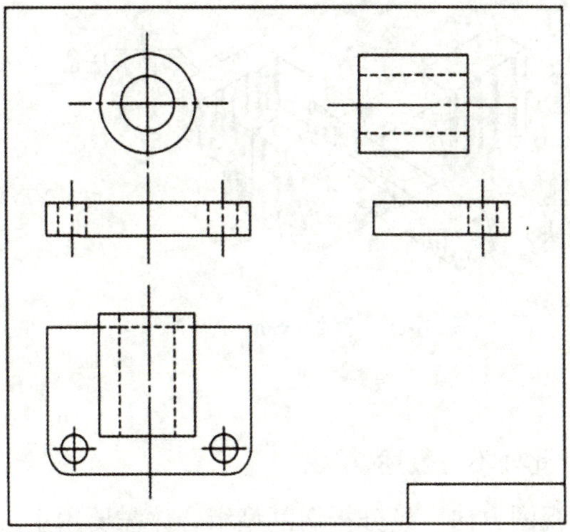

图 4-16　画圆筒

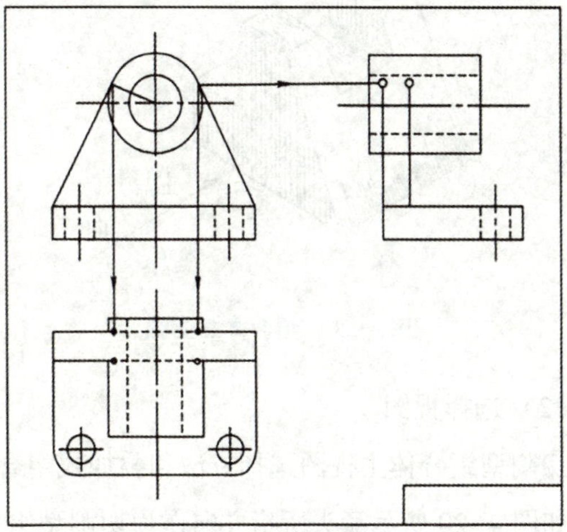

图 4-17　画支撑板

（5）画肋板，如图 4-18 所示。

（6）检查描深，完成全图，如图 4-19 所示。

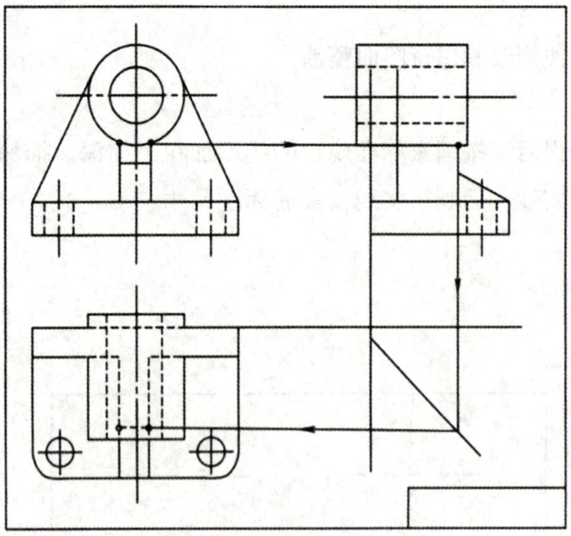

图 4-18　画肋板

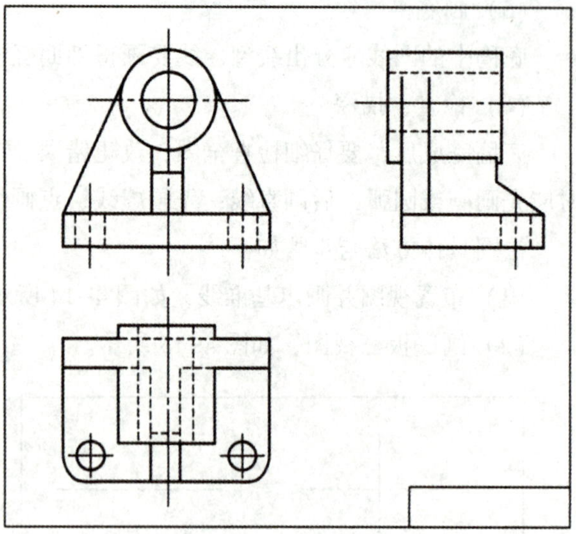

图 4-19　完成全图

二、切割型组合体视图的画法

例如，以图 4-20 所示的组合体为例，介绍切割型组合体视图的画图方法和步骤。

（1）形体分析

由图 4-21 可以看出切割型组合体是由四棱柱经切割而形成的，先用水平面和侧平面切出右上方 I（长方体）；再用正垂面切出左侧 II（三棱柱）；最后用两个正平面和一个水平面切出上面中间部分 III（矩形块），形成如图 4-21 所示的切割型组合体。

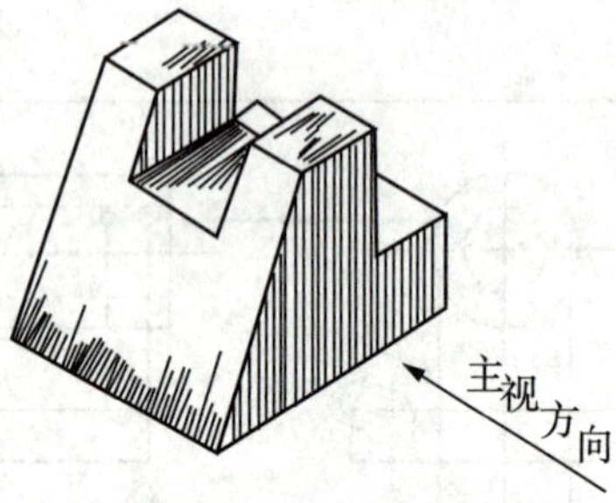

图 4-20　组合体立体图

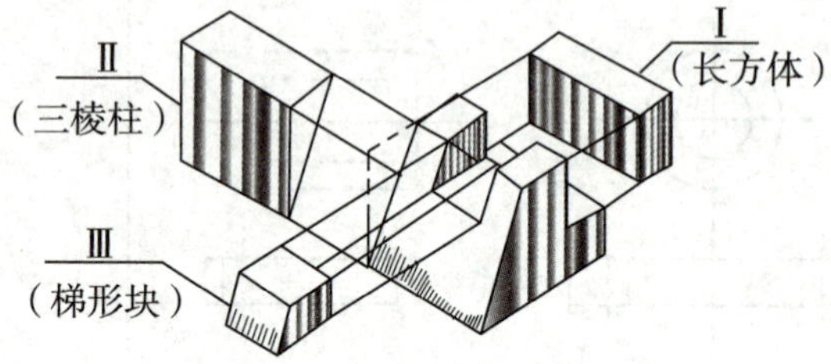

图 4-21　形体分析

（2）选择视图

切割型组合体主视图选择方法和叠加式组合体相同，此处不再赘述。

如图 4-20 所示箭头所指方向作为切割型组合体的主视图方向。经分析切割型组合体需要用主、俯、左三个视图才能表达清楚。

（3）选比例、定图幅

选定视图后，要根据组合体的实际大小，按国标规定选择比例和图幅。一般情况下，应采用 1∶1 的比例作图。选择图幅时，应留有足够的空间标注尺寸。

(4) 布置视图

根据组合体的总长、总宽、总高确定各视图在图框内的具体位置，使视图分布均匀。因此，画图时应首先画出各视图 2 个方向的基准线，常用的基准线是视图的对称线，大圆柱体的轴线以及大的底面或端面。

(5) 画底稿

画图时，可以先画出完整长方体的三视图，然后逐个画出被切部分的投影。

(6) 检查、描深

底稿完成后，要仔细检查全图，改正错误。准确无误后，按国家标准规定的线型加粗、描深。描深时应先画圆或圆弧，后画直线；先画虚线、点画线、细实线，后画粗实线，最后标注尺寸。

绘图具体方法与步骤如下。

① 画基准线和长方体的三视图，如图 4-22 所示。

② 切去小长方体Ⅰ，如图 4-23 所示。

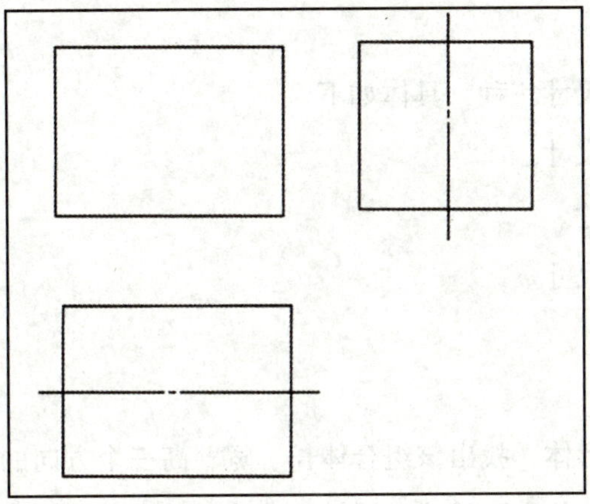

图 4-22 画基准线

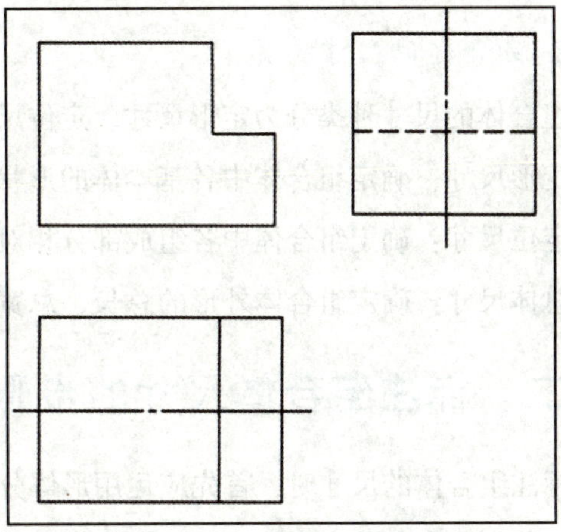

图 4-23 切去小长方体Ⅰ

③ 切去三棱柱Ⅱ，如图 4-24 所示。

④ 切去通槽Ⅲ，描深完成全图，如图 4-25 所示。

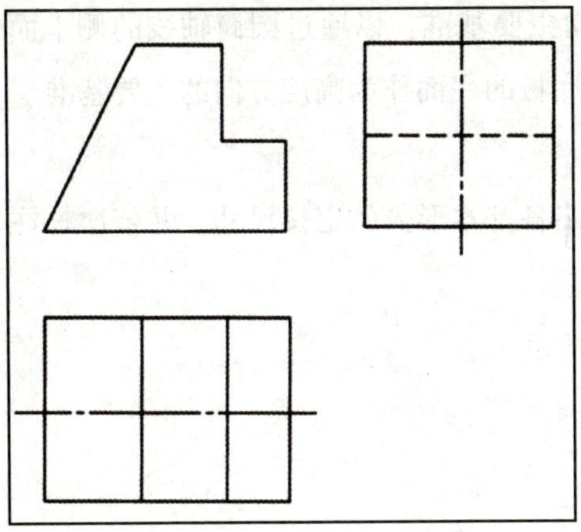

图 4-24 切去三棱柱Ⅱ

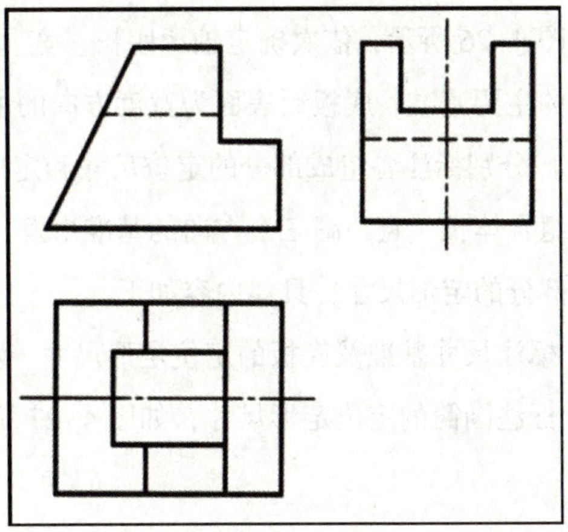

图 4-25 描探完成全图

任务三　组合体的尺寸标注

一、尺寸基准的概念

1. 尺寸基准

标注尺寸的起点称为尺寸基准。组合体的尺寸基准，常选用其底面、重要的端面、对称平面、回转体的轴线以及圆的中心线等作为尺寸基准。

在组合体的长、宽、高三个方向中，每个方向至少要有一个主要尺寸基准。当形体复杂时，允许有一个或几个辅助尺寸基准。

2. 组合体的尺寸种类

组合体的尺寸种类分为定形尺寸、定位尺寸、总体尺寸三种，具体如下。

定形尺寸：确定组合体中各基本体的形状和大小的尺寸。

定位尺寸：确定组合体中各组成部分相对位置的尺寸。

总体尺寸：确定组合体外形的总长、总宽和总高的尺寸。

二、标注组合体尺寸的步骤

标注组合体的尺寸时，首先应运用形体分析法分析形体，找出该组合体长、宽、高三个方向的主要基准，分别注出各基本形体之间的定位尺寸和各基本形体的定形尺寸，再标注总体尺寸并进行调整，最后校对全部尺寸。

例如，以轴承座为例，介绍标注组合体尺寸的具体步骤。

（1）对组合体进行形体分析，确定尺寸基准

如图 4-26 所示，依次确定轴承座长、宽、高三个方向主要基准：以通过圆筒轴线的侧平面作为长度方向的主要基准，底板后表面为宽度方向的主要基准，底板的底面作为高度方向的主要基准。

（2）分别标注各组成部分的定位尺寸和定形尺寸

从组合体长、宽、高三个方向的基准出发，依次标注出各基本形体的定位尺寸。并依次标注轴承座各组成部分的定形尺寸，具体内容如下。

① 标注尺寸基准及底板的定位定形尺寸，如图 4-26 所示。

② 标注圆筒的定位定形尺寸，如图 4-27 所示。

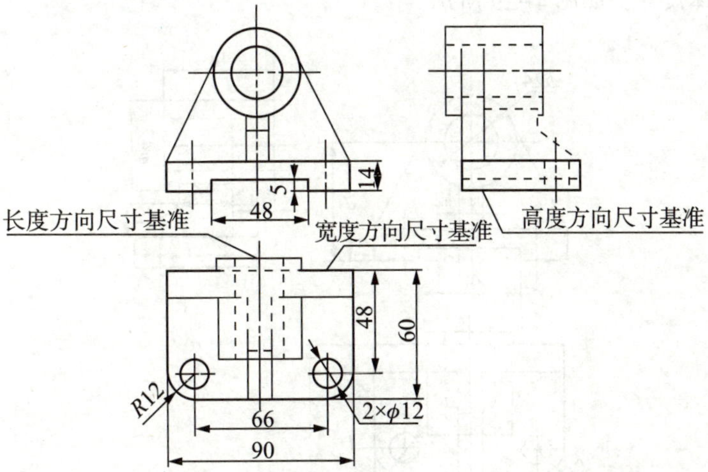

图 4-26 标注尺寸基础

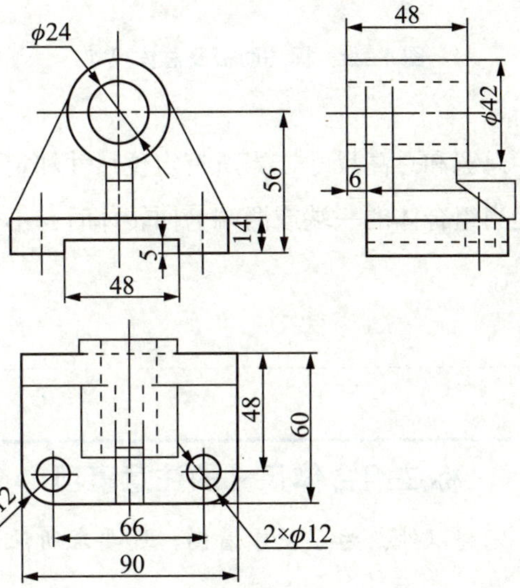

图 4-27 标注圆筒的定位定形尺寸

③ 标注支撑板的定位定形尺寸，如图 4-28 所示。

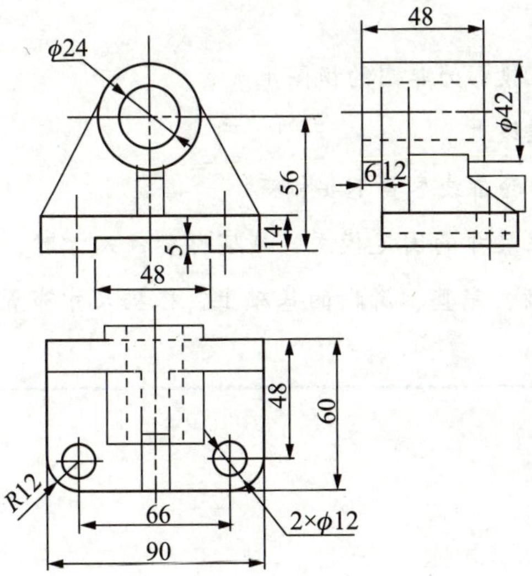

图 4-28 标注支撑板的定位定形尺寸

④ 标注肋板及总体尺寸，如图 4-29 所示。

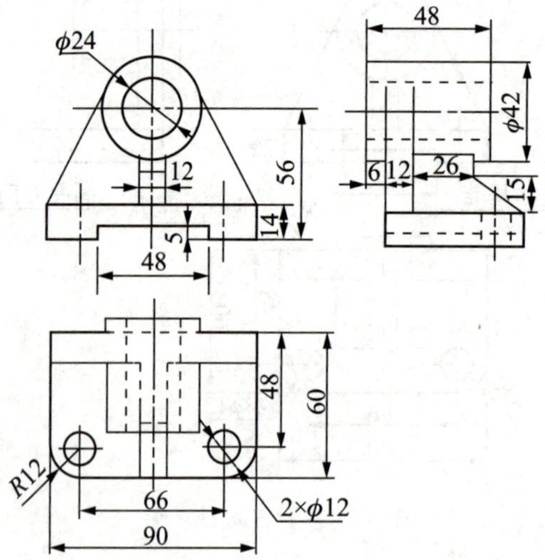

图 4-29　标注肋板及总体尺寸

（3）标注总体尺寸

组合体一般需要标注总长、总宽和总高尺寸，当所有定位尺寸和定形尺寸都标注完成以后，经适当调整标注相应的总体尺寸。但是当组合体的一端或两端为回转体时，不标注总体尺寸。

知识拓展

标注组合体尺寸的注意事项

标注尺寸除了要求正确、完整以外，为了便于看图，还要求所注尺寸清晰。为此，必须注意以下几点。

（1）尺寸应尽量标注在视图外面，与两个视图有关的尺寸最好布置在两视图之间。

（2）同一基本形体的定形、定位尺寸应尽量集中标注，并尽量标注在反映形状和位置特征的视图上。

（3）直径尺寸尽量标注在投影为非圆的视图上。

（4）尺寸尽量不标注在虚线上。

（5）尺寸线、尺寸界线与轮廓线尽量不要相交。

以上注意事项，并非标注尺寸的固定模式，在实际标注尺寸时，有时会出现不能完全兼顾的情况，应在保证尺寸标注正确、完整、清晰的基础上，根据尺寸布置的需要灵活运用和进行适当的调整。

任务四 看组合体视图的方法

画组合体的视图是将三维形体用正投影的方法表示成二维图形；而看组合体的视图，则是将多个二维图形依据它们之间的投影关系，想象出三维的形状。可以说，看图是画图的逆过程。所以，看图同样也要运用形体分析法。但对于复杂的形体，还要对局部的结构进行线面分析，想象出局部结构的形状，从而想象出组合体的空间形状。

一、看图要点

1. 视图中线条与线框的含义

(1) 视图中每一条线的含义

① 表示具有积聚性的面的投影。

② 表示面与面的交线的投影。

③ 表示曲面转向轮廓线。

(2) 视图中线框的含义

① 一个封闭的线框表示物体的一个面。

② 相邻的两个封闭线框，表示物体上位置不同的两个面。

③ 一个大封闭线框内包含小的封闭相框，表示在大的几何体上凸出或者凹下小的几何体。

2. 把视图联系起来分析

在一般情况下，一个视图是不能完全确定组合体的形状，表达组合体必须要有反映形状特征的视图。看图时，要把几个视图联系起来进行分析，才能想象出组合体的形状，如图 4-30、图 4-31 所示。

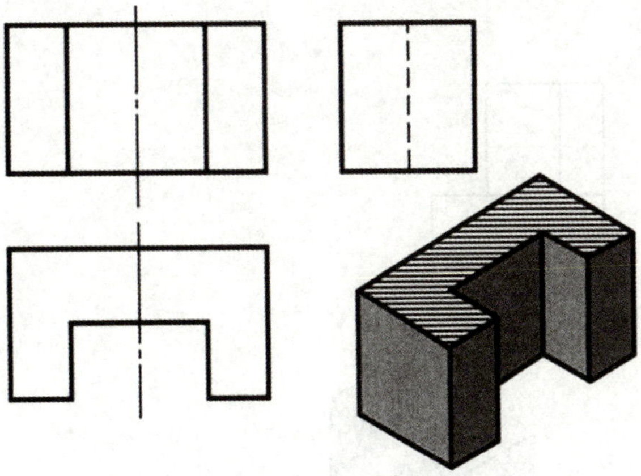

图 4-30 把几个视图联系起来看图 (1)

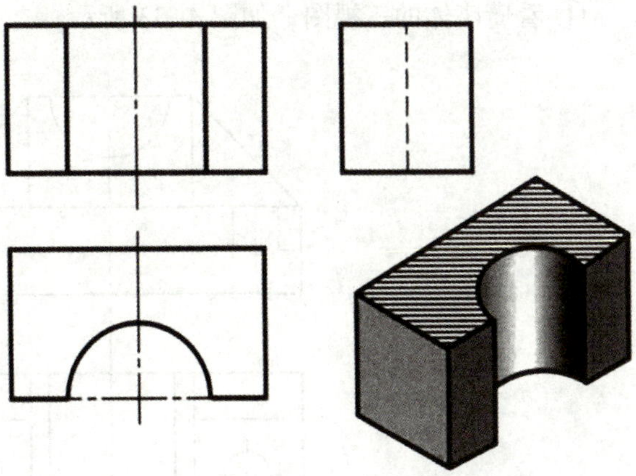

图 4-31 把几个视图联系起来看图 (2)

二、看图方法和步骤

1. 形体分析法

看叠加型组合体的视图时，根据投影规律，分析基本形体的三视图，从图上逐个识别出基本形体的形状和相互位置，再确定它们的组合形式及其表面连接关系，综合想象出组合体的形状。

应用形体分析法看图的特点是：从形体出发，在视图上分线框。例如，以轴承座为例，以下介绍应用形体分析法看图的方法和步骤。

（1）抓住特征分部分

通过形体分析可知，主视图较明显地反映出Ⅰ、Ⅱ形体的特征，而左视图则较明显地反映出形体Ⅲ的特征。据此，该轴承座可大体分为三部分，如图 4-32 所示。

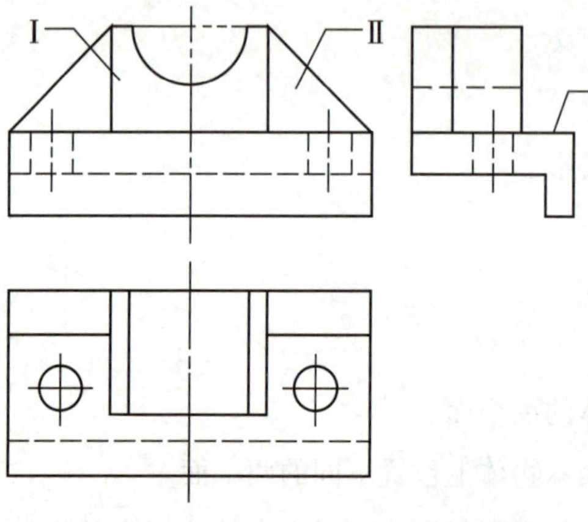

图 4-32　将轴承座大体分为三部分

（2）对准投影想形状

形体Ⅰ、Ⅱ从主视图、形体Ⅲ从左视图出发，依据“三等”规律，分别在其他两视图上找出对应投影，并想出它们的形状，如下所示。

① 看懂座体的三视图，如图 4-33 所示。

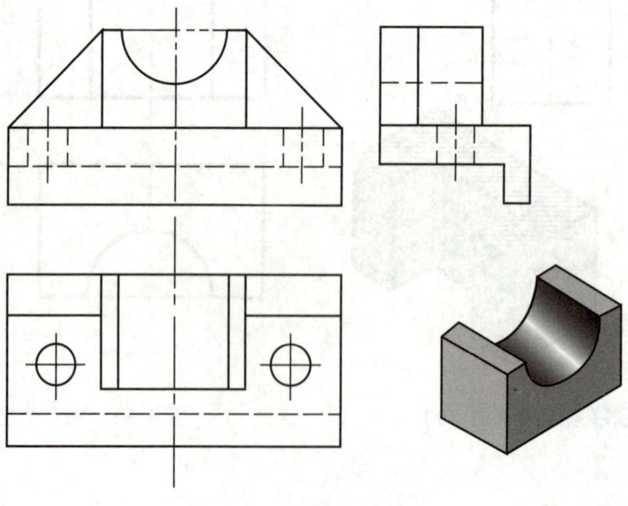

图 4-33　座体的三视图作图示范

② 看懂肋板的三视图，如图 4-34 所示。

③ 看懂底板的三视图，如图 4-35 所示。

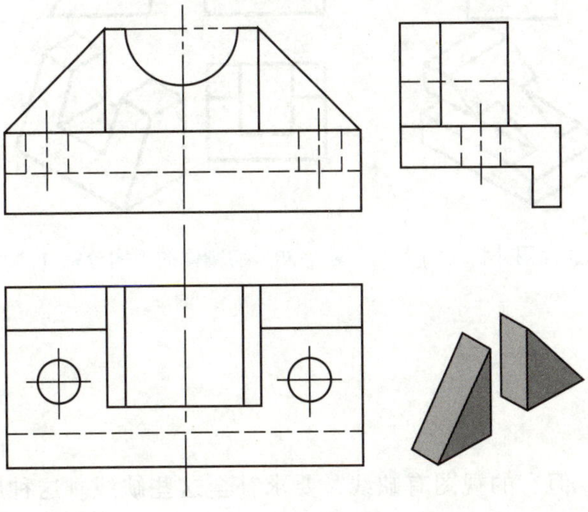

图 4-34　肋板的三视图作图示范

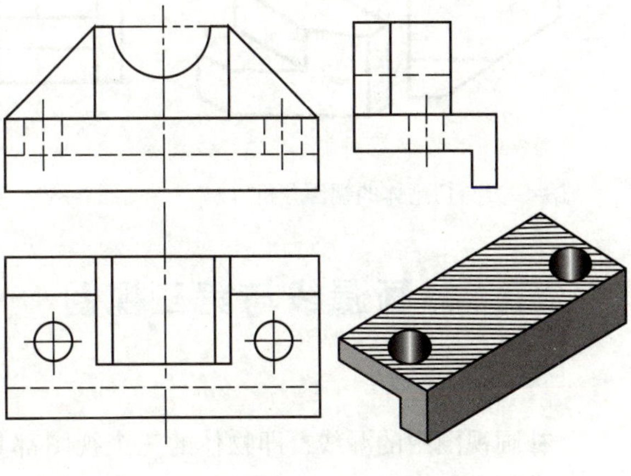

图 4-35　底板的三视图作图示范

（3）综合起来想整体

长方体Ⅰ在底板Ⅲ的上面，两形体的对称面重合且后面靠齐；肋板Ⅱ在长方体Ⅰ的左、右两侧，且与其相接，后面靠齐。综合想象出物体的整体形状，如图 4-36 所示。

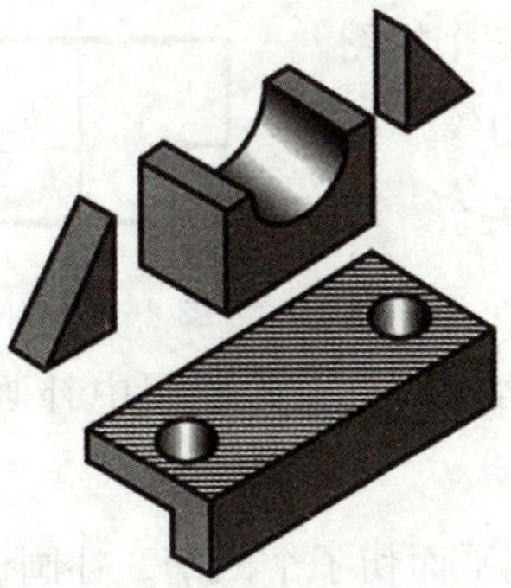

（a）

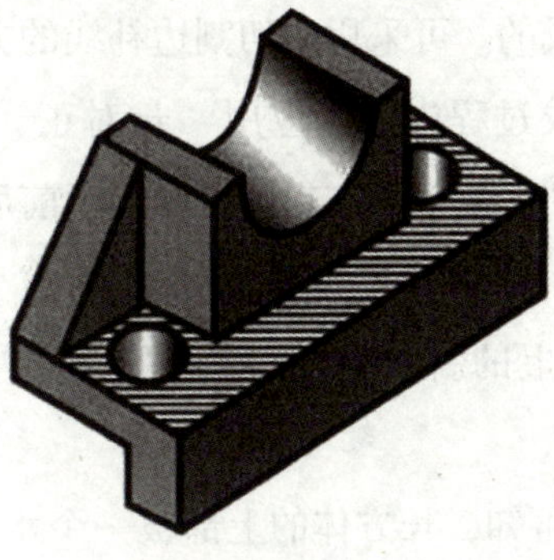

（b）

图 4-36　轴承座轴测图

2. 线面分析法

线面分析法就是将物体看作是由若干条线及一些面组成的，通过分析线或面的形状与位置来想象立体形状的分析方法。通常适用于切割体及复杂组合体中的切割体部分。线面分析法的重点是分析面的形状。

当基本体或不完整的基本体被投影面垂直面切割时，截平面的投影是类似形，如图 4-37 所示，分别有一个 L 形的铅垂面、工字形的正垂面和凹字形的侧垂面。在它们的三视图中，与截平面垂直的投影面上的投影积聚成一直线，与截平面倾斜的另两个投影面上的投影均为类似形，如图 4-38、图 4-39 所示。

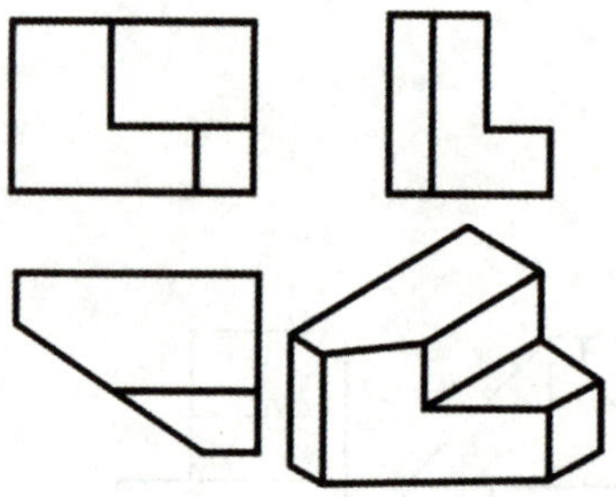

图 4-37　切割体的视图分析（1）

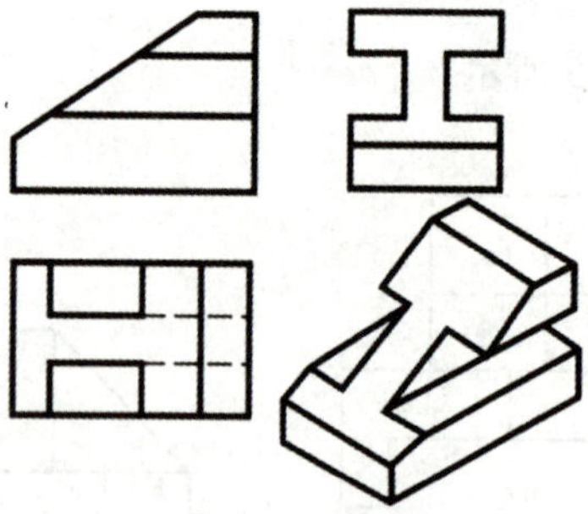

图 4-38　切割体的视图分析（2）

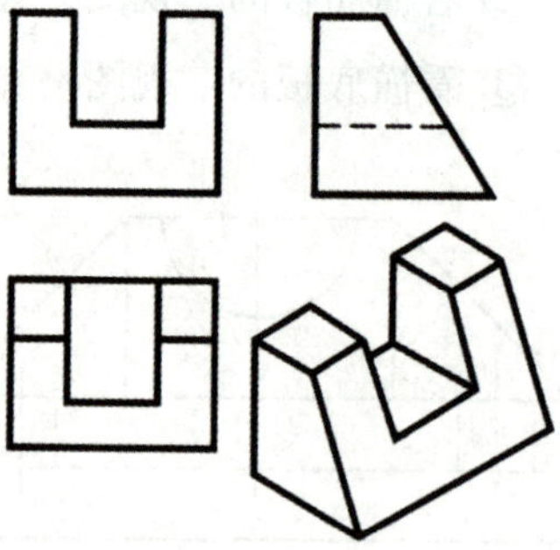

图 4-39　切割体的视图分析（3）

三、补画漏线与第三视图

1. 补画漏线

补画视图中的漏线，即物体的三个视图都具备，但有的视图有缺线，要求补全这些缺线。这种题目，一般应抓住物体的形状、位置特征明显的视图，联系其他视图逐个补出缺线。复杂的物体则要联合运用形体分析法及线面分析法进行分析，弄清物体的形状，也可通过画立体图帮助想象。

例如，补画图 4-40 三视图中的缺线。

（1）形体分析

从图 4-40 已知三个视图分析，该组合体是长方体被几个不同位置的平面切割而成的。可采用边切割边补线的方法逐个补画三个视图中的缺线。在补线过程中，要应用“长对正、高平齐、宽相等”的投影规律，要特别注意俯、左视图宽相等及前后对应的投影关系。

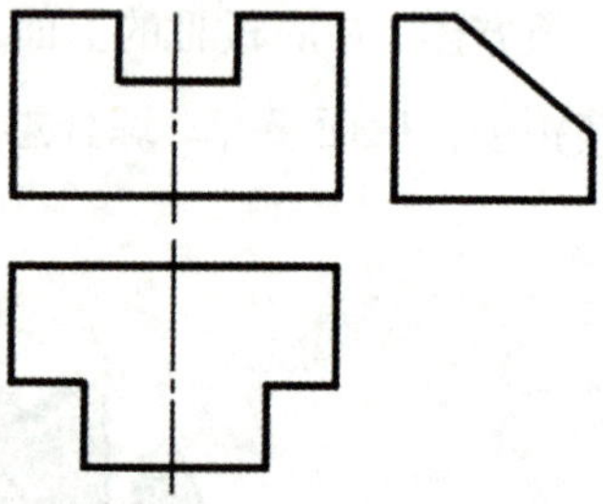

图 4-40　补画漏线示例图

（2）作图

① 从左视图上的斜线可知，长方体被侧垂面切去一角。在主、俯视图中补画相应的缺线，如图 4-41 所示。

② 从主视图可知，长方体的上部被一个水平面和两个侧平面切了个凹槽。补画俯、左视图中相应的缺线，如图 4-42 所示。

③ 从俯视图可知，长方体前面被左、右对称切去一角。补全主、左视图中相应的缺线，如图 4-43 所示。

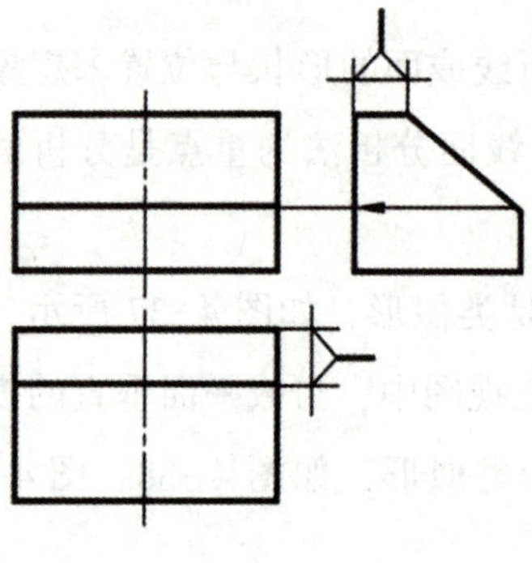

图 4-41　补画三视图中的缺线（1）

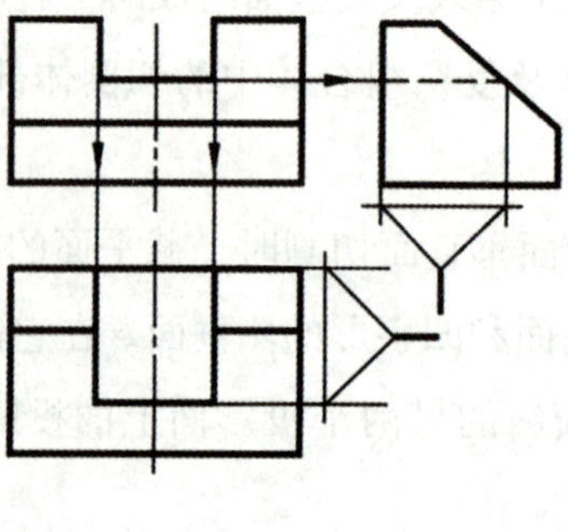

图 4-42　补画三视图中的缺线（2）

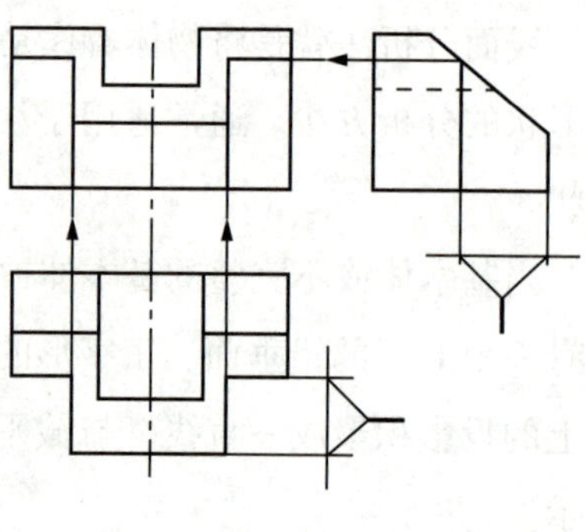

图 4-43　补画三视图中的缺线（3）

2. 补画视图

补画视图就是根据已知两个视图，运用形体分析和线面分析的方法，想象出组合体的结构形状，并把第三视图补画出来。如果已知两视图，通常已完全确定了组合体的结构形状，则答案是唯一的。

例如，由图4-44所示的主、俯视图，补画左视图。

具体作图步骤如下。

(1) 补画形体Ⅰ的左视图，如图4-45所示。

(2) 补画形体的左视图，如图4-46所示。

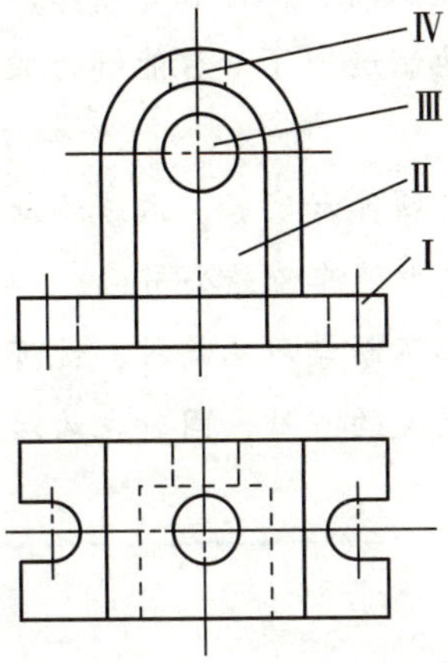

图4-44 已知两视图

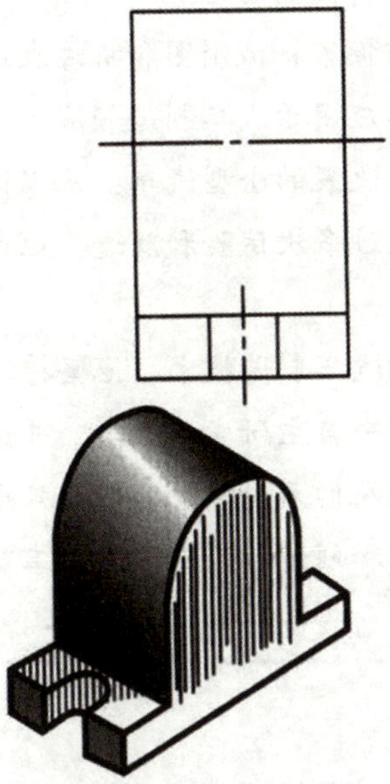

图4-45 补画视图作图示范（1）

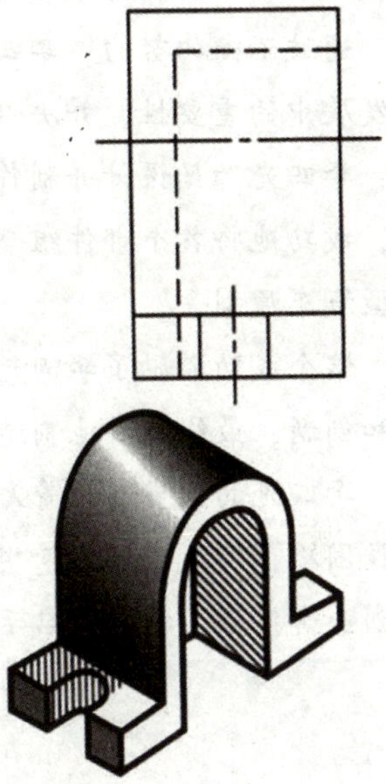

图4-46 补画视图作图示范（2）

(3) 补画形体Ⅲ、Ⅳ的左视图，如图4-47所示。

(4) 综合想整体，完成左视图，如图4-48所示。

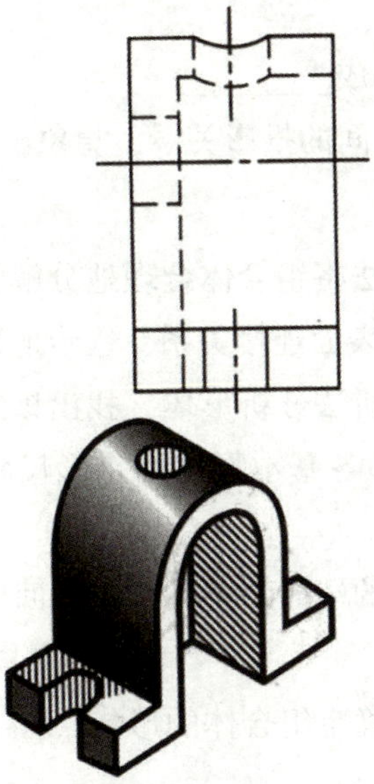

图4-47 补画视图作图示范（3）

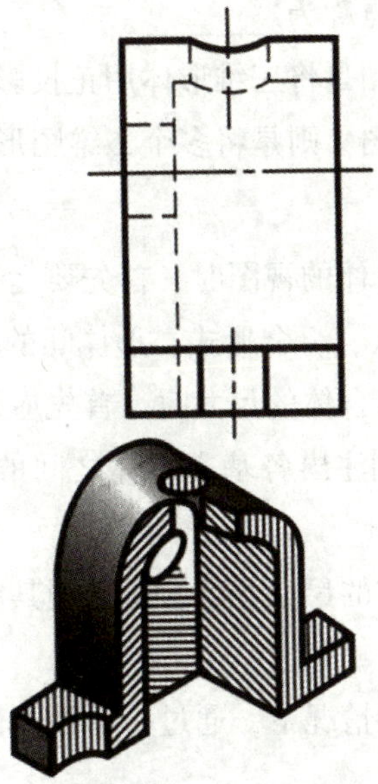

图4-48 补画视图作图示范（4）

思政链接

我国机械工程领域的先驱者李四光

李四光是我国机械工程领域的先驱者之一，在汽车机械制图和机件表达方法方面做出了重大贡献。他出生在广东省一个农村家庭，从小就对机械领域表现出浓厚的兴趣。

由于家庭条件的限制，李四光没有机会接受高等教育，但他努力学习机械知识，在业余时间阅读各种技术书籍，并通过实践和实践不断提高自己。

通过不懈的努力，李四光成功地掌握了机械制图和机件表达方法。他意识到这些技能在我国产业发展中的重要性，并决心将其推广和应用于汽车制造领域。

李四光开始设计并制作一台自行车改装的小型汽车，他以简化的机械制图和机件表达方法为基础，成功地将各个部件组合在一起。经过多次试验和改进，他最终成功地制造出了一台能够行驶的小型汽车原型。

这个成功激励了李四光进一步探索汽车制造技术，他坚持不懈地进行研究和实验，通过不断改良和创新，最终成功地制造出了一辆完全自主研发的汽车，并成立了自己的汽车制造公司。

李四光的故事鼓舞着无数人，告诉人们无论背景如何，只要有热情和不断学习的精神，就可以克服困难，实现自己的梦想。他的努力和创造力为中国汽车工业带来了巨大的贡献，同时也为后来的创业者提供了榜样和启示。

课 后 习 题

一、填空题

1. 分析各部分形状，再综合想出整体结构的方法称为________。
2. 标注尺寸的起点称为________。
3. 画组合体的视图是将三维形体用正投影的方法表示成________。
4. 看组合体的视图，则是将多个二维图形依据它们之间的投影关系，想象出________。

二、判断题

（　　）1. 画组合体的视图时，首先要运用形体分析法将组合体合理地分解为若干个基本形体，并按照各基本形体的形状、组合形式、形体间的相对位置和表面连接关系，逐步地进行作图。

（　　）2. 标注组合体的尺寸时，首先应运用形体分析法分析形体，找出该组合体长、宽、高三个方向的主要基准，分别注出各基本形体之间的定位尺寸和各基本形体的定形尺寸，再标注校对全部尺寸，最后进行调整。

（　　）3. 组合体的尺寸基准，常选用其底面、重要的端面、对称平面、回转体的轴线以及圆的中心线等作为尺寸基准。

（　　）4. 在一般情况下，通过一个视图便完全可以确定组合体的形状。

项目五 机件的表达方法

项目概述

在实际生产中，汽车的机件的结构形状多种多样。为了将机件的内外形状结构完整、清晰、简便、规范地表达出来，国家标准《技术制图》与《机械制图》中规定了各种画法，如视图、剖视、断面、局部放大图等各种表达方法。

学习目标

知识目标

(1) 掌握视图的种类和基本概念。

(2) 掌握剖视图的种类、画法、标注方法及注意事项。

(3) 掌握断面图的分类、画法及标注。

(4) 认识局部放大图，了解其他简化画法。

(5) 了解第三角画法的形成，掌握第三角画法的符号。

能力目标

(1) 能根据场合选择合适的基本视图、局部视图及斜视图。

(2) 能依据国家标准画出合适的汽车剖视图并合理配置并标注。

(3) 能准确识读较为复杂汽车零件的断面图，绘制中等复杂零件的断面图。

(4) 能快速识读局部放大图和其他简化画法。

(5) 能识读第三角画法的符号及第三角画法所绘制的简单视图。

素质目标

（1）培育学生求真务实、严谨认真、吃苦耐劳、追求卓越等优秀品质，鼓励学生快乐学习，对所学专业充满热情，培养专注、严谨的工匠精神。

（2）培养学生的独立思考问题和解决问题的能力。

思政目标

（1）培养学生的工程素养和创新意识。

（2）培养学生追求真理、勇攀高峰的科学精神。

任务工单

一、任务名称

局部视图和斜视图制图训练。

二、任务描述

作出如图 5-1 所示 A 向局部视图和 B 向斜视图，并完成表 5-1 的填写。

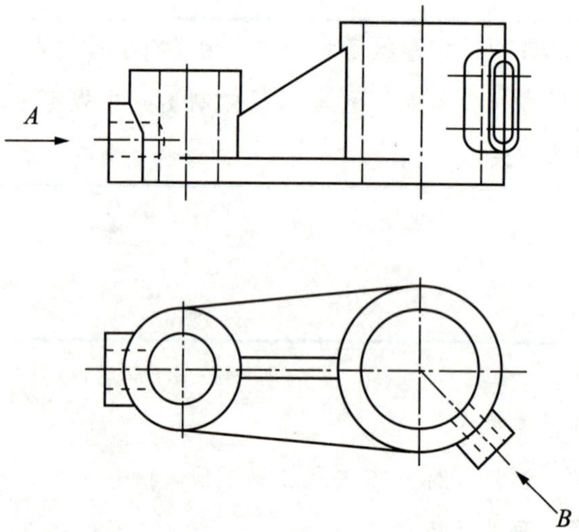

图 5-1　示例图

表 5-1　实训表（1）

姓名		班级		学号	
学时		日期		实践地点	
实训工具	笔、纸、图板、丁字尺、分规、比例尺、圆规、曲线板、三角板等				
任务目标	能够识读并画出简单的斜视图				

三、分组讨论

全班学生以3~6人为一组进行分组，选出各自组长，组长对组员进行任务分工并将分工情况记入表5-2中。

表5-2　实训表（2）

成员	任务
组长	
组员	
组员	
组员	
组员	
组员	

四、任务思考

（1）视图有哪些分类？

（2）若不能按规定位置配置向视图，应如何在该视图上方标注视图名称？

（3）剖视图的种类有哪些？

五、任务实施

在实际操作过程中，将操作内容及实施过程中遇到的问题和解决办法记录在表5-3中。

表5-3　实训表（3）

序号	操作内容	遇到的问题	解决办法

六、任务评价

请各小组选出一名代表展示任务实施的成果，并配合指导教师完成表5-4的任务评价。

表5-4　实训表（4）

评价项目	评价内容	分值	评价分值		
			自评	互评	师评
职业素养考核项目	考勤、仪容仪表	10分			
	团队交流与合作意识	10分			
	责任意识、纪律意识	10分			

续表

评价项目	评价内容	分值	评价分值		
			自评	互评	师评
专业能力考核项目	积极参与教学活动并正确理解任务要求	10 分			
	认真查找与任务相关的资料	10 分			
	任务实施过程记录表的完成度	10 分			
	对机件表达方式的掌握程度	20 分			
	独立完成相应任务的程度	20 分			
合计		100 分			
总评	自评（20%）+互评（20%）+师评（60%）=	综合等级	教师（签名）:		

任务一　视图

按照国家标准《机械制图》（GB/T 14692—2008、GB/T 4458. 1—2002）视图，主要用来表达机件的外部结构和形状，一般只画出机件的可见部分，必要时才用细虚线表达其不可见部分。

视图

视图的种类通常有基本视图、向视图、局部视图和斜视图四种。

一、基本视图

基本视图是物体向基本投影面投射所得的视图。基本投影面有六个，即正立面、水平面、左侧立面、前立面、顶面、右侧立面，相应六个视图为主、俯、左、后、仰、右视图，如图 5-2 所示。

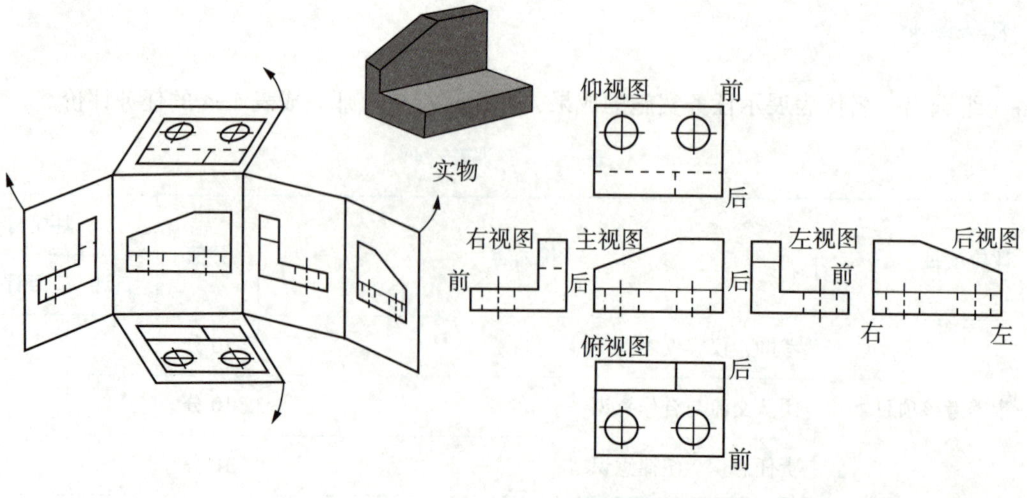

图 5-2　基本视图的形成及配置

在表达零件形状时，应在视图最少的情况下表达完整、清楚。一般应优先考虑选主、俯、左这三个基本视图。

二、向视图

向某一方向看的视图，称为向视图。向视图可以自由配置，即为位置可移动的基本视图。若不能按规定位置配置视图，则应在该视图上方标注视图名称“×”（“×”是大写拉丁字母），在相应视图附近用箭头指明投射方向，并注上相同的大写拉丁字母，如图 5-3 所示。

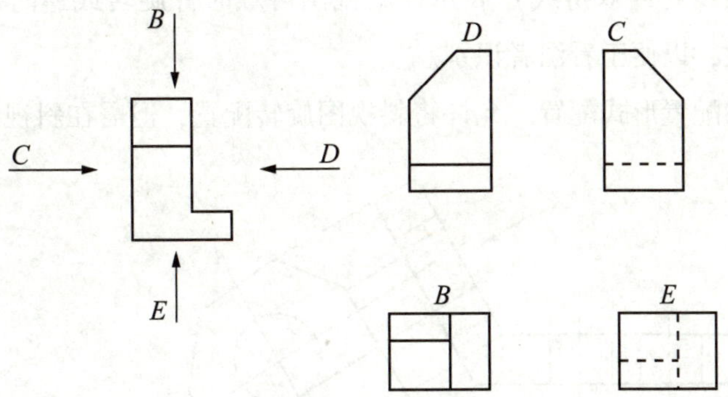

图 5-3　向视图

注意：向视图投射的方向不能倾斜；不能只画出部分；不能旋转配置。

三、局部视图

将机件的某一部分向基本投影面投影所得的视图，称为局部视图，如图 5-4 所示。局部视图是一个不完整的基本视图。

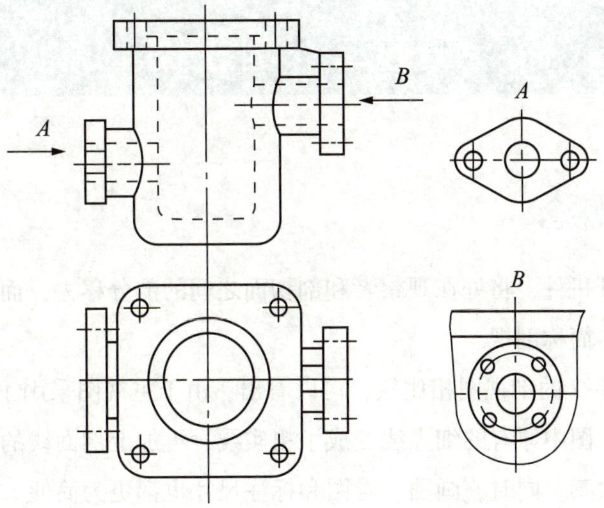

图 5-4　局部视图

在局部视图上方标出大写字母“×”，并在相应的视图附近指明投射方向并标注相同的字母。局部视图最好画在有关视图附近，保持投影关系。局部视图的范围用波浪线表示。当所表示的图形结构完整而外轮廓线封闭时，则波浪线可省略。

四、斜视图

机件向不平行于任何基本投影面的平面投影所得到的视图，称为斜视图。斜视图一般用于表达机件倾斜部分的实形，可以只画出倾斜部分的投影，如图 5-5 所示。斜视图通常按向视图的配置形式配置并标注，其断裂边界可用波浪线（或双折线）表示。斜视图可顺时针旋转或逆时针旋转，但旋转符号的方向要与实际旋转方向一致，以便于看图者识别。

斜视图通常按向视图的配置形式配置。允许将斜视图旋转配置，但需在斜视图上方注明。

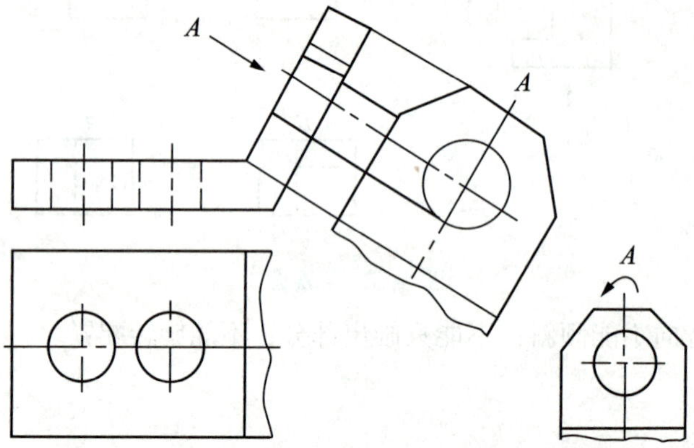

图 5-5 斜视图

任务二 剖视图

一、剖视图的概念

用假想的剖切平面剖开机件，将处在观察者和剖切面之间的部分移去，而将其余部分向投影面投射所得的图形，称为剖视图，简称剖视。

将图 5-6 的视图与图 5-7 的剖视图相比较，可以看出，由于主视图采用了剖视的画法，将机件上不可见的部分变成了可见的，图中原有的细虚线变成了粗实线，再加上剖面线的作用，使机件内部结构形状的表达既清晰，又有层次感。同时，画图、看图和标注尺寸也都更为简便。

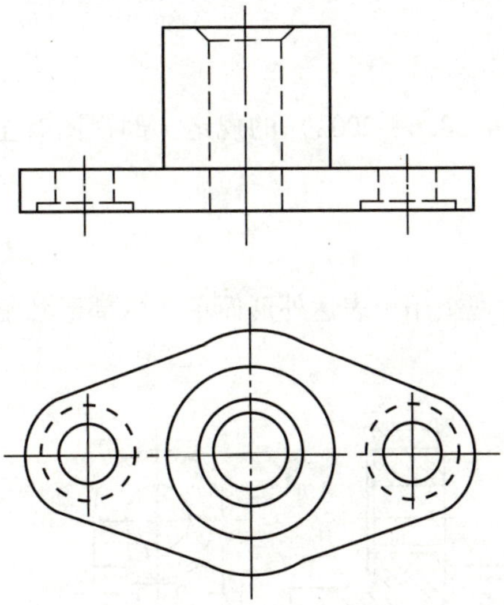

图 5-6　视图

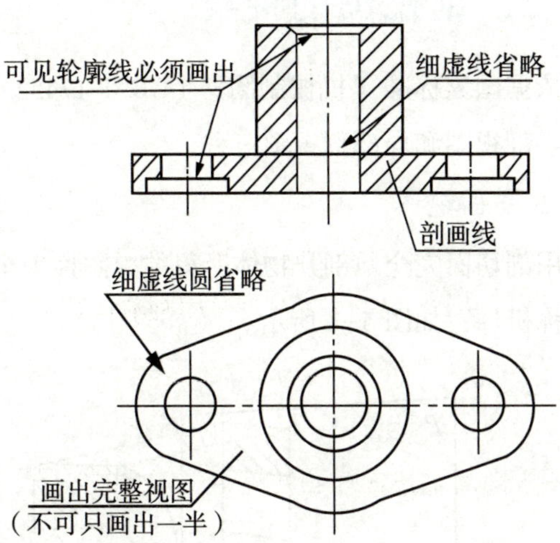

图 5-7　剖视图

知识拓展

材料的剖画符号

材料的剖画符号如表 5-5 所示。

表 5-5　材料的剖画符号

材料类别	图例	材料类别	图例	材料类别	图例
金属材料（已有规定剖面符号者除外）		型砂、填砂、粉末冶金、砂轮、陶瓷刀片、硬质合金刀片等	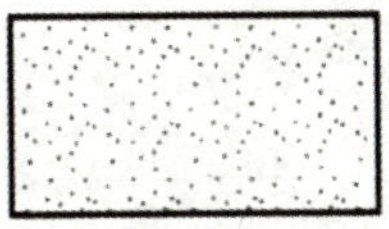	木材纵断面	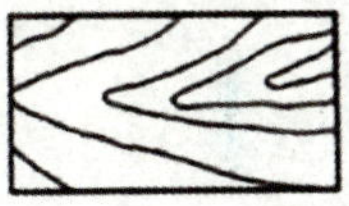
非金属材料（已有规定剖面符号者除外）		钢筋混凝土	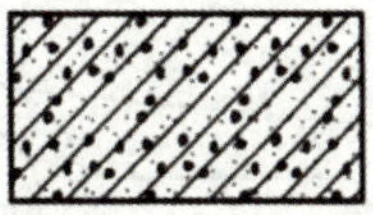	木材横断面	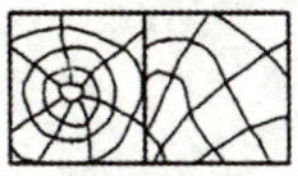
转子、电枢、变压器和电抗器等的叠钢片	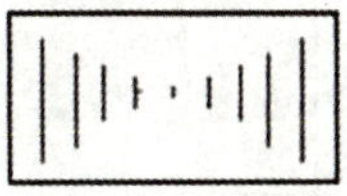	玻璃及供观察用的其他透明材料	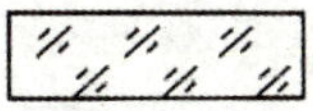	液体	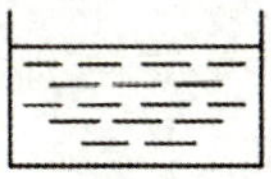
线圈绕组元件	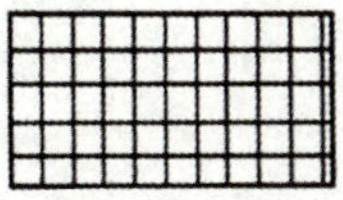	砖	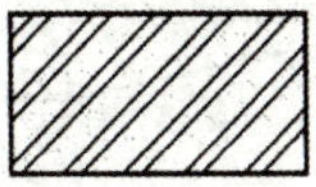	木质胶合板（不分层数）	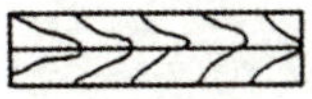
混凝土	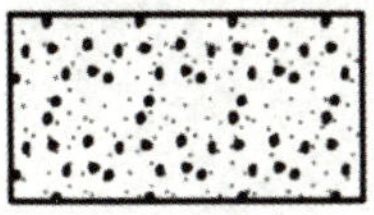	基础周围的泥土		格网（筛网、过滤网等）	

二、剖视图的种类

依据国家标准《机械制图》（GB/T 17452—1998、GB/T 4458. 6—2002）的规定，剖视图有全剖视图、半剖视图和局部剖视图三种。

1. 全剖视图

用剖切面完全地剖开物体所得的视图称为全剖视图。全剖视图用于表达外形简单、内部形状复杂的不对称机件，如图 5-8 所示。

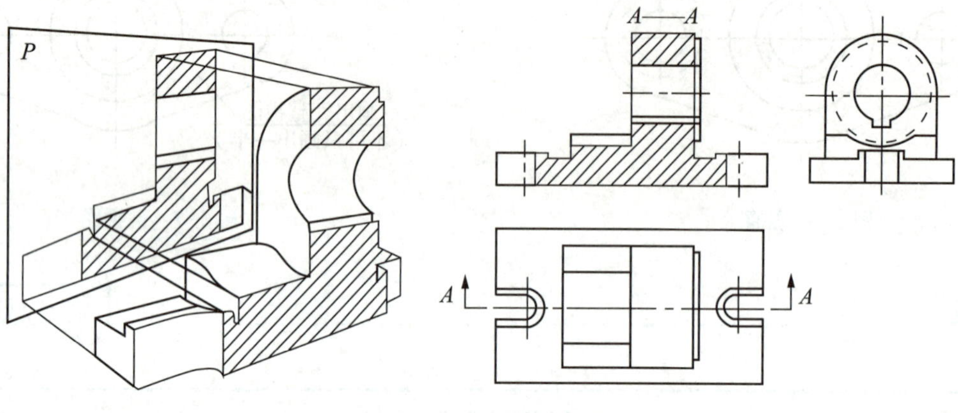

图 5-8　全剖视图

剖切面常常选择零件的对称平面或过某一轴线，若配置正确可省略各种标注。由于主视图采取了剖视的画法，原来不可见的孔、槽成为可见，图上有的虚线改成实线，加上剖面线的作用，图形更清晰。

用两个相交的剖切平面剖开机件得到的全剖视图如图 5-9 所示，用于表达有明显的回转轴的倾斜结构。

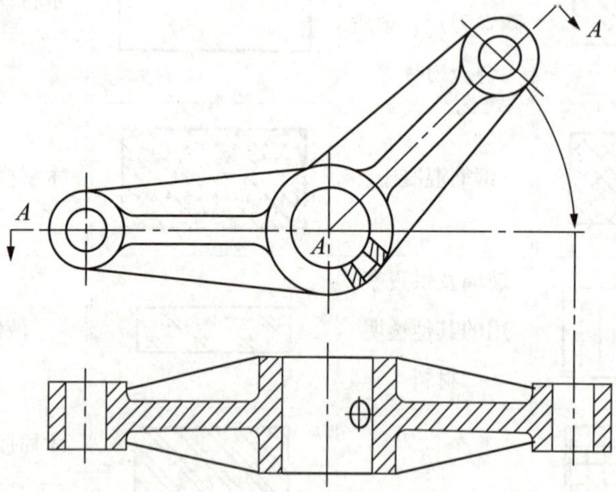

图 5-9　相交剖切面剖切的全剖视图

注意：肋板上不画剖面符号。

2. 半剖视图

当物体具有对称平面时，向垂直于对称平面的投影面上投射所得到的图形，一半画成剖视图，另一半画成视图，这种组合的图形称为半剖视图，如图 5-10 所示。

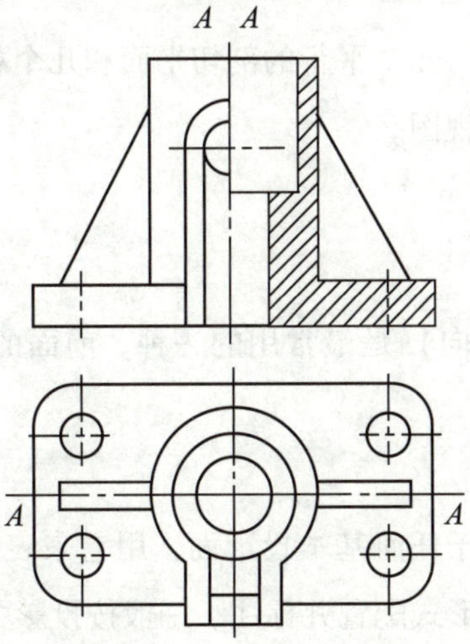

图 5-10 半剖视图

半个视图与半个剖视图用细点画线分界。表示外形的半个视图中不画虚线。剖切平面通过肋板纵向平面时，肋板不画剖面符号。

3. 局部剖视图

用剖切平面局部地剖开物体所得的剖视图，称为局部剖视图，如图 5-11 所示。当实心杆上有孔、槽时，或者需要同时表达不对称零件的内、外形状时，或者当对称零件的轮廓线与中心线重合，不宜采用半剖视时，可采用局部剖视图表达零件底板、凸缘上的小孔等结构。

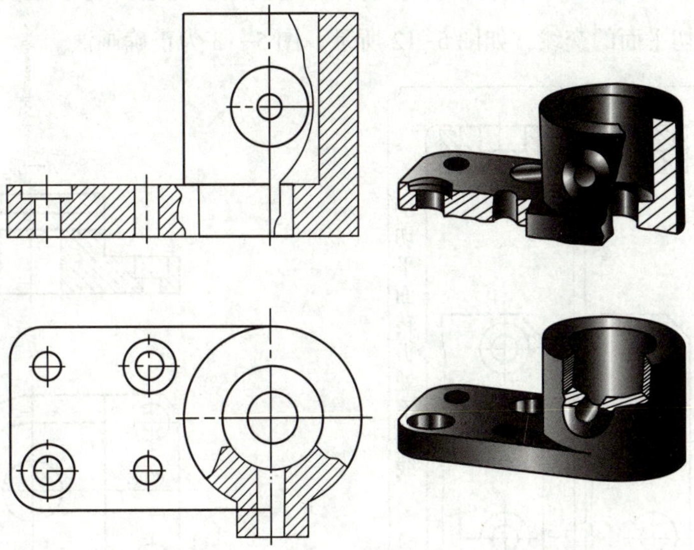

图 5-11 局部剖视图

需注意的是波浪线不能与图上的其他图线重合，不能穿空而过，也不能超出视图的轮廓线。在一个视图中，局部剖的数量不宜过多。

三、剖切面的种类

剖切面共有三种，即单一剖切面、几个平行的剖切平面和几个相交的剖切面。运用其中任何一种都可得到全剖视图、半剖视图和局部剖视图。

1. 单一剖切面

（1）单一剖切平面

单一剖切平面（平行于基本投影向）是最常用的一种。前面的全剖视图、半剖视图或局部剖视图都是采用单一剖切平面获得的。

（2）单一斜剖切平面

单一斜剖切平面的特征是不平行于任何基本投影面，用它来表达机件上倾斜部分的内部结构形状。这种剖视图通常按向视图或斜视图的形式配置并标注。一般按投影关系配置在与剖切符号相对应的位置上。在不致引起误解的情况下，也允许将图形旋转。

2. 几个平行的剖切平面

当机件上的几个欲剖部位不处在同一个平面上时，可采用这种剖切方法，几个平行的剖切平面可能是两个或两个以上，各剖切平面的转折处必须是直角，如图 5-13 所示。

画这种剖视图时，应注意以下两点。

① 图形内不应出现不完整要素，如图 5-12 所示。若在图形内出现不完整要素时，应适当调配剖切平面的位置，如图 5-13 所示。

② 采用几个平行的剖切平面剖开机件所绘制的剖视图，规定要表示在同一个图形上，所以不能在剖视图中画出各剖切平面的交线，如图 5-12 所示。图 5-13 为正确画法。

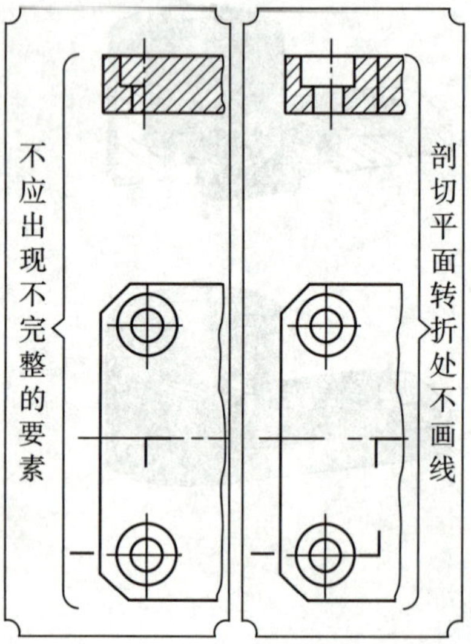

图 5-12　错误画法

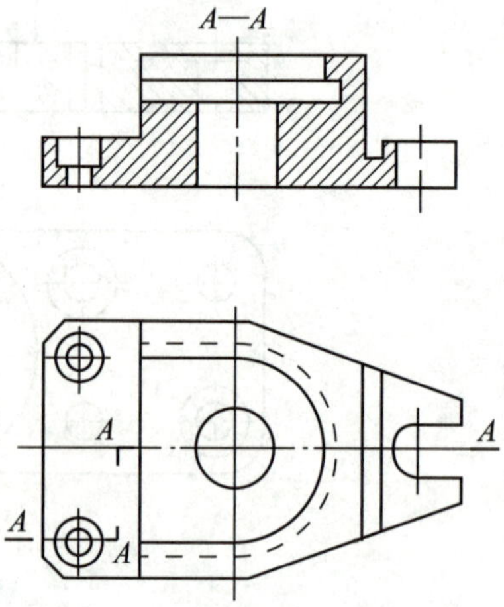

图 5-13　正确画法

3. 几个相交的剖切面（交线垂直于某一投影面）

画几个相交的剖切面剖视图，是先假想按剖切位置剖开机件，然后将被剖切面剖开的结构及其有关部分旋转到与选定的投影面平行后再进行投影，两平面交线垂直于正面，如图 5-14 所示。画图时应注意，在剖切平面后的其他结构，应按原来的位置投影，如图 5-14 中的油孔。

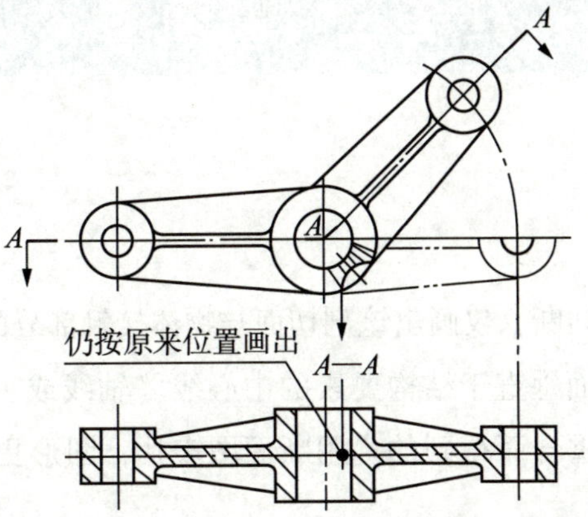

图 5-14　两个相交的剖切平面获得的全剖视图

知识拓展

画剖视图注意事项

（1）因为剖切是假想的，并不是真把机件切开并拿走一部分。因此，当一个视图取剖视后，其余视图一般仍按完整机件画出。

（2）剖切面与机件的接触部分，应画上剖面线（各种材料的剖面符号如表 5-5。金属材料的剖面线，最好“与主要轮廓线或剖面区域的对称线成 45°”，并用平行的细实线绘制）。应注意，同一机件在各个剖视图中，其剖面线的画法均应一致（间距相等、方向相同）。

（3）为使图形清晰，剖视图中看不见的结构形状，在其他视图中已表示清楚时，其细虚线可省略不画（但对尚未表达清楚的内部结构形状，其细虚线不可省略）。

（4）在剖切面后面的可见轮廓线，应全部画出，不得遗漏。

四、剖视图的标注

绘制剖视图时，一般应在剖视图的上方，用大写拉丁字母标出剖视图的名称“×—×”，在相应的视图上用剖切符号表示剖切位置（用粗短画）和投影方向（用箭头表示），并标注上同样的字母。

以下一些情况可省略标注或不必标注。

（1）当剖视图按投影关系配置，中间又没有其他图形隔开时，可省略箭头。

（2）当单一剖切平面通过机件的对称平面或基本对称平面，且剖视图按投影关系配置，中间又没有其他图形隔开时，则不必标注。

（3）当单一剖切平面的剖切位置明确时，局部剖视图的标注可省略。

需要注意的是，可省略标注和不必标注的含义是不同的。“不必标注”是指不需要标注；“可省略标注”则可理解为：当不致引起误解时，才可省略不标注。

任务三　断面图

一、断面图

假想用剖切面将物体的某处切断，仅画出该剖切面与物体接触部分的图形，称为断面图，可简称断面。断面图实际上就是使剖切平面垂直于结构要素的中心线（轴线或主要轮廓线）进行剖切，然后将断面图形旋转 90°，使其与纸面重合而得到的。用断面图表达，图形更清晰、简洁，同时也便于标注尺寸。

二、断面图的种类

1. 移出断面

移出断面是画在视图之外的断面图形，如图 5-15 所示。

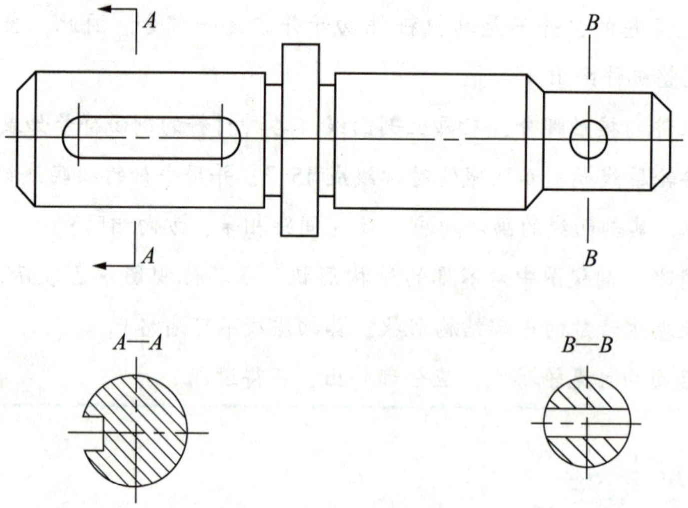

图 5-15　移出断面图

画在剖切符号延长线上的不对称移出断面，画出剖切符号及箭头，可省略字母。移出断面尽量画在剖切符号的延长线上或按投影关系布置。移出断面的轮廓用粗实线画出。当剖切面通过孔或槽的轴线会导致断面图分离时，断面图按剖视图绘制。

2. 重合断面

重合断面是画在视图内的断面图形，如图 5-16 所示，轮廓线用细实线。不对称的重合断面，应画出剖切符号及箭头，可省略字母。

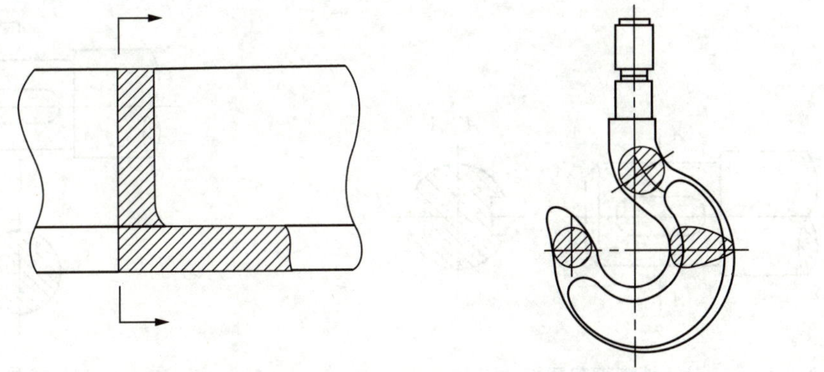

图 5-16　不对称重合断面与对称重合断面

三、断面图的标注

断面图一般应进行标注。有关剖视图标注的三要素——剖切符号（含表示投影方向的箭头）、剖切线、字母及标注的基本规定，同样适用于断面图。

1. 移出断面的标注

(1) 移出断面的标注形式，随其图形的配置部位及图形是否对称的不同而不同，其具体标注如下。

① 对称性断面配置

· 配置在剖切线或剖切符号延长线上，如图 5-17 所示，不必标注剖切符号和字母。

· 移位配置，如图 5-18 所示，不必标注箭头。

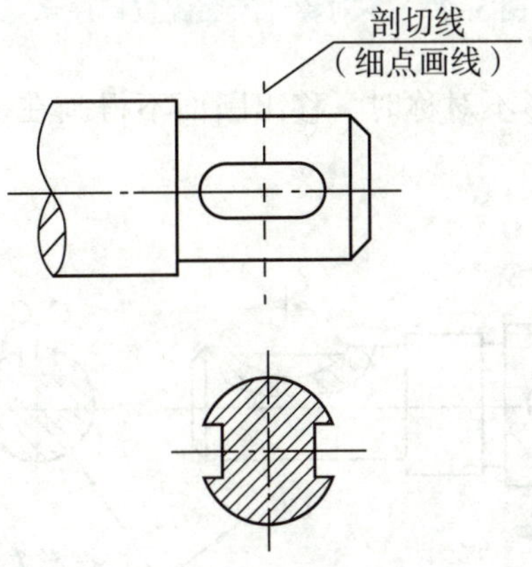

图 5-17　对称性断面配置标注示范（1）

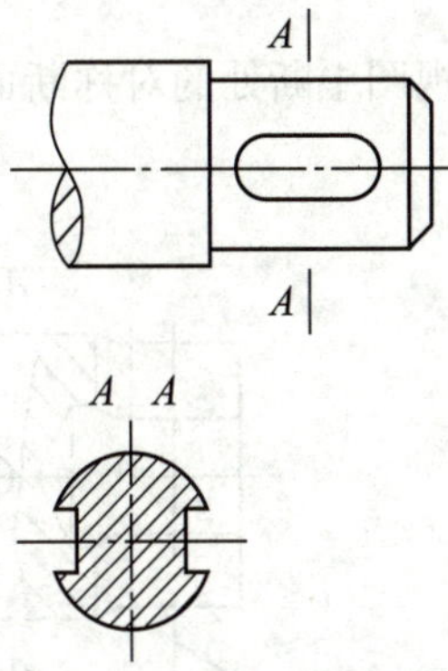

图 5-18　对称性断面配置标注示范（2）

· 按投影关系配置，如图 5-19 所示，不必标注箭头。

② 不对称性断面配置

· 配置在剖切线或剖切符号延长线上，如图 5-20 所示，不必标注字母。

· 移位配置，如图 5-21 所示，完整标注剖切符号、箭头和字母。

· 按投影关系配置，如图 5-22 所示，不必标注箭头。

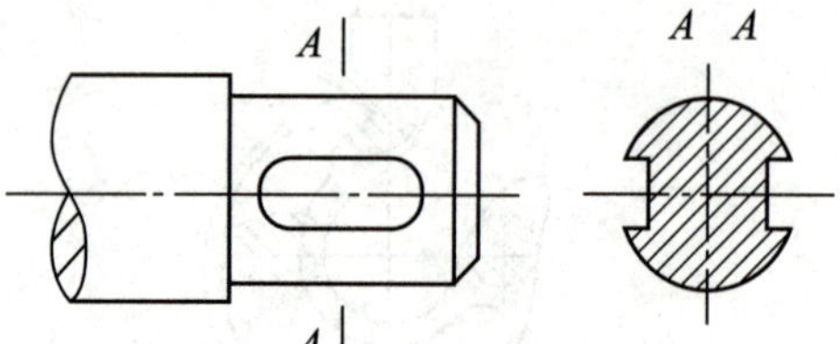

图 5-19 不对称性断面配置标注示范（1）

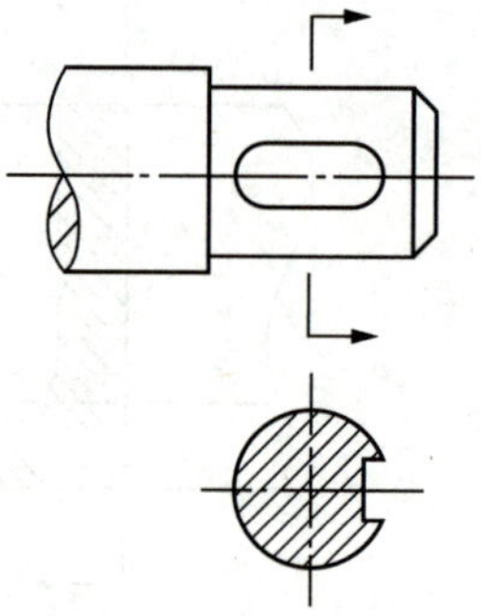

图 5-20 不对称性断面配置标注示范（2）

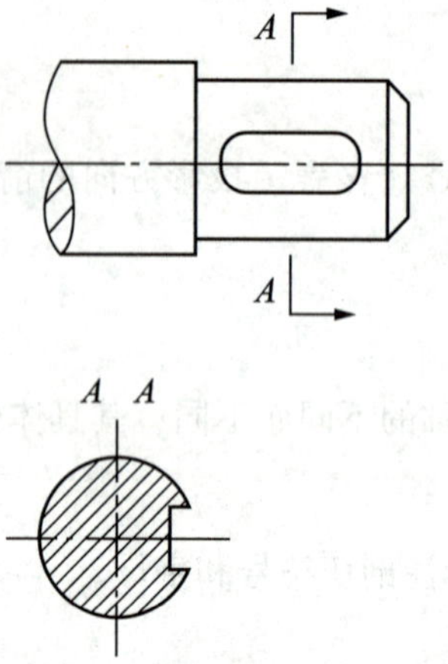

图 5-21 不对称性断面配置标注示范（3）

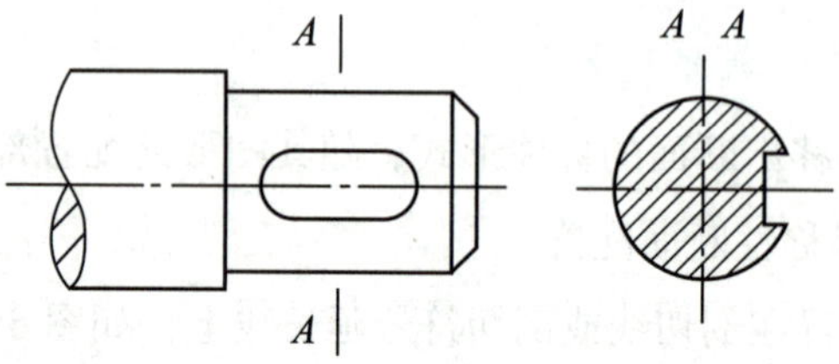

图 5-22 不对称性断面配置标注示范（4）

（2）配置在视图中断处的对称断面不必标注（图形不对称时，移出断面不得画在视图的中断处），如图 5-23 所示。

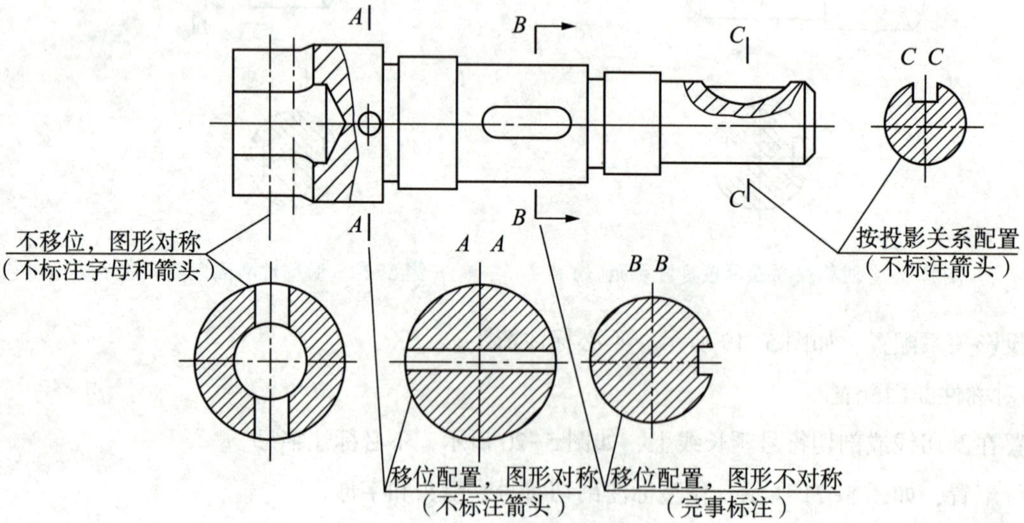

图 5-23 断面图的标注示例

2. 重合断面的标注

对称的重合断面不必标注；不对称的重合断面可省略标注。

任务四　其他表达方法

在图样上，根据不同的零件结构，还有其他一些表达方法。

一、局部放大图

零件视图对局部结构表达不清时，可以用大于原图形所采用的比例单独画出这些结构，这种图形称为局部放大图，如图 5-24 所示。

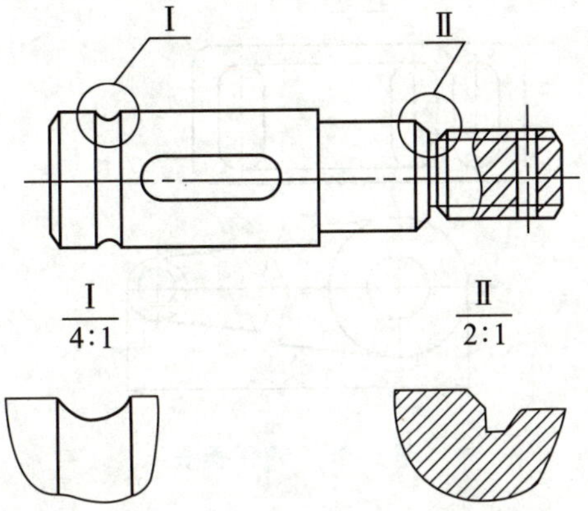

图 5-24　局部放大图

在原图上把要放大的部位用细实线圆圈出，并尽量把局部放大图配置在被放大部位的附近。当同一个零件上有多处被放大的部位时，应将放大部位用细实线圆圈出，并用罗马数字依次标出。局部放大图上方应标注相应的罗马数字及所采用的比例。

局部放大图可以绘制成视图、剖视图或断面图，与原视图的表达形式无关；局部放大图的比例指该局部放大图与零件实际大小之比，与原视图所采用的比例无关。

二、简化画法

为了提高看图和绘图的效率，国家标准规定了一些简化画法。

如图 5-25 所示，将肋板不对称画成了对称，孔未剖到画成了剖到。若干直径相同且成规律分布的孔，可以仅画出一个或几个，其余只需用细点画线表示其中心位置。在不引起误解时，对称零件的视图可只画一半或四分之一，并在对称中心线的两端画出两条与其垂直的平行细实线。

当零件具有若干相同结构（齿、槽等），按一定规律分布时，只需画出几个完整的结构，其余用细实线连接，标注总数。

零件（轴、杆、型材、连杆等）沿长度方向的形状一致或按一定规律变化时，可断开后缩短绘制，但标注尺寸仍按实际长度。

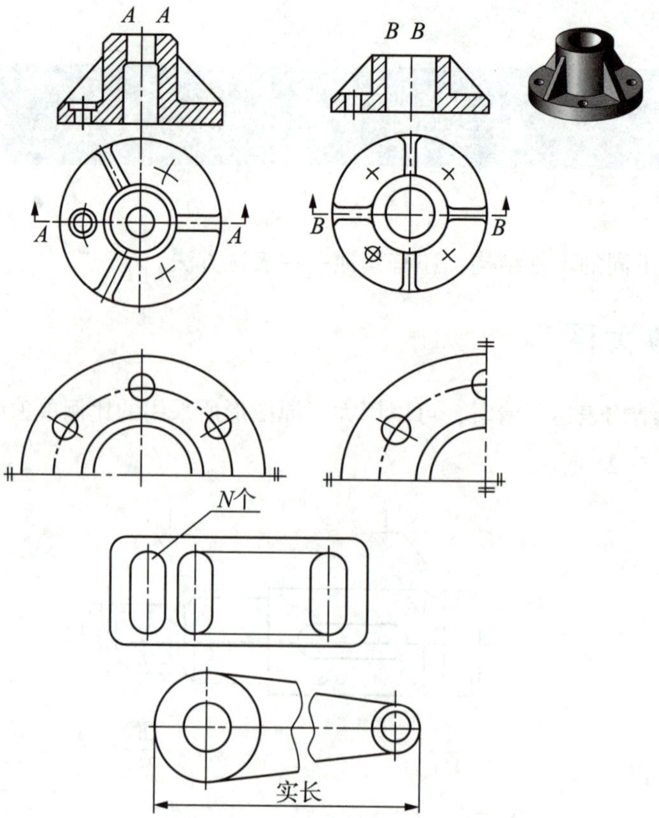

图 5-25　简化画法

任务五　第三角画法

国家标准《机械制图》（GB/T 17541—1998）中规定："技术图样应采用正投影法绘制，并优先采用第一角画法"。虽然世界上大多数国家都采用第一角画法，但美国、加拿大、日本等国家采用第三角画法。为了适应国际间技术交流和国际贸易日益增长的需要，本任务对第三角画法作简单的介绍。

一、第三角画法与第一角画法的异同

两个互相垂直的投影面将空间分成四个分角。将机件置于第一分角内，使物体处于观察者与投影面之间得到三面正投影，这种画法称为第一角画法。将机件置于第三角内，使投影面处在观察者和物体之间而得到三面正投影，这种画法称为第三角画法。

1. 投影要素的相对位置不同

第一角画法保持人→机件→投影面的位置关系，第三角画法保持人→投影面→机件的位置关系。第三角画法与第一角画法类似，三视图符合多面正投影的投影规律，即主、俯视图长对正；主、右视图高平齐；俯、右视图宽相等。

2. 视图的配置关系不同

第一角画法与第三角画法都是将机件放在六面投影体系中，向六个投影面进行投影得到六个基本视图，其视图名称相同。但由于六个基本投影面的展开方式不同，其基本视图的配置关系也不同，如图5-26、图5-27所示。

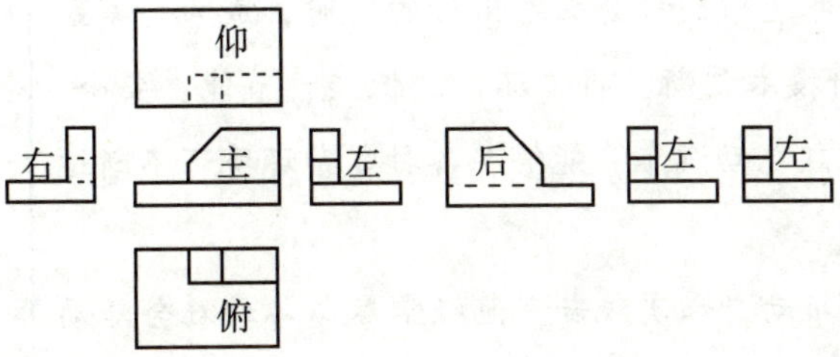

图5-26　第一角画法

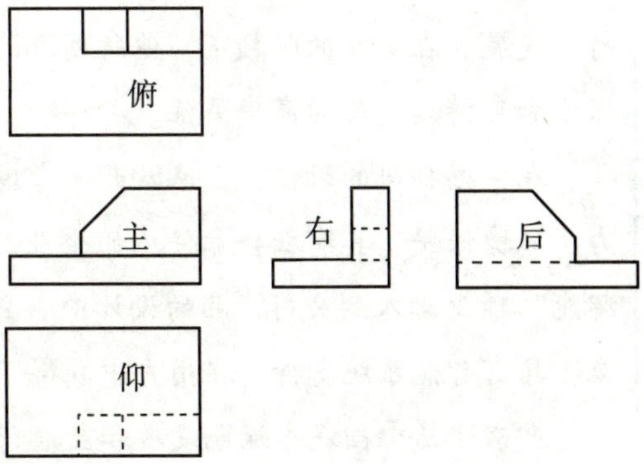

图5-27　第三角画法

从上图可以看出，第一角画法与第三角画法各个视图与主视图的配置关系如下。

(1) 第一角画法

① 俯视图在主视图的下方。

② 左视图在主视图的右方。

③ 右视图在主视图的左方。

④ 仰视图在主视图的上方。

⑤ 后视图在左视图的右方。

(2) 第三角画法

① 俯视图在主视图的上方。

② 左视图在主视图的左方。

③ 右视图在主视图的右方。

④ 仰视图在主视图的下方。

⑤ 后视图在右视图的右方。

从以上对比中可以看出：第一角画法的主、后视图与第三角画法中的前视图、后视图一致；第一角画法的左、右视图与第三角画法的左、右视图位置左右对调；第一角画法的俯、仰视图与第三角画法的俯、仰视图位置上下对调。

二、第三角画法的识别符号

为了识别第三角与第一角画法，国家标准规定了相应的投影识别符号。该符号标在标题栏中“其他”区的最下方。

采用第一角画法时，在图样中不必画出第一角画法的识别符号。采用第三角画法时，必须在图样中标出第三角画法的识别符号。

思政链接

史京：贯彻绿色可持续发展理念的汽车行业领袖

史京是中国汽车领域的一位杰出的企业家兼社会活动家，他一直致力于推进汽车行业的绿色可持续发展。在史京的带领下，他所创办的汽车公司不仅取得了长足的发展，还总是能够保持对环境保护和可持续发展的高度关注。

在申办公司的时候，史京就开始考虑如何让公司在推进中国社会绿色出行的同时，成为一家致力于环境保护、具有社会责任感的企业。史京注重科研技术创新，将“环保、低碳、节能、安全、智能”理念融入到公司产品的设计中。公司研发出的首款电动汽车，能够在各种复杂环境下不断适应，具有智能系统支持，在用户中取得了广泛好评。

史京还是中国汽车绿色发展和交通行业改革的积极推动者和实践者，他经常参与各种社会活动和绿色出行倡议，积极推广环保意识和可持续发展，拥有广泛而强烈的社会公信力。

在中国汽车行业中，公司的发展不仅仅是追求利润最大化的问题，更需要具有社会责任和感性品质的理念才能够赢得用户。

课后习题

一、填空题

1. 将机件的某一部分向基本投影面投影所得的视图，称为________。

2. 用剖切面完全地剖开物体所得的视图称为________。

3. 假想用剖切面将物体的某处切断，仅画出该剖切面与物体接触部分的图形，称为________。

4. 零件视图对局部结构表达不清时，可以用大于原图形所采用的比例单独画出这些结构，这种图形称为________。

二、判断题

(　　) 1. 基本视图是物体向基本投影面投射所得的视图。

(　　) 2. 重合断面是画在视图内的断面图形，轮廓线用粗实线。

(　　) 3. 断面图，实际上就是使剖切平面垂直于结构要素的中心线（轴线或主要轮廓线）进行剖切，然后将断面图形旋转 180°，使其与纸面重合而得到的。

(　　) 4. 剖切面共有三种，即单一剖切面、几个平行的剖切平面和几个相交的剖切面。运用其中任何一种都可得到全剖视图、半剖视图和局部剖视图。

项目六 机械图形的特殊表示法

项目概述

螺栓、螺钉、螺母、键、销、轴承等零件广泛应用于汽车机械设备和仪表仪器的安装中，国家标准对这些零件的结构、规格和技术要求作了统一规定，实现了标准化，该类零件称为标准件。此外，对齿轮、弹簧等常用件的部分参数也实行了标准化。在画法上，采用简单易画的图线代替复杂烦琐的零件结构，对部分零件的规格和精度要求则采用标记、标注等方法来表示。

学习目标

知识目标

(1) 掌握常用螺纹紧固件的种类和标记。

(2) 掌握直齿圆柱齿轮各部分名称及主要参数的计算。

(3) 了解锥齿轮的画法。

(4) 掌握键、花键的结构形式和标记方法。

(5) 了解轴承基本代号及其标记。

(6) 掌握滚动轴承的简化画法和规定画法。

(7) 掌握识读圆柱螺旋压缩弹簧的各部分名称。

能力目标

(1) 能熟练识读常用汽车螺纹紧固件。

(2) 能熟练查询标准手册。

（3）能熟练绘制及识读直齿圆柱齿轮。

（4）能熟练识读锥齿轮和锥齿轮的啮合图。

（5）能熟练识读键联接、花键以及销联接。

（6）能熟练识读滚动轴承。

（7）能熟练识读圆柱螺旋压缩弹簧。

素质目标

（1）使学生具有利用先进的现代设计方法设计汽车机械零部件的能力，实现传统知识和现代先进知识的融合，培养适应时代发展和社会需求及不断学习与创新的能力。

（2）通过汽车机械制图的学习，使学生具有工程实践的初步能力，具有一定的工程意识，能够运用所学知识对简单的汽车机械产品进行构型设计的能力。

思政目标

（1）培养学生尽职敬业的职业精神。

（2）培养学生严于律己，遵纪守法的职业习惯。

任务工单

一、任务名称

举例圆柱齿轮传动、圆锥齿轮传动、蜗轮蜗杆传动在汽车上的具体应用。

二、任务描述

结合生活实际，举例说明圆柱齿轮传动、圆锥齿轮传动、蜗轮蜗杆传动在汽车上的具体应用，并完成表 6-1 的填写。

表 6-1　实训表（1）

姓名		班级		学号	
学时		日期		实践地点	
实训工具	教材以及参考资料				
任务目标	能熟练地掌握圆柱齿轮传动、圆锥齿轮传动、蜗轮蜗杆传动的具体应用				

三、分组讨论

全班学生以 3~6 人为一组进行分组，选出各自组长，组长对组员进行任务分工并将分工情况记入表 6-2 中。

表 6-2　实训表（2）

成员	任务
组长	
组员	
组员	
组员	
组员	
组员	

四、任务思考

（1）现行的《机械制图 齿轮表示法》标准是哪年发布的？

（2）齿轮部分一般按什么规定绘制？

（3）常用的齿轮有哪几种？

（4）在剖视图中，当剖切平面通过齿轮的轴线时，齿轮如何处理？

五、任务实施

在实际操作过程中，将操作内容及实施过程中遇到的问题和解决办法记录在表 6-3 中。

表 6-3　实训表（3）

序号	操作内容	遇到的问题	解决办法

六、任务评价

请各小组选出一名代表展示任务实施的成果，并配合指导教师完成表 6-4 的任务评价。

表 6-4　实训表（4）

评价项目	评价内容	分值	评价分值		
			自评	互评	师评
职业素养考核项目	考勤、仪容仪表	10 分			
	团队交流与合作意识	10 分			
	责任意识、纪律意识	10 分			

续表

评价项目	评价内容	分值	评价分值		
			自评	互评	师评
专业能力考核项目	积极参与教学活动并正确理解任务要求	10 分			
	认真查找与任务相关的资料	10 分			
	任务实施过程记录表的完成度	10 分			
	对机械图形的特殊表示法的掌握程度	20 分			
	独立完成相应任务的程度	20 分			
合计		100 分			
总评	自评（20%）+互评（20%）+师评（60%）=	综合等级	教师（签名）：		

任务一　螺纹和螺纹紧固件识读与绘制

一、螺纹的分类及加工方法

螺纹分为外螺纹和内螺纹。沿圆柱或圆锥外表面上的螺旋线，按照规定牙型进行扫掠形成的连续沟槽、凸起，称为外螺纹；同理，在圆柱或圆锥内表面上形成的螺纹称为内螺纹，如图 6-1 所示。

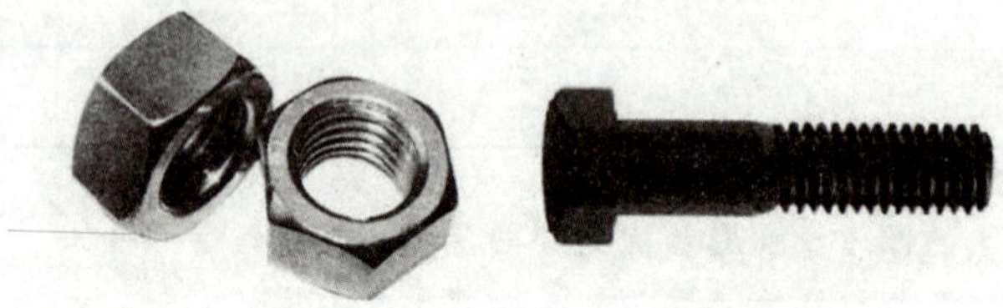

图 6-1　内螺纹和外螺纹

螺纹的主要参数有牙型、直径、螺距、线数和旋向。只有当内、外螺纹这五个要素完全一致，才能旋合联接。

1. 螺纹的种类

(1) 按螺纹牙型分类

在螺纹轴向剖面上的螺纹轮廓形状称为螺纹牙型。按螺纹牙型不同，螺纹有矩形螺纹、三角形螺纹、梯形螺纹和锯齿形螺纹等几种，如图 6-2 所示。

① 矩形螺纹，螺纹牙型为正方形，螺纹牙厚等于螺距的 1/2。传动效率高，但对中精度低，牙根强度弱。矩形螺纹精确制造较为困难，螺旋副磨损后的间隙难以补偿或修复。主要用于传力机构中。

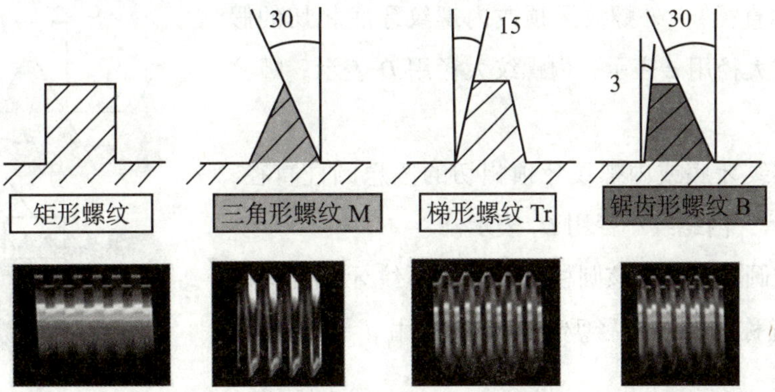

图 6-2 螺纹牙型

② 普通三角形螺纹的牙型角为 60°，又分为粗牙螺纹和细牙螺纹。管螺纹属英制细牙三角形螺纹，多用于有紧密性要求的管件联接，牙型角为 55°。

③ 梯形螺纹牙型角为 30°，是应用最广泛的一种传动螺纹。

④ 锯齿形螺纹两侧牙型斜角分别为 3°和 30°。前者的侧面用来承受载荷，可得到较高效率；后者的侧面用来增加牙根强度。适用于单向受载的传动螺旋。

（2）按螺旋线的数目分类

螺纹按螺旋线的数目可分为单线螺纹和多线螺纹。单线螺纹是指沿一条螺旋线形成的螺纹；多线螺纹是指沿两条或两条以上的螺旋线形成的螺纹，这些螺旋线在轴向等距分布，如图 6-3 所示。

（3）按螺旋线的绕行方向分类

按螺旋线绕行方向可分为右旋螺纹和左旋螺纹，顺时针旋入的螺纹称为右旋螺纹，逆时针旋入的螺纹称为左旋螺纹，如图 6-4 所示。

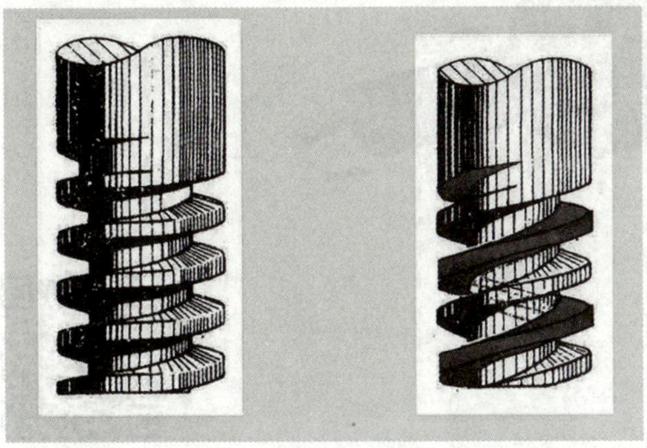

图 6-3 单线螺纹和多线螺纹

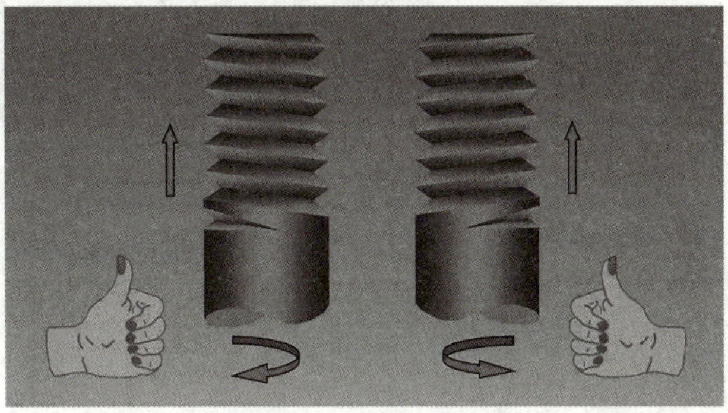

图 6-4 左旋和右旋

（4）按螺旋线形成的表面分类

按螺旋线形成的表面可分为外螺纹和内螺纹，在圆柱或圆锥外表面上形成的螺纹称为外螺纹，在圆柱或圆锥内表面上形成的螺纹称为内螺纹。

（5）按直径不同分类

螺纹直径有大径，小径和中径。如图 6-5 所示。螺距是指螺纹上相邻两牙在中径线上对应两点间的轴向距离，螺距用 P 表示。导程是指在同一条螺旋线上相邻两牙在中径线上对应两点间的轴向距离。单线螺纹的导程 Ph = 螺距 P，多线螺纹的导程 Ph = 螺纹线数 n×螺距 P。

螺纹大径（公称直径）。外螺纹牙顶或内螺纹牙底相切的假想圆柱直径，外螺纹大径用 d 表示，内螺纹大径用 D 表示。螺纹公称直径为大径。

螺纹小径。外螺纹牙底或内螺纹牙顶相切的假想圆柱直径，外螺纹小径用 d_1 表示，内螺纹小径用 D_1 表示。

螺纹中经。假想圆柱直径，该圆柱母线通过螺纹牙型上沟槽和牙厚度相等的位置称为螺纹中径。外螺纹中径用 d_2 表示，内螺纹中径用 D_2 表示。

（6）按用途不同分类

按用途不同可分为连接螺纹和传动螺纹，三角形螺纹的摩擦力大、强度高、自锁性能好，多用于连接；梯形螺纹、锯齿形螺纹和矩形螺纹多用于传动。

2. 螺纹的加工方法

螺纹的加工方法有很多，如在车床上加工外、内螺纹，工件作等速旋转运动，刀具沿工件轴向作等速直线移动，其合成运动使切入工件的刀尖在工件表面上切削出螺纹；另外一种是螺纹孔直径较小时，可先用钻头钻出光孔，再用丝锥攻制加工内螺纹，如图 6-6 所示。

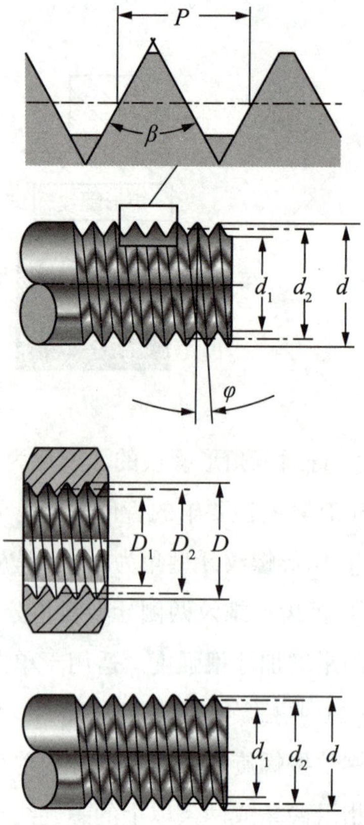

图 6-5　螺纹直径的表示方法

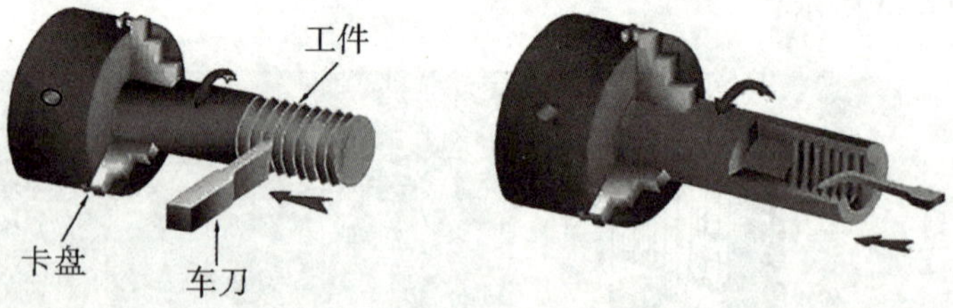

图 6-6　外螺纹和内螺纹

二、螺纹的规定画法

螺纹的加工方法

因为螺纹的结构和尺寸已经标准化，为了提高绘图效率，国家标准《机械制图》（GB/T 4459. 1—1995）中规定了螺纹的画法（图 6-7），而不必按真实投影画出其结构与形状。

1. 外螺纹的规定画法

外螺纹的规定画法，如图 6-7 所示。

（1）螺纹牙顶（大径）及螺纹终止线用粗实线表示。

（2）螺纹牙底（小径）用细实线。

（3）在圆形视图中，牙底用细实线绘制 3/4 圆，牙顶用粗实线绘制整圆，轴端倒角省略不画。

（4）在剖视图中，剖面线要画到牙顶；一般小径尺寸按 $d_1 \approx 0.85d$ 进行绘制。

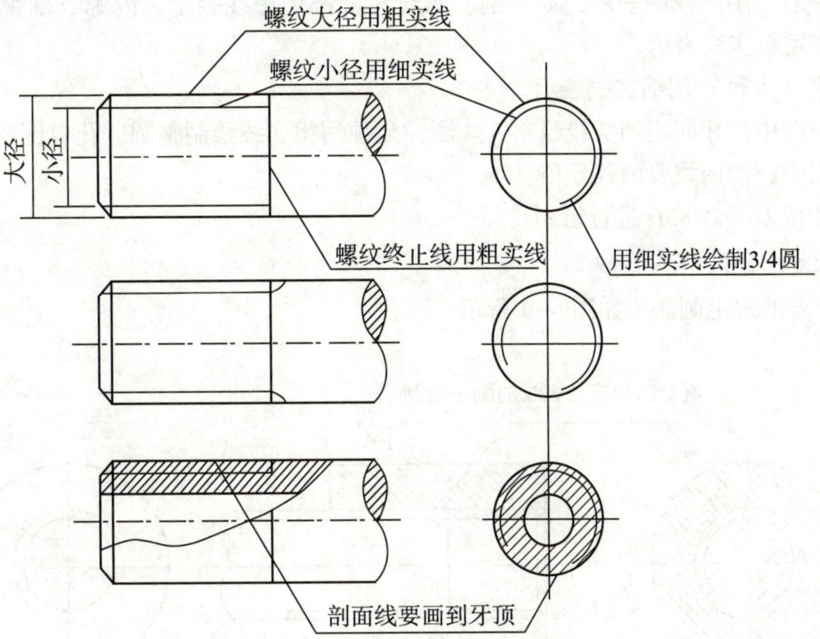

图 6-7　螺纹的规定画法

2. 内螺纹的规定画法

内螺纹的规定画法，如图 6-8 所示。

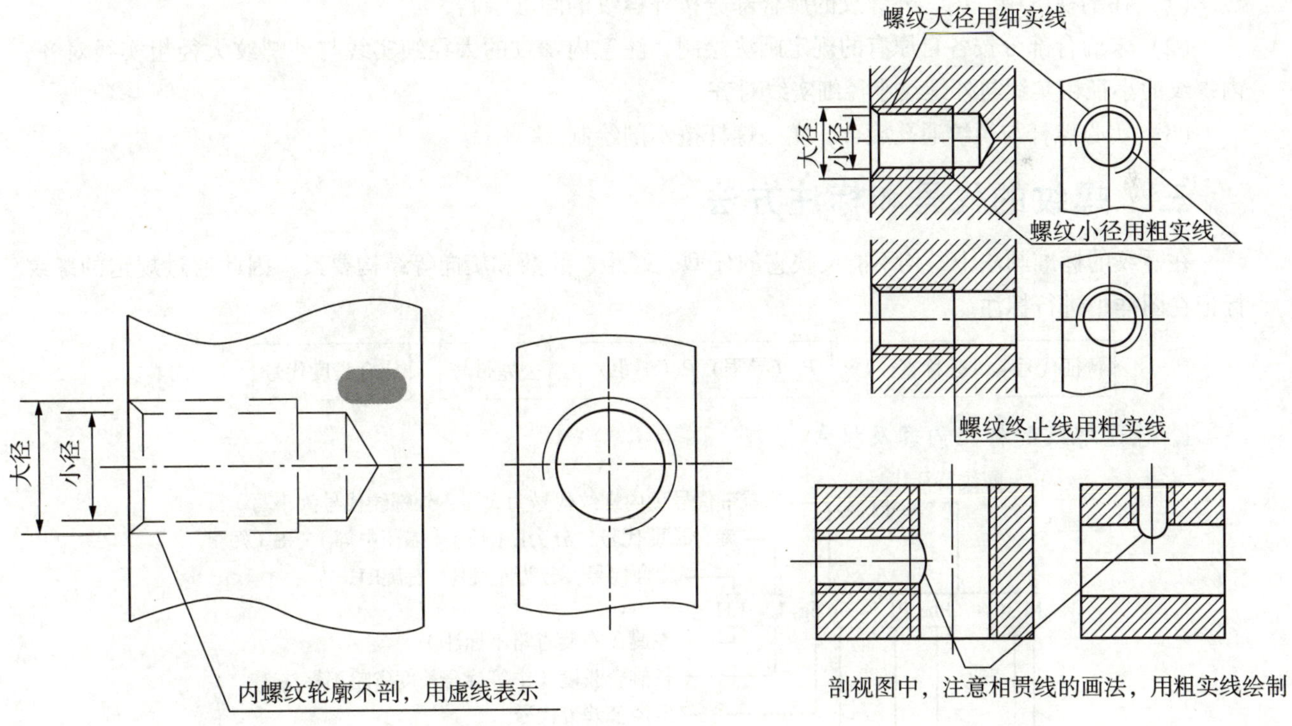

(a)　　　　(b)

图 6-8　外螺纹的画法

（1）内螺纹一般采用剖视图表示，如不剖，螺纹轮廓都用虚线表示。内螺纹剖视图中，牙顶（小径）及螺纹终止线用粗实线表示。

（2）螺纹牙底（大径）用细实线表示。

（3）在圆形视图中，牙底用细实线绘制 3/4 圆，牙顶用粗实线绘制整圆，孔口倒角省略。

（4）在剖视图中，剖面线要画到牙顶。

（5）小径尺寸按 $D_1 \approx 0.85D$ 进行绘制。

3. 内、外螺纹旋合的规定画法。

内、外螺纹旋合的规定画法，如图 6-9 所示。

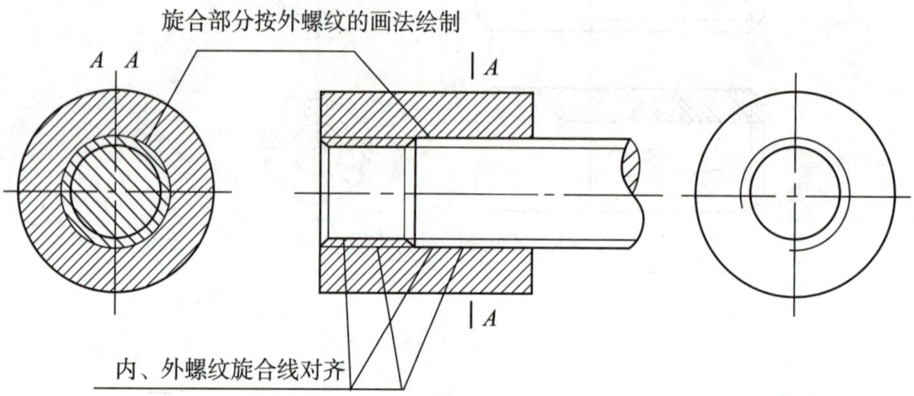

图 6-9　内、外螺纹旋合的画法

（1）在剖视图中，内、外螺纹的旋合部分按外螺纹的画法绘制。

（2）未旋合部分按各自原有的规定画法绘制，注意内螺纹的大径细实线与外螺纹大径粗实线对齐，内螺纹的小径粗实线与外螺纹小径细实线对齐。

（3）实心螺杆与螺纹通孔旋合，实心螺杆按不剖绘制。

三、螺纹的代号和标注方法

在螺纹的标准画法中，均不能反映它的牙型、螺距、线数和旋向等结构要素，因此通过规定的螺纹标记在图样中进行标注。

特征代号 | 公称直径 | × | P_h（导程）P（螺距） | 公差带号 | 旋合长度代号 | 旋向

1. 普通螺纹的标记内容及格式

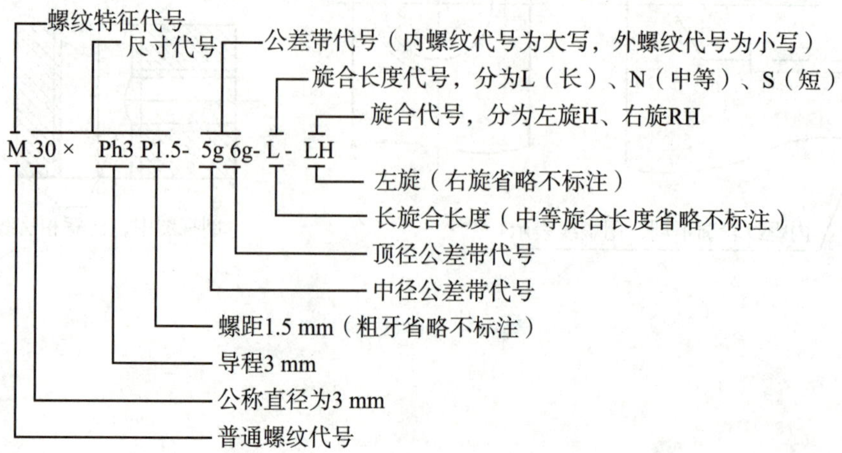

（1）单线螺纹尺寸代号，直接标注螺距，省略“P”字样，粗牙不标注螺距，查相应标准手册。

（2）如果中、顶径公差带代号相同，只标注一个公差代号。

（3）标注“LH”表示左旋螺纹，若未进行标注则默认为右旋螺纹。

（4）在下列情况下，中等公差精度螺纹不标注其公差带代号。

① 内/外螺纹：公称直径≤1.4 mm 时，公差带代号 5H/5h 可省略。

② 公称直径≥1.6 mm 时，公差带代号 6H/6h 可省略。

2. 管螺纹的标记内容及格式

常用的管螺纹分为螺纹密封的管螺纹和非螺纹密封的管螺纹。

非螺纹密封管螺纹代号：

螺纹特征代号　尺寸代号　公差等级代号　—　旋向代号

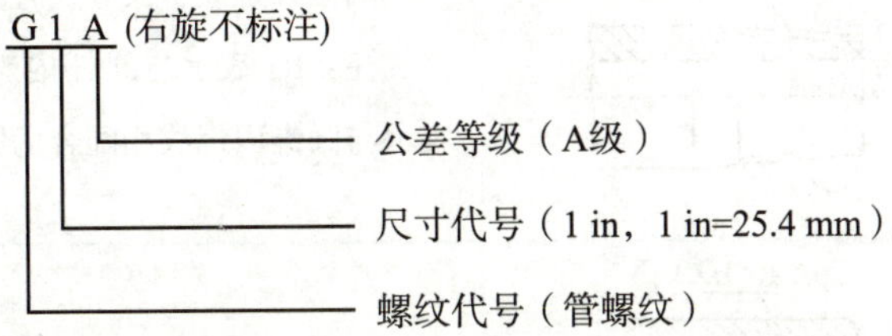

（1）非螺纹密封管螺纹的特征代号是 G。

（2）管螺纹的尺寸代号并不是指螺纹大径，也不是管螺纹本身任何一个直径，而是管子的通径，具体尺寸可查标准手册。

（3）公差等级代号分 A、B 两个精度等级。外螺纹需注明，内螺纹无需标注此项代号。

（4）旋向代号只注左旋“LH”，右旋螺纹不注旋向代号。

各种常用螺纹的代号和标注方法，如表 6-5 所示。

表 6-5　各种常用螺纹代号和标注方法

螺纹种类		特征代号	标记及标注示例	标记要求
联接和紧固件常用螺纹	普通螺纹	M	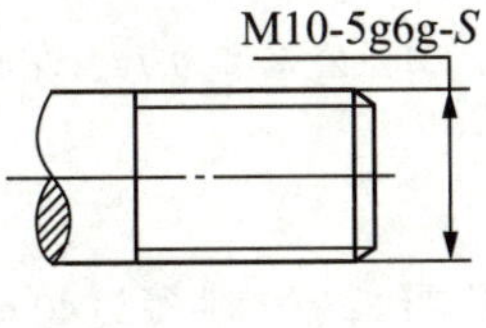	粗牙普通外螺纹，公称直径 10 mm，粗牙，螺距 1.5 mm（查标准手册获知），右旋，中径公差带代号 5g，顶径公差带代号 6g，短旋合长度
			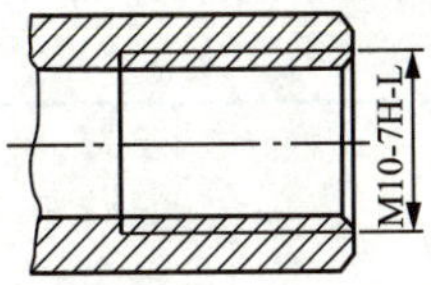	粗牙普通内螺纹，公称直径 10 mm，粗牙，螺距 1.5 mm（查标准手册获知），右旋，中、顶径公差带代号 7H，长旋合长度
			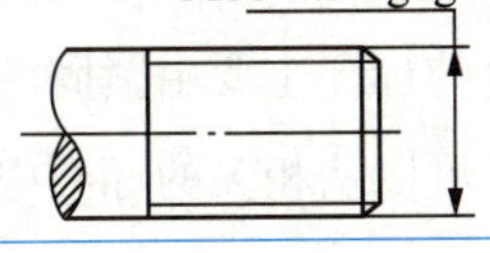	细牙普通螺纹，公称直径 10 mm，细牙，螺距 1.5 mm，右旋，中径公差带代号 5g，顶径公差带代号 6g，长旋合长度

续表

螺纹种类		特征代号	标记及标注示例	标记要求
管螺纹	55°非密封管螺纹	G	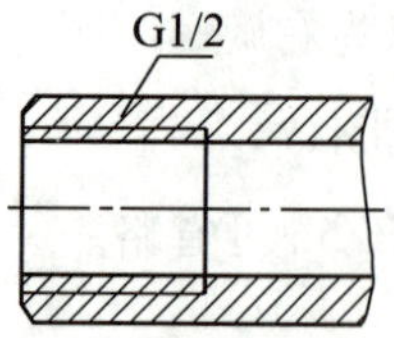 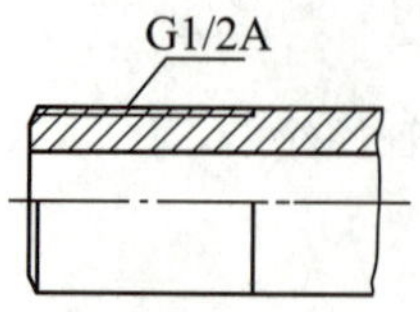	非螺纹密封的管螺纹，尺寸代号为 1/2，公差为 A 级，右旋 注：非螺纹密封的管螺纹中，外螺纹需注出公差等级 A 或 B，而内螺纹公差等级只有一种，故不标注
管螺纹	55°密封管螺纹	R	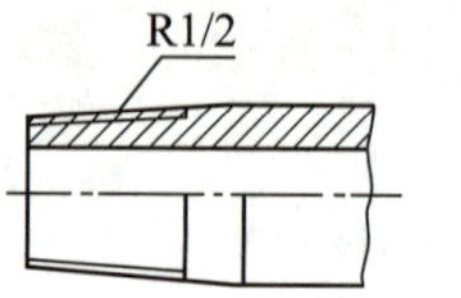	圆锥外螺纹，尺寸代号为 12，右旋 注：R1 表示与圆柱内螺纹相配合的圆锥外螺纹；R2 表示与圆锥内螺纹相配合的圆锥外螺纹
管螺纹	55°密封管螺纹	Rc	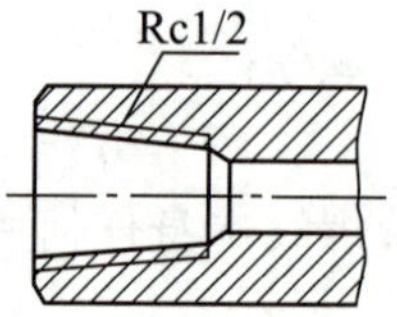	圆锥内螺纹，尺寸代号为 1/2，右旋
		Rp	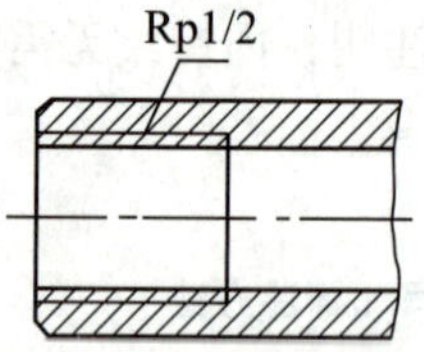	圆柱内螺纹，尺寸代号为 12，右旋
传动螺纹	梯形螺纹	Tr	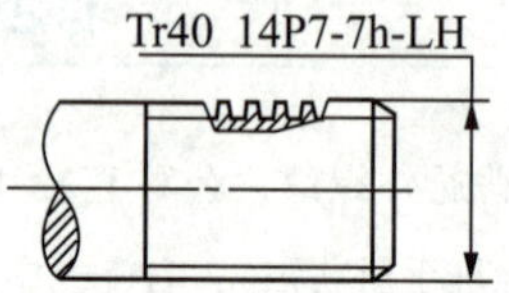	梯形螺纹，公称直径为 40 mm，双线，导程 14 mm，螺距 7 mm，中径公差带为 7h，左旋，中等旋合长度
	锯齿形螺纹	B	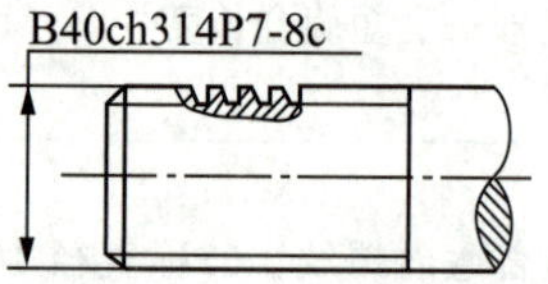	锯齿形螺纹，公称直径为 40 mm，双线，导程 14 mm，螺距 7 mm，中径公差带为 8c，右旋，中等旋合长度

四、常用螺纹紧固体的种类和标记

常用的螺纹紧固件有螺栓、螺柱、螺母和垫圈等，其结构形式和尺寸均已标准化，属于标准件。国家标准对它们也制定了相应的标记方法，螺纹紧固件完整的标注主要由紧固件名称、标准代号、形式代号、规格代号、性能代号组成，只要知道其规定标记，就可以从相关的标准中查出它们的结构、形式及全部尺寸，表 6-6 为常用螺纹紧固件和标记示例。

表 6-6 用螺纹紧固件和标记示例

名称及标准号	实物图	规定画 规格尺寸	标记说明
六角头螺栓		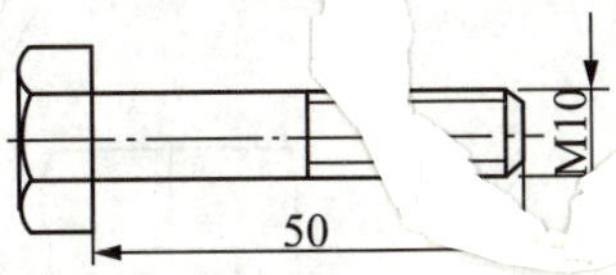	螺栓 GB/T 5782 Md×L 例如，螺栓 GB/T 5782 M10×50 螺纹规格 d=10，公称长度 l=−50、性能等级为 8. 8 级、表面氧化、A 级六角头螺栓
开槽圆柱头螺钉	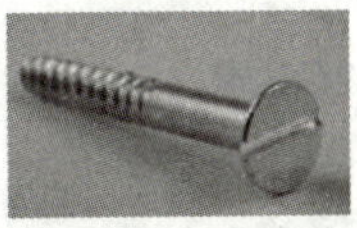	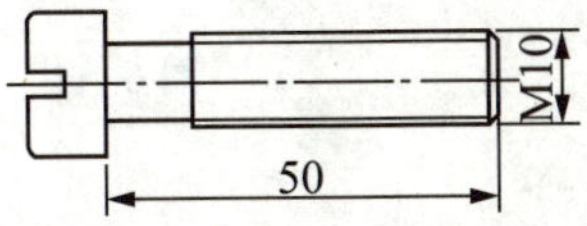	螺钉 GB/T 65 Md×L 例如，螺钉 GB/T 65 M10x50 螺纹规格 d=10，公称长度 l=50、性能等级为 4. 8 级、表面不处理、A 级开槽圆柱头螺钉
开槽沉头螺钉		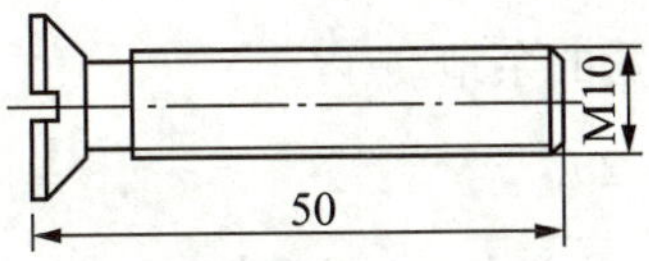	螺钉 GB/T 68 Md×L 例如，螺钉 GB/T 68 M10×50 螺纹规格 d=10，公称长度 l=50、性能等级为 4. 8 级、表面不处理的开槽圆柱头螺钉
I 型六角螺母		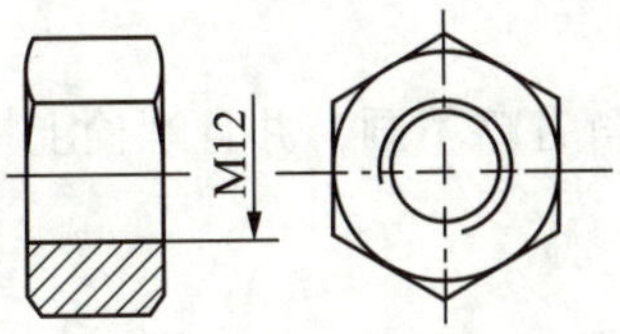	螺母 GB/T 6170 MD 例如，螺母 GB/T 6170 M12 螺纹规格 D=12，性能等级为 10 级、表面不处理、A 级 I 型六角螺母
平垫圈		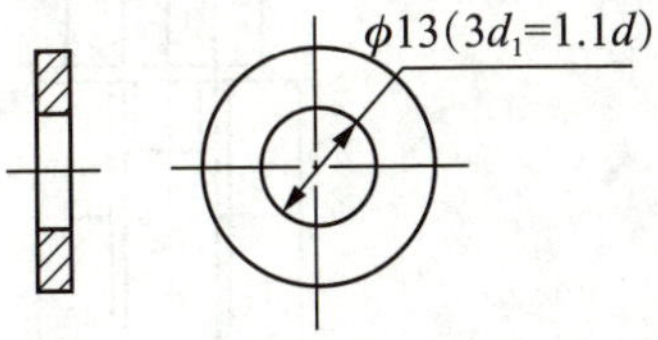	垫圈 GB/T 97. 1 d 例如，垫圈 GB/T 97. 1 12 标准系列、公称规格 d = 12 mm、硬度等级为 200HV 级，表面不处理、产品等级为 A 级的平垫圈

五、螺纹紧固件的联接画法

螺纹紧固件的联接形式有螺栓联接、螺柱联接、螺钉联接。

1. 螺栓联接

螺栓主要用于联接两个不太厚并能钻成通孔的零件。其联接的紧固件有螺栓、螺母、垫圈，螺栓联接的画法如下。

（1）用公称直径为 d 的螺栓将两块钻有通孔的薄零件贯穿，套上垫圈，再用螺母紧固。螺栓联接画法及各部分尺寸比例关系如图 6-10 所示，螺栓的公称长度 $l \geq \delta_1+\delta_2+h+m+a$（计算后查表取相应长度）。

（2）绘制联接件，由国标规定，通孔直径按 1. 1d 来绘制，如图 6-11 所示。

① 两零件接触时接触面用一条直线表示，不接触则用两条直线表示。

② 在剖视图中，两零件的剖面线方向应相反。

③ 俯视图中的圆孔省略不画。

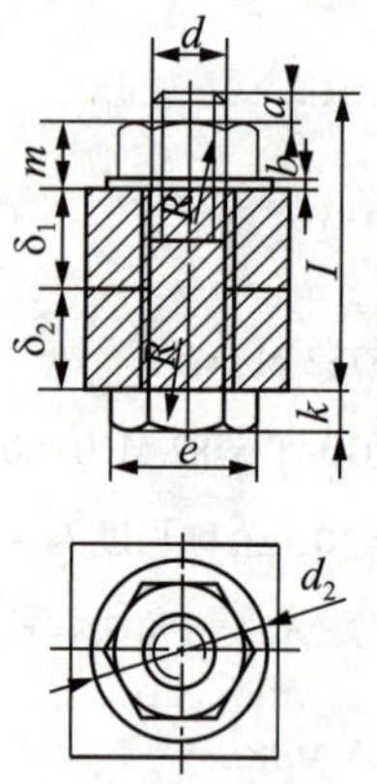

图 6-10　螺栓联接画法及各部分尺寸比例关系

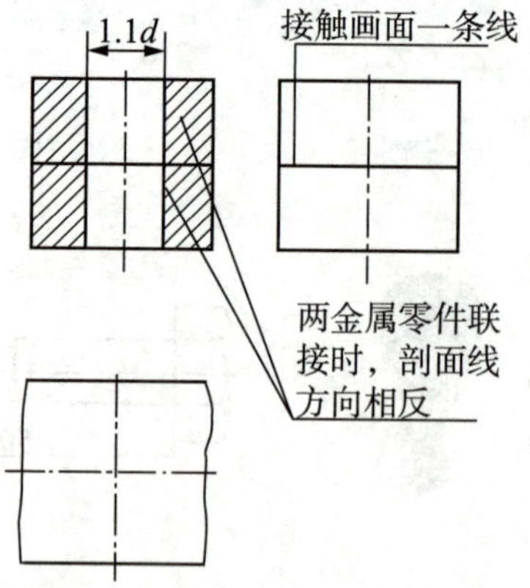

图 6-11　绘制联接件

（3）绘制螺栓、垫圈、螺母，如图 6-12 所示。

螺栓画图的尺寸比例关系：$b=2d$、$k=0.7d$、$R=1.5d$、$R_1=d$、$e=2d$、$d_1=0.85d$。

螺栓上的螺纹终止线的位置，保证螺母有拧紧的余地。

垫圈画图的尺寸比例关系：$h=0.15d$、$d_2=2.2d$。

螺母画图的尺寸比例关系：$e=2d$、$R=1.5d$、$R_1=d$、$m=0.7d$。

（4）简化画法，如图 6-13 所示。

螺栓紧固件联接可将螺栓、螺母上的六方倒角省略不画，并且螺栓上螺纹端面的倒角也省略不画，使画法统一。

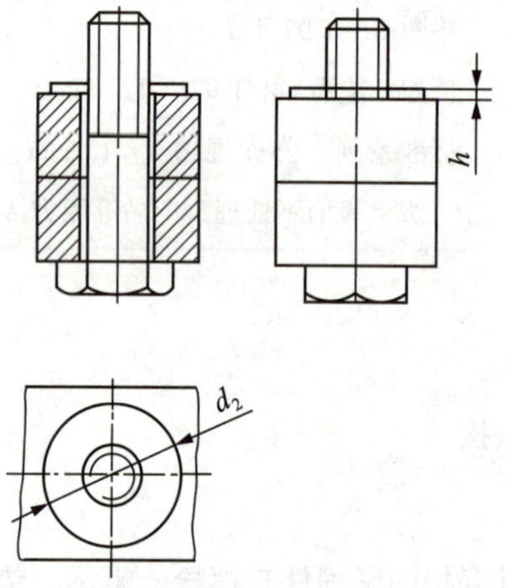

图 6-12　绘制螺栓、垫圈、螺母

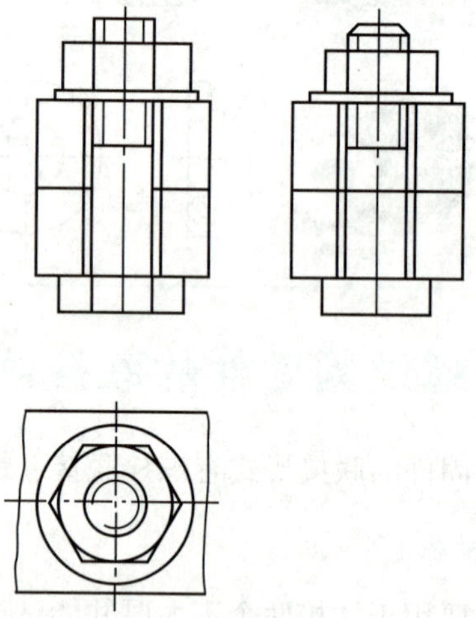

图 6-13　简化画法

2. 螺柱联接

螺柱联接由双头螺柱、垫圈和螺母组成。当两个连接零件中，有一个较厚不宜加工成通孔时，可采用双头螺柱联接。螺柱联接图的各部分比例关系为：螺纹公称直径 d、旋入端长度 b_m 由国家标准《机械制图》（GB/T 897—1988）规定钢或青铜 $b_m=1d$、$b=2d$、$a=0.3d$、$m=0.7d$、$h=0.15d$、$e=2d$、$D=2.2d$、螺纹孔深度 $=b_m+0.5d$、孔深 $=b_m+d$，绘制双头螺柱连接图，如图 6-14 所示。

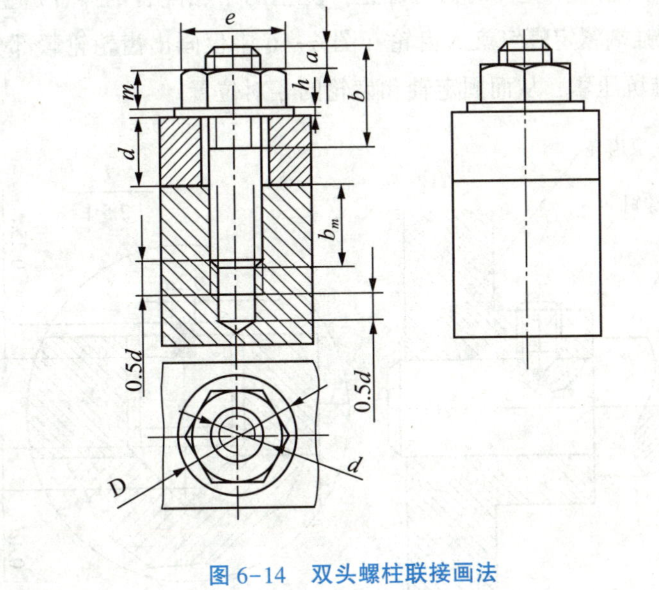

图 6-14　双头螺柱联接画法

3. 螺钉联接

螺钉联接不用螺母和垫圈，而把螺钉直接旋入下部零件的螺孔中。按用途可分为联接螺钉和紧定螺钉。

（1）联接螺钉一般用于受力不大又不需要经常拆卸的场合，装配时将螺钉直接穿过被联接零件上的通孔，再拧入另一个被联接零件的螺孔中，靠螺钉头部压紧被联接零件，达到联接的目的。螺钉联接的画法如图 6-15 所示。

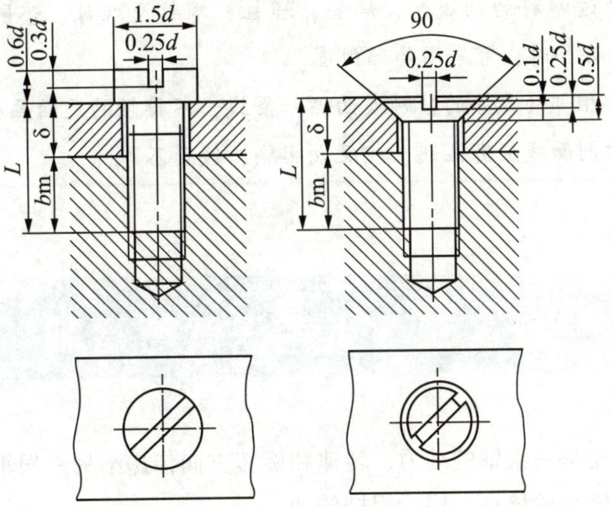

图 6-15　螺钉联接画法

① 螺钉公称长度 $l=\delta+b_m$，按计算值 c 查表确定公称长度。

② 螺钉的螺纹终止线不能与被联接件的结合面平齐，而是画至被联接件的结合面之上，表示螺钉有拧紧的余地。

③ 具有直槽的螺钉头部，在主视图中应被放正，俯视图中规定画成与水平方向成 45°的倾斜方向。

（2）紧定螺钉是用于固定两个零件的相对位置，防止两个相配合的零件产生相对运动。如图 6-16 所示，通过使用一个开槽锥端紧定螺钉旋入齿轮（图 6-16 中仅画出齿轮轮毂部分）和轴，使螺钉端部的 90°锥顶与轴上的 90°锥坑压紧，从而固定轴和齿轮的相对位置。

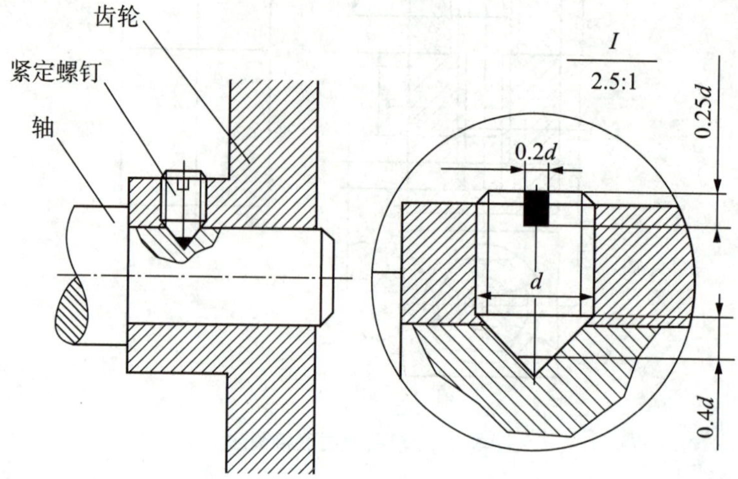

图 6-16　紧定螺钉的联接画法

知识拓展

紧固件联接画法遵循的规定

紧固件联接画法必须遵循的规定如下。

（1）当剖切平面通过螺杆的轴线时，螺栓、螺柱、螺钉及螺母、垫圈等均按未剖切绘制，只画外形，不画剖面线，必要时，可采用局部视图。

（2）在剖视图上，相邻两零件的接触表面画一条线，不接触的表面画两条线。

（3）相邻两零件的剖面线应有区别，相反或间隔、倾角不等。

任务二　齿轮识读与绘制

在机械传动中，齿轮是将一根轴的动力、转速和旋转方向传递给另一根轴的传动零件。其常见传动形式有圆柱齿轮传动、圆锥齿轮传动、蜗轮蜗杆传动。

1. 圆柱齿轮传动

圆柱齿轮传动是指用于两平行轴间传动。例如，汽车变速器齿轮传动，如图 6-17 所示。

2. 圆锥齿轮传动

圆锥齿轮传动是指用于两相交轴间传动。例如，汽车主减速器齿轮传动，如图 6-18 所示。

3. 蜗轮蜗杆传动

蜗轮蜗杆传动是指用于交叉两轴间传动。例如，汽车转向器的蜗轮蜗杆传动，如图 6-19 所示。

图 6-17　圆柱齿轮传动

图 6-18　圆锥齿轮传动

图 6-19　蜗轮蜗杆传动

一、圆柱齿轮传动

1. 直齿圆柱齿轮各部分名称和主要参数

圆柱齿轮按齿轮方向可分为直齿、斜齿、人字齿圆柱齿轮等，而直齿圆柱齿轮是齿轮中常用的一种，其各部分名称和主要参数，如图 6-20、表 6-7 所示。

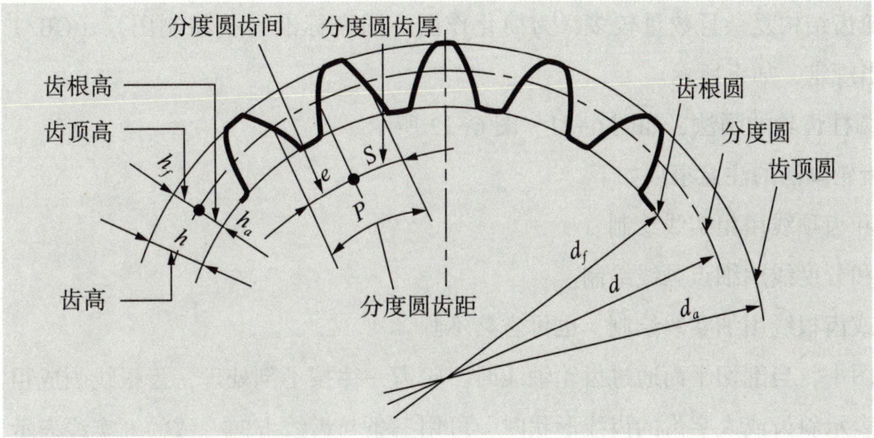

图 6-20　直齿圆柱齿轮各部分名称

齿轮齿厚与齿间相等时所在位置的圆称分度圆。

齿轮的齿数为 z 时，分度圆的周长为 $d\times\pi=p\times z$。则 $d=(p/\pi)\times z=m\times z$。

M 为齿轮的模数，它是齿距 p 与 t 的比值，即 $m=p/\pi$。

表 6-7　直齿圆柱齿轮各部分名称和主要参数

名称	参数说明		
圆柱齿轮各部分名称和代号	齿顶圆直径 d_a	通过轮齿顶面的圆柱圆直径	$d_a=d+2h_a=m(z+2)$
	齿根圆直径 d_f	通过轮齿顶根的圆柱圆直径	$d_f=d-2h_f=m(z-2.5)$
	分度圆直径 d	在齿顶圆与齿根圆之间假想的圆，该圆上齿厚和齿槽宽度相等	$d=mz$
	齿顶高 h_a	齿顶圆和分度圆之间的径向距离	$h_a=m$
	齿根高 h_f	齿根圆和分度圆之间的径向距离	$h_f=1.25$ m
	齿高 h	齿顶圆和齿根圆之间的径向距离	$h=h_a+h_f=2.25$ m

续表

名称	参数说明		
圆柱齿轮各部分名称和代号	齿距 p	分度圆上相邻两齿相同轮廓对应点之间的弧长	$P=\pi m$
	齿厚 s	分度圆上轮齿的弧长	
	齿间 e	分度圆上一个齿槽宽度弧长	
	中心距 a	两圆柱齿轮轴线间的距离	$a=m\ (z_1+z_2)\ /2$
齿轮主要参数	模数 m	分度圆大小与齿距和齿数有关。分度圆周长 $d=mz$，齿数 z 一定时，模数 m 越大，轮齿 d 尺寸越大	$m=P/\pi$
	压力角 a	对齿啮合时，分度圆上啮合点的法线方向与该点的瞬时速度方向之间的夹角	标准齿轮压力角 $a=20°$
	齿数 z	一个齿轮的轮齿总数	

2. 圆柱齿轮的画法

齿轮上的轮齿结构复杂且数量较多，为简化作图，国家标准《机械制图》（GB/T 4459. 2—2003）对齿轮画法作出规定，如下所示。

（1）单个圆柱齿轮的画法，如图 6-21、图 6-22 所示。

单个圆柱齿轮画法的注意事项如下。

① 齿顶圆和齿顶线用粗实线绘制。

② 分度圆和分度线用细点画线绘制。

③ 齿根圆或齿根线用细实线绘制，也可省略不画。

③ 在剖视图中，当剖切平面通过齿轮轴线时，轮齿一律按不剖处理，齿根线画成粗实线。

④ 当需要表示斜齿或人字齿的齿线形状时，可用三条与齿线方向一致的细实线表示。

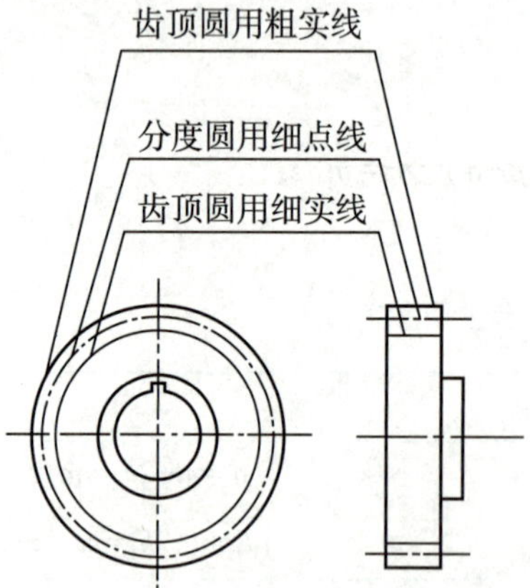

图 6-21　单个圆柱齿轮的作图示范（1）

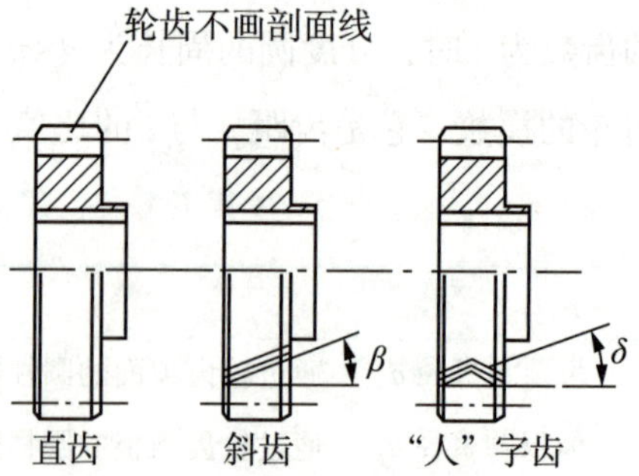

图 6-22　单个圆柱齿轮的作图示范（2）

（2）啮合圆柱齿轮的画法，如图 6-23 所示。

啮合圆柱齿轮画法的注意事项如下。

① 在左视图中，齿顶圆均用粗实线绘制。

② 在剖视图中，当剖切平面通过两啮合齿轮轴线时，在啮合区内，将一个齿轮的轮齿用粗实线绘制，另一个轮齿不可见部分用虚线绘制，也可省略不画。

③ 在主视图中，啮合区内齿项圆线省略不画。

④ 在左视图中，用粗实线画出节线，即两分度圆柱面的切线。

简化画法，如图 6-24 所示。

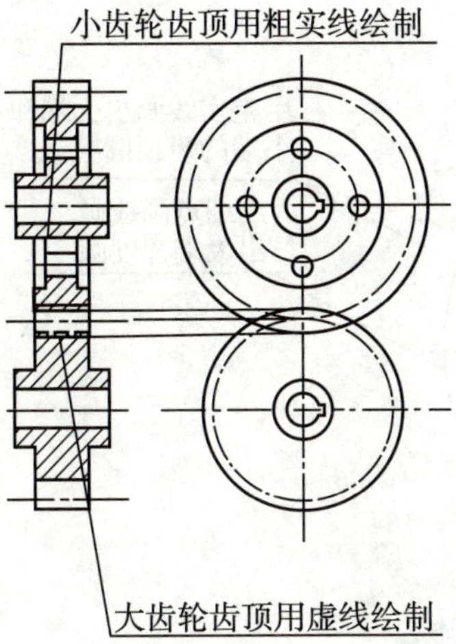

图 6-23　啮合圆柱齿轮的作图示范（1）

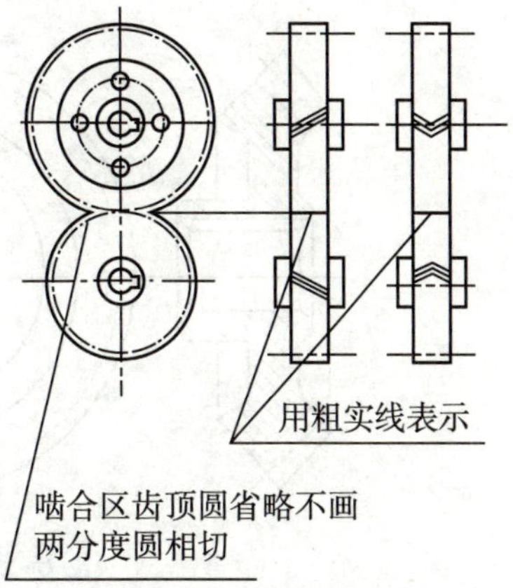

图 6-24　啮合圆柱齿轮的作图示范（2）

在齿轮啮合的剖视图中，由于齿根高和齿顶高相差 0. 25 m，因此一个齿轮的齿顶线与另一个齿轮的齿根线之间应有 0. 25 m 间隙，如图 6-25 所示。

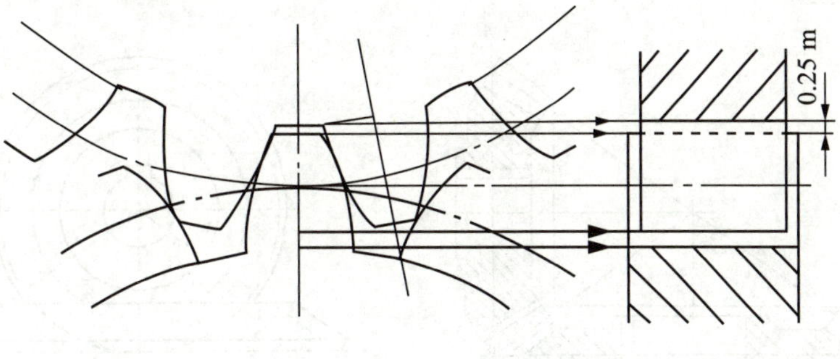

图 6-25　齿轮啮合间隙

二、直齿圆锥齿轮的规定画法

国家标准《机械制图》（GB/T 4459. 2—2003）中规定了单个圆锥齿轮的画法及两个圆锥齿轮啮合的规定画法。

1. 单个圆锥齿轮的规定画法

（1）主视图常采用全剖视图。

（2）在投影为圆的视图中，齿根圆及小端分度圆均不必画出，如图 6-26 所示。

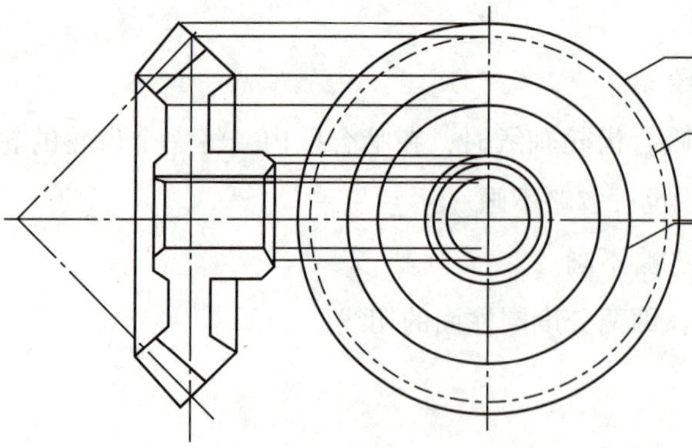

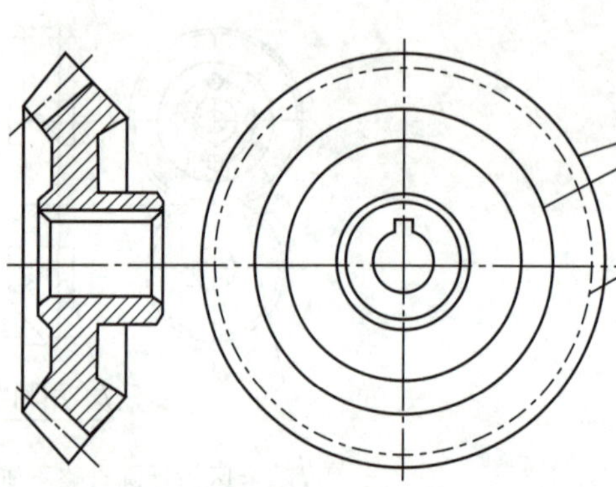

图 6-26 单个圆锥齿轮的画法

2. 两个圆锥齿轮啮合的规定画法

（1）主视图采用全剖视图。

（2）在啮合区内，应将其中一个齿轮的齿顶线画成粗实线，另一个齿轮的齿顶线画成细虚线或省略不画，如图 6-27 所示。

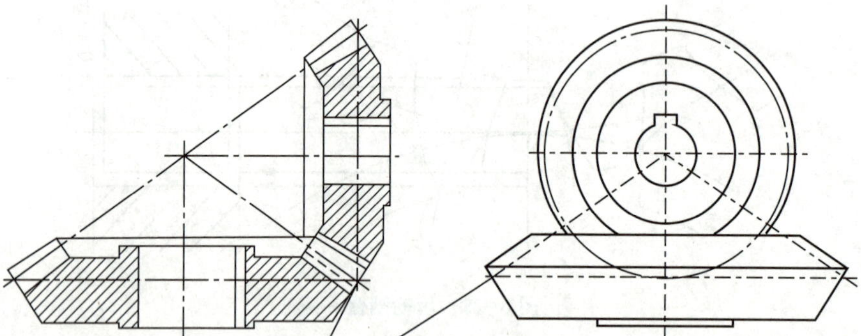

图 6-27 两个圆锥齿轮啮合的画法

三、蜗杆、涡轮画法

蜗轮、蜗杆传动，主要用在两轴线垂直交叉的场合，蜗杆为主动件，用于减速，蜗轮为从动件，蜗杆的齿数，就是其杆上螺旋线的头数，常用的为单线或双线，当蜗杆转一圈，蜗轮只转一个齿轮或两个齿。因此可得到较大的传动比，其结构紧凑，但传动效率低，如图 6-28 所示。

1. 蜗杆的画法

为表明蜗杆的牙型，一般采用局部剖画出几个牙型，或画出牙型的放大图，如图 6-29 所示。

图 6-28　蜗轮、蜗杆传动

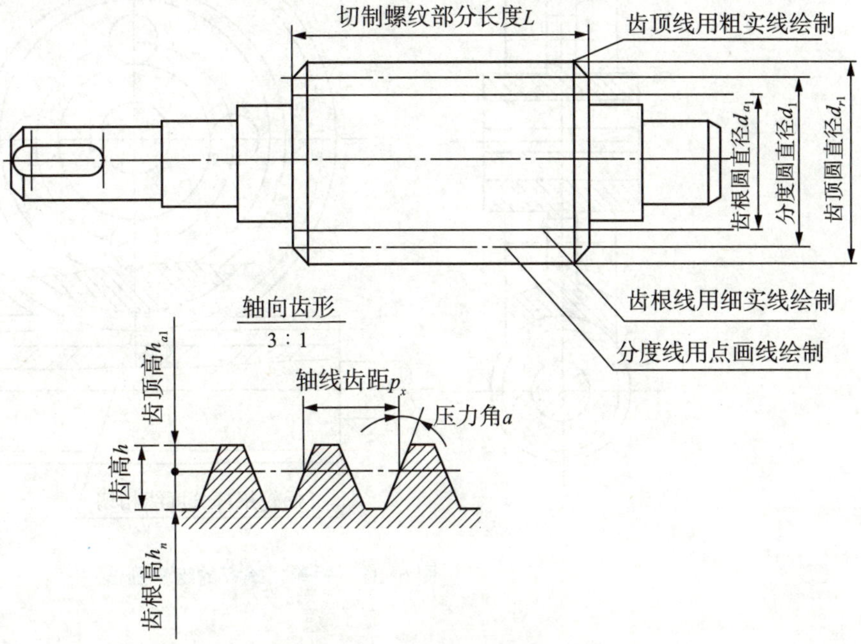

图 6-29　蜗杆的画法

2. 蜗轮的画法

（1）蜗轮一般选择平行于蜗轮轴线的视图为剖视图，剖视图中轮齿部分一律按不剖处理。

（2）在垂直于轴线的视图中，齿顶圆和齿根圆不画，如图 6-30 所示。

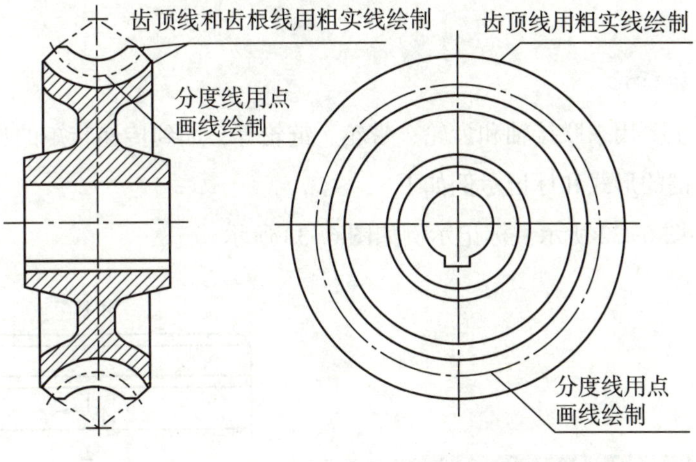

图 6-30　蜗轮的画法

3. 蜗轮、蜗杆的啮合画法

（1）在剖视图中，当剖切平面通过蜗轮轴线并垂直于蜗杆轴线时，蜗轮的轮齿被遮挡的部分可省略不画。

（2）在局部剖视图中，在啮合区的蜗轮和蜗杆的齿顶线可省略不画，如图 6-31 所示。

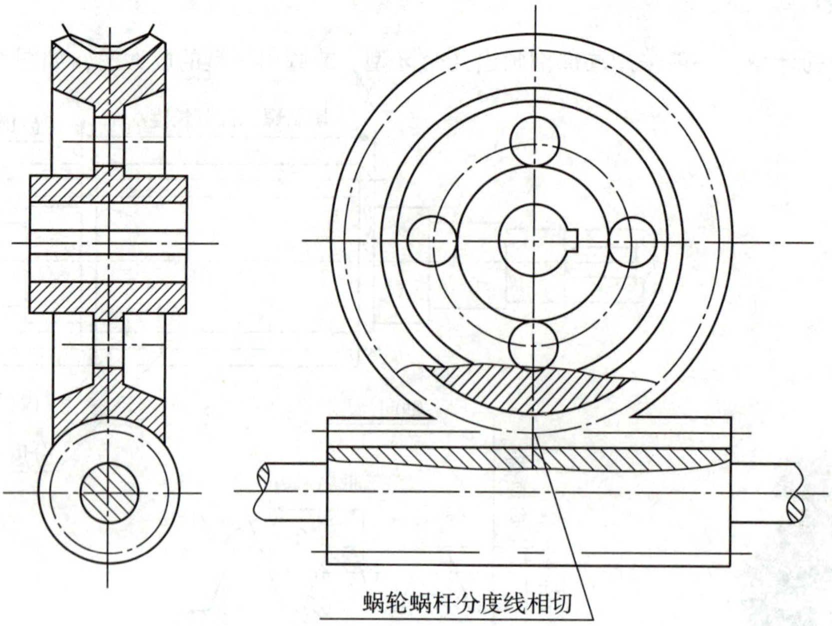

图 6-31　蜗轮、蜗杆的啮合画法

任务三　键联接和销联接识读与绘制

一、键联接

1. 键的结构形式和标记

键是一种标准件，主要用来联接轴和齿轮、带轮、链轮等，起到传递转矩的作用。常用的键有普通平键、半圆键、楔键，键的形式和标记示例如下。

（1）普通平键，如图 6-32 所示。标记示例如图 6-33 所示。

图 6-32　普通平键

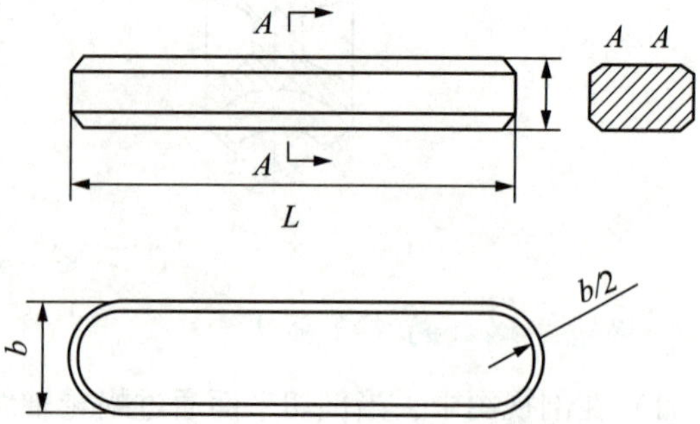

图 6-33　普通平键标记示例

键 18×11×100；国家标准《机械制图》（GB/T 1096—2003）；$b=18$ mm $h=11$ mm $L=100$ mm。

注意，普通平键 A 型、B 型、C 型标记时，A 型字母 A 可省略不标出，B 型、C 型字母不可省略。

（2）半圆键，如图 6-34 所示。标记示例如图 6-35 所示。

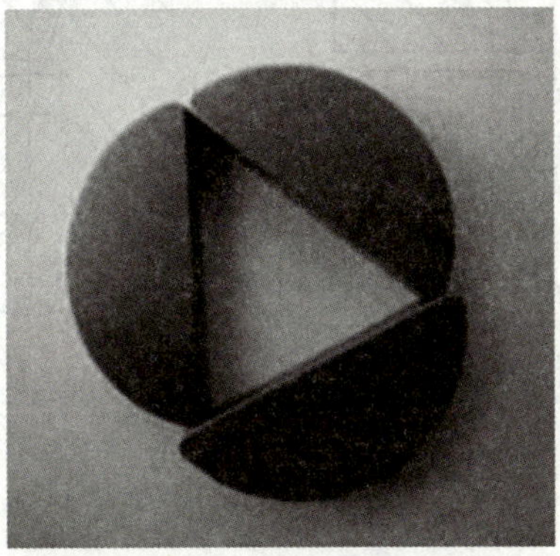

图 6-34　半圆键

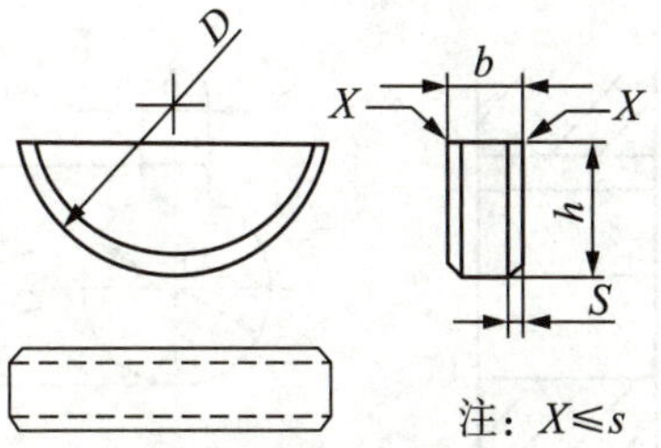

图 6-35　半圆键标记示例

键 6×10×25；国家标准《机械制图》（GB/T 1099. 1—2003）；$b=6$ mm $h=10$ mm $D=25$ mm。

（3）钩头楔键，如图 6-36 所示。标记示例如图 6-37 所示。

图 6-36　钩头楔键

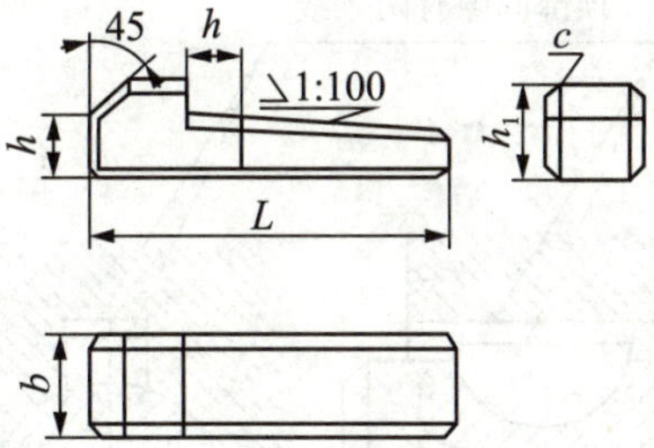

图 6-37　钩头楔键标记示例

键 18×100；国家标准《机械制图》（GB/T 1565—2003）；$b=18$ mm $h=11$ mm $L=100$ mm。

2. 键联接的画法

键联接的画法，如图 6-38 所示。

图 6-38　键联接

（1）普通键槽即轴上键槽和轮毂上键槽的画法，如图 6-39 所示。

（2）普通平键联接的画法。主视图采用局部剖视图；键的顶面与轮毂上键槽顶面用两条线表示，中间预留间隙，其他工作面用一条线表示，如图 6-40 所示。

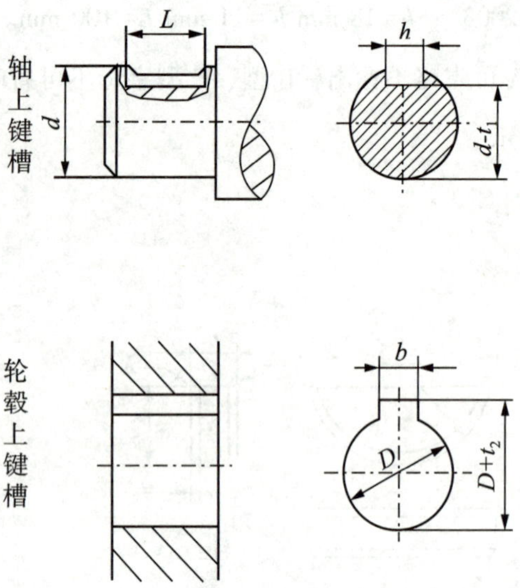

图 6-39　普通键槽画法

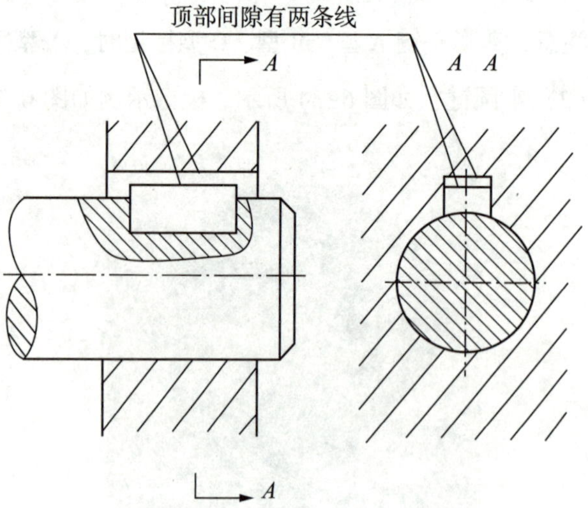

图 6-40　普通平键联接的画法

（3）半圆键联接的画法如图 6-41 所示。

（4）钩头楔键联接的画法。键与槽顶面、底面为工作面，故都用一条直线表示；两侧面为非工作面，用两条线表示，预留间隙，如图 6-42 所示。

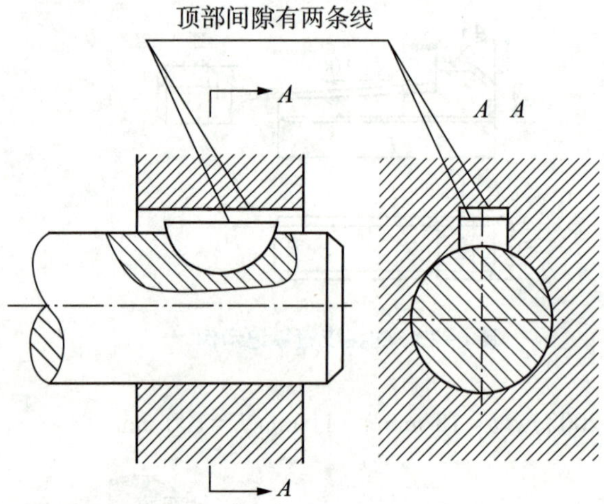

图 6-41　半圆键联接的画法

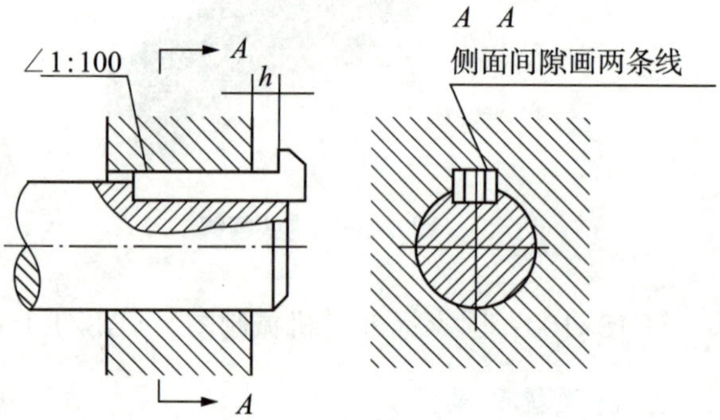

图 6-42　钩头楔键联接的画法

二、花键

1. 花键的结构形式

花键是一种常用的标准结构，其结构和尺寸都已经标准化，其齿形有矩形、三角形、渐开线形等。花键连接是由内、外花键相配合进行装配，主要应用于传递较大载荷。齿轮上的花键孔如图 6-43 所示，花键轴如图 6-44 所示。

图 6-43　花键孔

图 6-44　花键轴

2. 花键的画法和标记

常用的矩形花键主要有三个基本参数，即大径 D、小径 d 和键宽 b。内、外花键的画法和标记如下。

（1）内花键的画法和标记，如图 6-45 所示。内花键标记格式为

$N \times d \times D \times b$（$N$ 表示齿数，d 表示小径，D 表示大径，b 表示键宽）

例如，⊓⌐ 6×23H7×28H10×6H11。其中 6 为齿数，23 为小径，28 为大径，6 为键宽，H7、H10、H11 等为相应的公差带代号。

内花键画法如下。

① 在剖视图中，大径和小径均用粗实线绘制，花键工作长度的终止端和尾部长度的末端画粗实线。

② 在局部视图中，画出一部分或全部齿形。

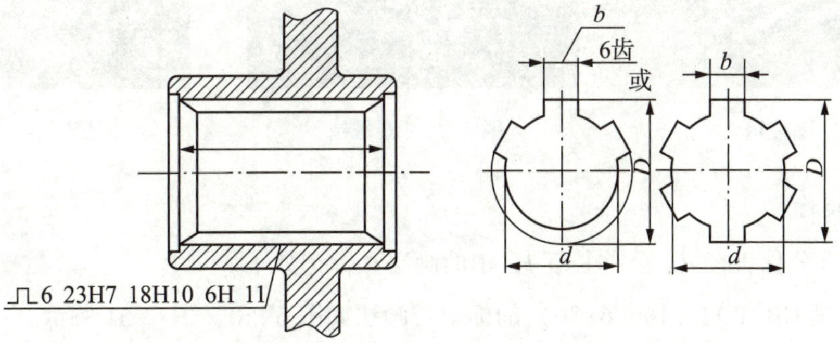

图 6-45　内花键的画法和标记

（2）外花键的画法和标记，如图 6-46 所示。

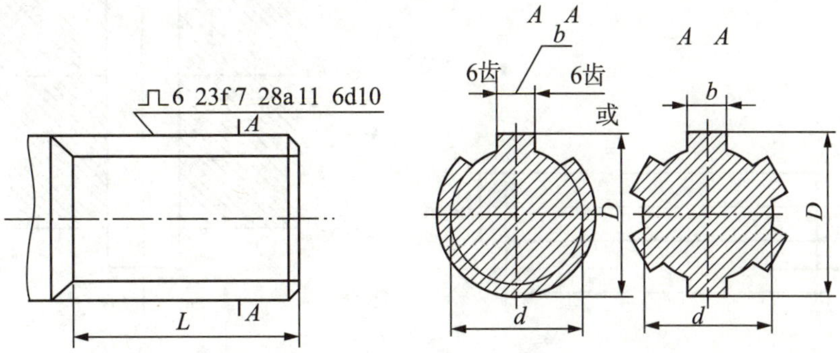

图 6-46　外花键的画法和标记

外花键标记格式为

$N\times d\times D\times b$（$N$ 表示齿数，d 表示小径，D 表示大径，b 表示键宽）

例如，⎍ 6×23f7×28a11×6d10。其中 6 为齿数，23 为小径，28 为大径，6 为键宽，f7、a11、d10 等为相应的公差带代号。

外花键画法如下。

① 在主视图中，大径用粗实线绘制，小径用细实线绘制，花键工作长度的终止端和尾部长度的末端画细实线绘制，并与轴线垂直，尾部则画成斜线，其倾斜角度一般与轴线成 30°，必要时可按实际情况画出。

② 在局部视图中，画出一部分或全部齿形。

三、销联接

1. 销的结构形式

销也是标准件，常用的销有圆柱销、圆锥销、开口销等，如图 6-47 至图 6-49 所示。圆柱销、圆锥销主要用于零件间的联接或定位；开口销常用于螺纹联接的锁紧装置中，以防止螺母的松脱。

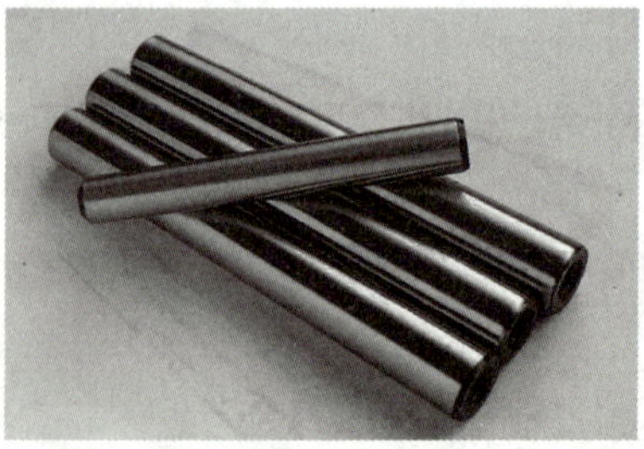

图 6-47　圆柱销

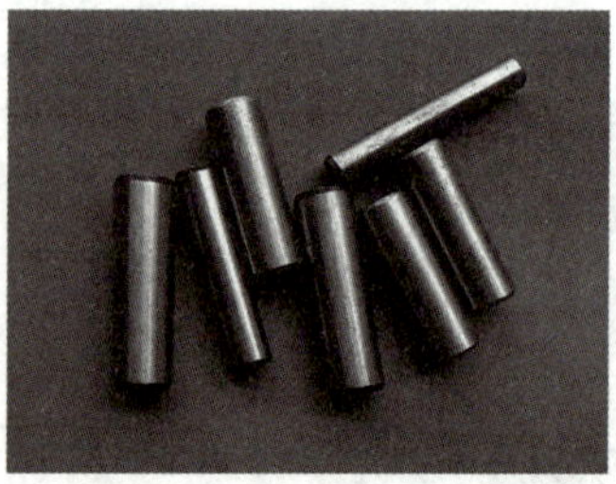

图 6-48　圆锥销

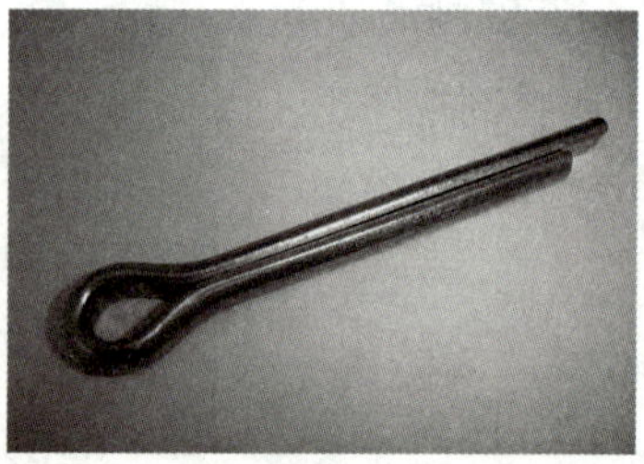

图 6-49　开口销

2. 销的画法和标记

销的主要参数有公称直径 d、公称长度 l，销的画法和标记如下。

（1）圆柱销（销 GB/T 119.16m 6×30）的标记与画法如图 6-50、图 6-51 所示。

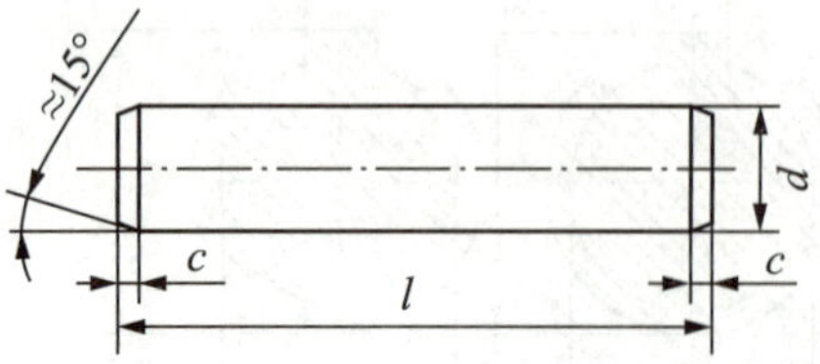

图 6-50　圆柱销的标记图示

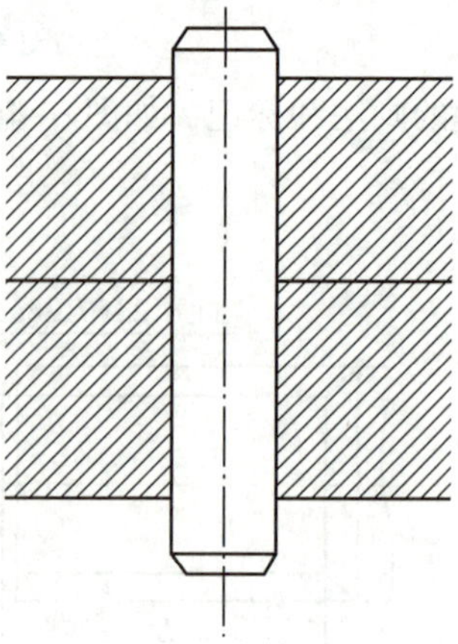

图 6-51　圆柱销的画法图示

例如，销 GB/T 119.1 6m 6×30 表示：公称直径 $d=6$ mm、公差为 6 mm、公称长度 $l=30$ mm、材料为钢、不经淬火、不经表面处理的圆柱销。

（2）圆锥销（销 GB/T 117 6×30）的标记与画法如图 6-52、图 6-53 所示。

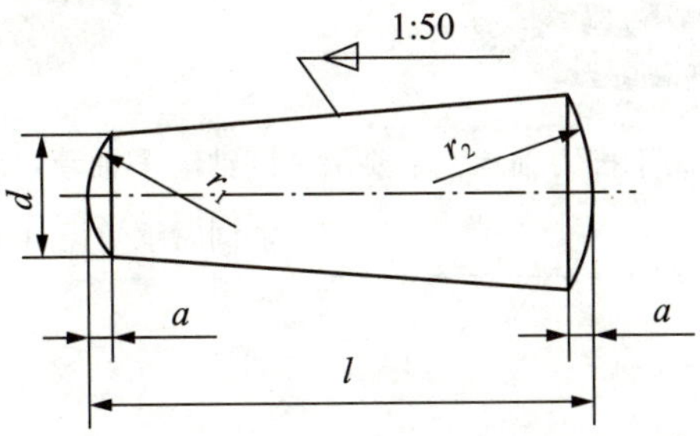

图 6-52　圆锥销的标记图示

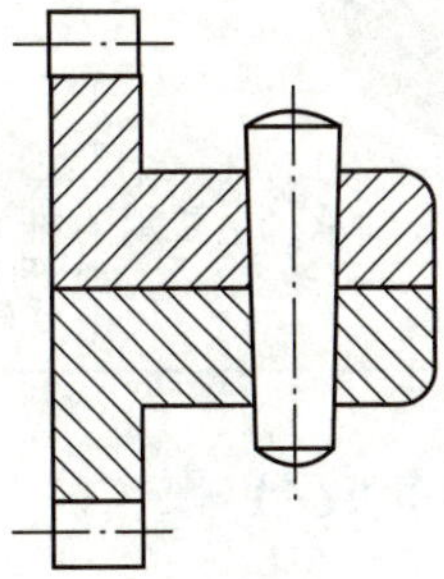

图 6-53　圆锥销的画法图示

例如，销 GB/T 117 6×30 表示：公称直径 $d=6$ mm（小端直径）、公称长度 $l=30$ mm、材料为 35 钢、热处理硬度为 28~38HRC、表面氧化处理的 A 型圆锥销。

（3）开口销（销 GB/T 91 4×20）的标记与画法如图 6-54、图 6-55 所示。

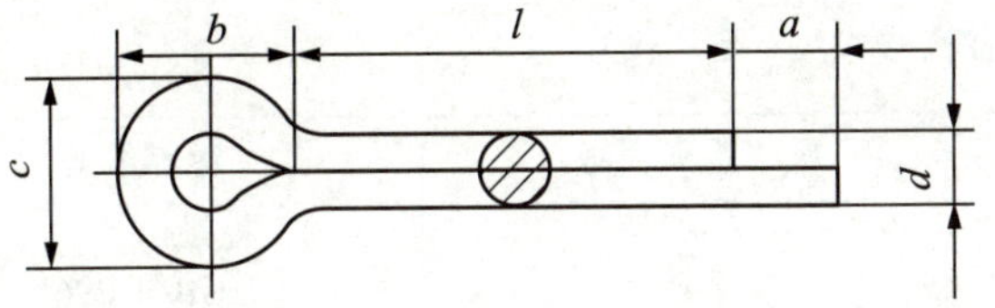

图 6-54　开口销的标记图示

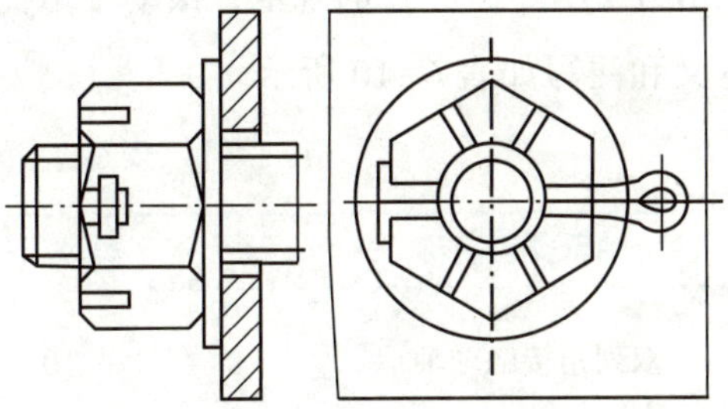

图 6-55　开口销的画法图示

例如，销 GB/T 91 4×20 表示：公称规格为 4 mm、公称长度 $l=20$ mm、材料为低碳钢、不经表面处理的开口销。

任务四　滚动轴承识读与绘制

滚动轴承是支承轴的一种标准组件，它具有摩擦阻力小、效率高、结构紧凑、拆装方便等优点，所以在各种设备、仪器产品中使用广泛。滚动轴承的种类繁多，滚动轴承的类型和结构如表 6-8 所示。

表 6-8　滚动轴承的类型和结构

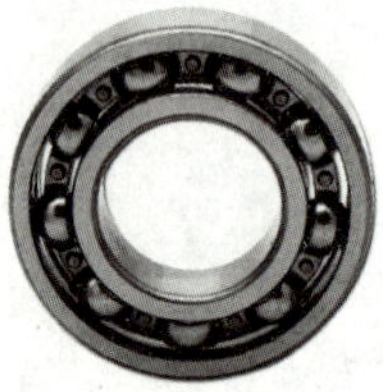		
深沟球轴承：属于向心轴承，主要承受径向载荷	推力球轴承：属于推力轴承，主要承受轴向载荷	圆锥滚子轴承：属于向心推力轴承，能同时承受径向和轴向载荷

一、滚动轴承代号

滚动轴承的代号由基本代号、前置代号和后置代号构成。前置代号、后置代号是轴承在结构形状、尺寸、公差、技术要求等有改变时，在其基本代号左、右添加的补充代号。如无特殊要求，则只标记基本代号。

滚动轴承基本代号由轴承类型代号、尺寸系列代号、内径代号三部分构成。基本代号最左边的一位数字（或字母）为类型代号。尺寸系列代号由宽度和直径系列代号组成，用两位数字表示，其中左边一位数字为宽（高）度系列代号，右边一位数字为直径系列代号。按照国家标准《机械制图》（GB/T 272—2017）的规定，滚动轴承类型代号和尺寸系列代号如表 6-9 所示，滚动轴承内径代号的意义和注写如表 6-10 所示。

表 6-9　滚动轴承类型代号和尺寸系列代号

轴承类型名称	类型代号	尺寸系列代号	标准编号
双列角接触球轴承	0	32 33	GB/T 296
调心球轴承	1	（0）2 （0）3	GB/T 281
调心滚子轴承 推力调心滚子轴承	2	13 92	GB/T 288 GB/T 5859
圆锥滚子轴承	3	02 03	GB/T 297
双列深沟球轴承	4	（2）2	GB/T 276
推力球轴承 双向推力球轴承	5	11 22	GB/T 301
深沟球轴承	6	18 （0）2	GB/T 276
角接触球轴承	7	（0）2	GB/T 292
推力圆柱滚子轴承	8	11	GB/T 4663
圆柱滚子轴承 双列圆柱滚子轴承	N NN	10 30	GB/T 283 GB/T 285

续表

轴承类型名称	类型代号	尺寸系列代号	标准编号
圆锥孔外球面轴承	UK	2	GB/T 3882
三点和四点接触球轴承	QJ	（0）2	GB/T 294

表 6-10　滚动轴承内径代号

轴承公称内径/mm		内径代号	注写示例及说明
0.6-10（非整数）		用公称内径（mm）直接表示，在其与尺寸系列代号之间用“/”分开	618/2.5—深沟球轴承，类型代号 6，尺寸系列代号 18，内径 $d=2.5$ mm
1-9（整数）		用公称内径（mm）直接表示，对深沟及角接触球轴承用 7、8、9 直径系列，内径与尺寸系列代号之间用“/”分开	618/5—深沟球轴承，类型代号 6，尺寸系列代号 18，内径 $d=5$ mm。 725—角接触球轴承，类型代号 7，尺寸系列代号（0）2，内径 $d=5$ mm
10-17	10	00	6202—深沟球轴承，类型代号 6，尺寸系列代号（0）2，内径 $d=15$ mm
	12	01	
	15	02	
	17	03	
20-480 （22、28、3（2）除外		公称内径除以 5 的商数，商数只有一位数时，需在商数前加“0”	23216—调心滚子轴承，类型代号 2，尺寸系列代号 32，内径代号 16，则内径 $d=5\times16=80$ mm
>500 以及 22、28、32		用公称内径（mm）直接表示，在其与尺寸系列代号之间用“/”分开	230/500—调心滚子轴承，类型代号 2，尺寸系列代号 30，内径 $d=500$ mm。

表 6-11 为轴承基本代号及其标记举例。

表 6-11　轴承基本代号及其标记举例

滚动轴承 6208 GB/T 276—2013	6 表示轴承类型代号为深沟球轴承； 2 表示尺寸系列代号（02），宽度系列代号 0 省略，直径系列代号为 208 表示内径代号，具体数值可以查阅标准手册
滚动轴承 62/22 GB/T 276—2013	6 表示轴承类型代号为深沟球轴承； 2/表示尺寸系列代号（02），宽度系列代号 0 省略，直径系列代号为 2； 22 表示内径代号，具体数值可以查阅标准手册
滚动轴承 30312 GB/T 297—2015	3 表示轴承类型代号为圆锥滚子轴承； 03 表示尺寸系列代号，宽度系列代号 0 省略，直径系列代号为 2； 12 表示内径代号，具体数值可以查阅标准手册

续表

滚动轴承 6208 GB/T 276—2013	6 表示轴承类型代号为深沟球轴承； 2 表示尺寸系列代号（02），宽度系列代号 0 省略，直径系列代号为 208 表示内径代号，具体数值可以查阅标准手册
滚动轴承 51310 GB/T 301—2015	5 表示轴承类型代号为推力球轴承； 13 表示尺寸系列代号，高度系列代号 1，直径系列代号为 3； 10 表示内径代号，具体数值可以查阅标准手册。

二、滚动轴承的画法

滚动轴承也是标准件，在绘制装配图时，无需画出零件图，可采用通用画法、特征画法和规定画法来表示，前两种画法又称为简化画法，主要参数 D（外径）、d（内径）、B（宽度），可通过查看标准手册得到参数数值。依据国家标准《机械制图》（GB/T 4459.7—2017）的规定，滚动轴承画法如下。

（1）深沟球轴承的画法如图 6-56 至图 6-58 所示。应用于不需要表示滚动轴承的外形轮廓、承载特征和结构特征。

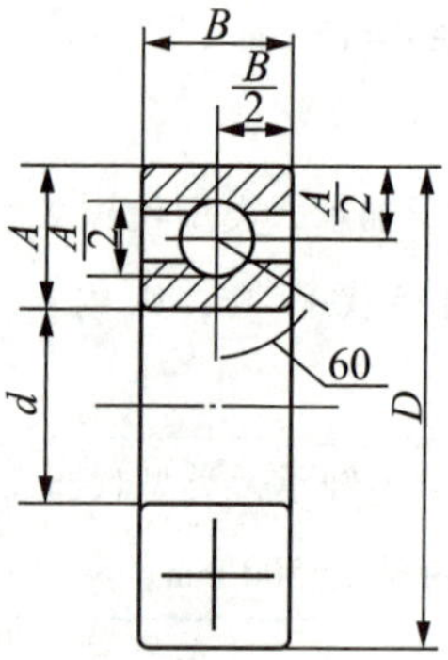

图 6-56　深沟球轴承的规定画法

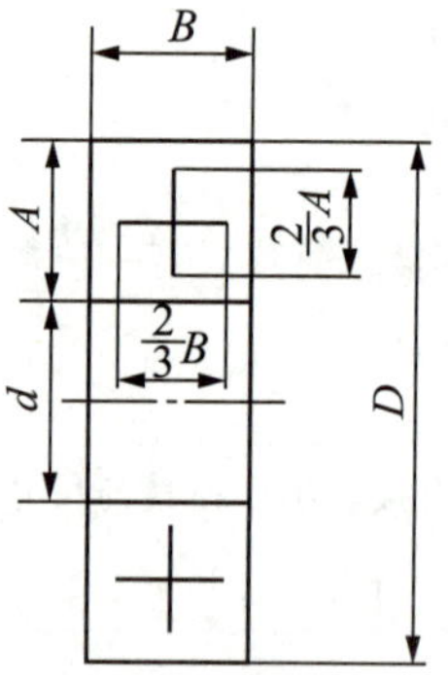

图 6-57　深沟球轴承的通用画法

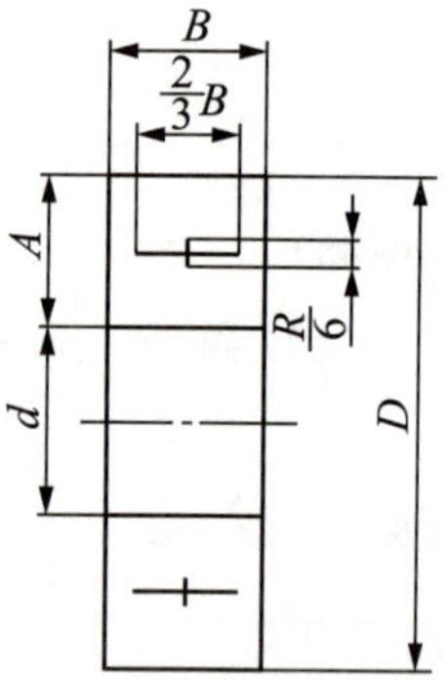

图 6-58　深沟球轴承的特征画法

（2）推力球轴承的画法如图 6-59、图 6-60 所示。能够较形象地表示滚动轴承的结构特征。

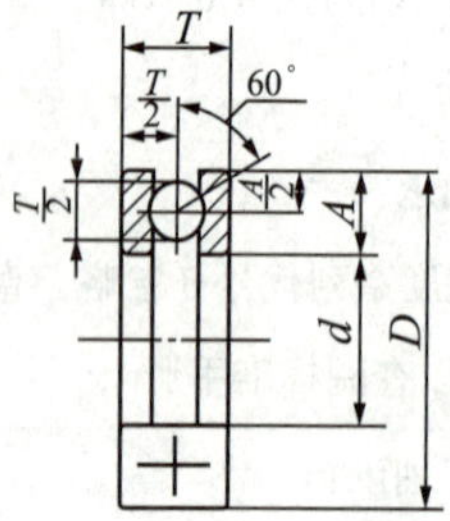

图 6-59　推力球轴承的规定画法

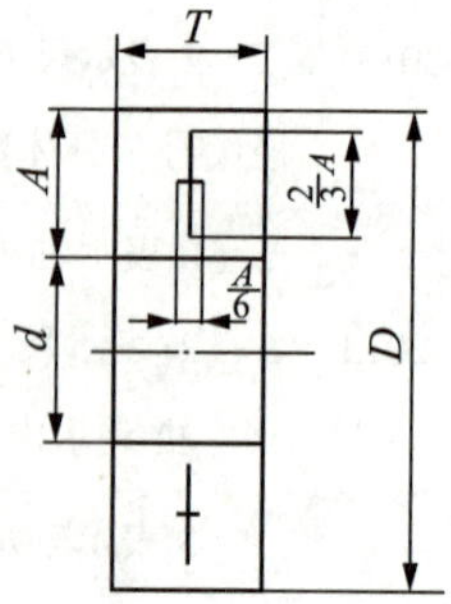

图 6-60　推力球轴承的特征画法

（3）圆锥滚子轴承的画法如图 6-61 至图 6-63 所示。应用于滚动轴承的产品图样、产品样本、产品标准和产品使用说明书。

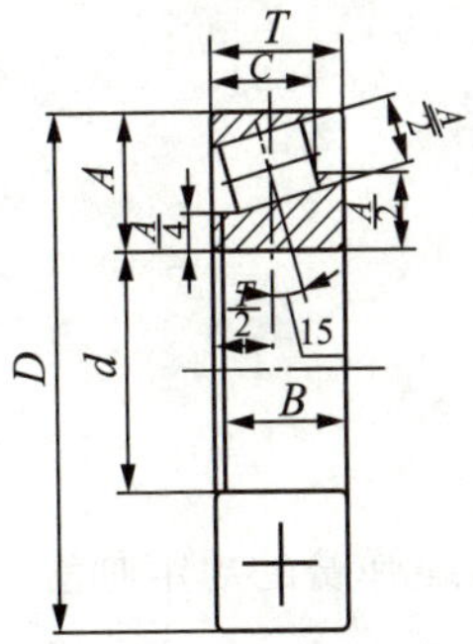

图 6-61　圆锥滚子轴承的规定画法

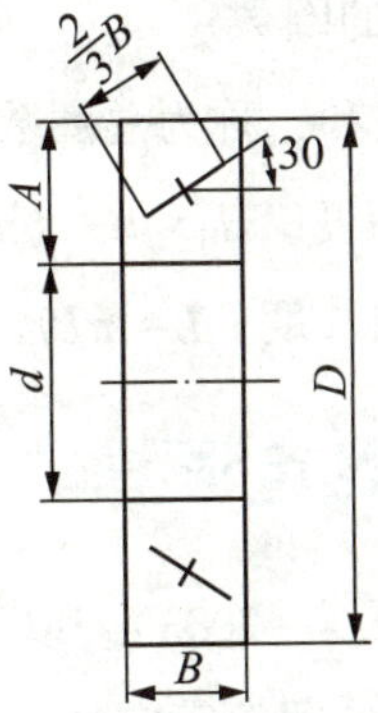

图 6-62　圆锥滚子轴承的特征画法

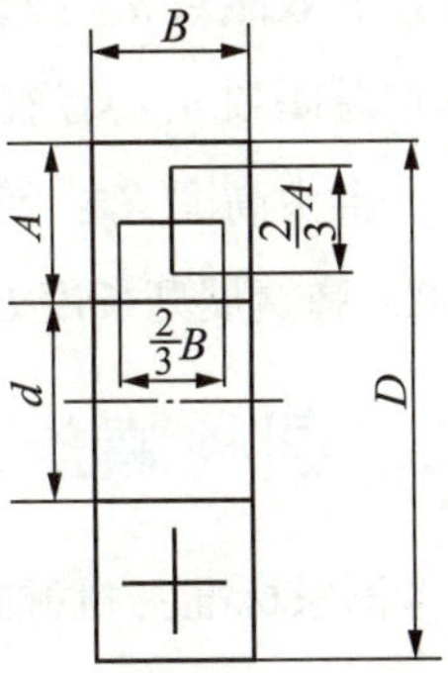

图 6-63　圆锥滚子轴承的通用画法

任务五　弹簧识读与绘制

弹簧属于常用件，其利用材料的弹性和结构特点，实现机械的运动控制、减震、夹紧、承受冲击、储存能量等。圆柱螺旋弹簧根据受力情况不同，可分为压缩弹簧、拉伸弹簧和扭转弹簧，如表 6-12 所示。弹簧的用途很广，这里只介绍圆柱螺旋压缩弹簧，图 6-64 为常用圆柱螺旋弹簧的类型。

（a）压缩弹簧

（b）拉伸弹簧

（c）扭转弹簧

图 6-64　常用圆柱螺旋弹簧的类型

一、圆柱螺旋压缩弹簧的各部分名称及尺寸计算

（1）弹簧丝直径 d：制造弹簧的材料直径。

（2）弹簧外径 D：弹簧的最大直径。

（3）弹簧内径 D_1：弹簧的最小直径，$D_1=D-2d$。

（4）弹簧中径 D_2：弹簧内径和外径的平均值，$D_2=（D_1+D_2）/2=D_1+d=D-d$。

（5）节距 t：除支承圈外，相邻两圈沿轴向的距离，一般 t（$D/3$）~（$D/2$）。

（6）支承圈数 n_0：为了使压缩弹簧工作时受力均匀，保持轴线垂直于支承面，通常将弹簧的两端并紧磨平。这部分圈数只起支承作用，叫作支承圈数，常见的有 1.5 圈、2 圈、2.5 圈 3 种，其中 2.5 圈用得最多。

（7）有效圈数 n：弹簧能保持相同节距的圈数。

（8）总圈数 n_1：有效圈数与支承圈数之和，称为总圈数，即：$n_1=n+n_0$。

（9）自由高度 H_0：弹簧没有负荷时的高度，$H_0=nt+(n_0-0.5)d$。

（10）弹簧展开长度 L：弹簧丝展开后的长度，$L\approx\pi Dn_1$。

二、圆柱螺旋压缩弹簧的规定画法

参考国家标准《机械制图》(GB/T 4459.4—2003)，以下介绍圆柱螺旋压缩弹簧的规定画法。

（1）在平行于投影面的视图中，弹簧的各圈轮廓应画成直线，如图 6-65 所示。

① 国家标准规定，弹簧支承圈都按 2.5 圈的画法绘制。

② 左旋弹簧和右旋弹簧均可画成右旋，但左旋注明“LH”。

（2）按右旋方向画出相应圆的公切线，画出剖视图，如图 6-66 所示。

有效圈在四圈以上的螺旋弹簧，中间部分可省略不画，只画通过簧丝中心的两条细点画线。当中间部分省略后，可适当缩短图形长度。

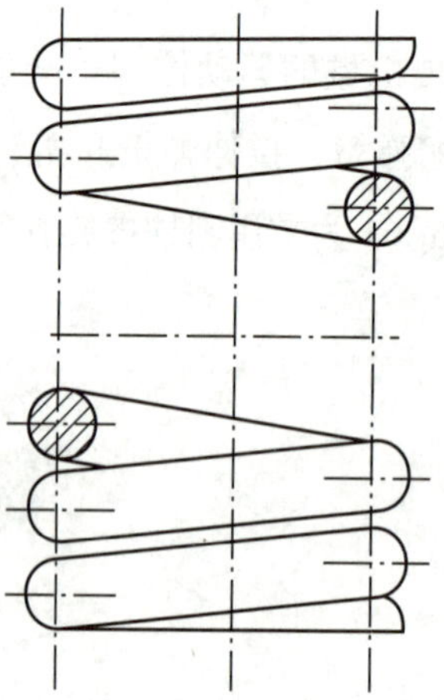

图 6-65　平行于投影面的视图中弹簧的画法

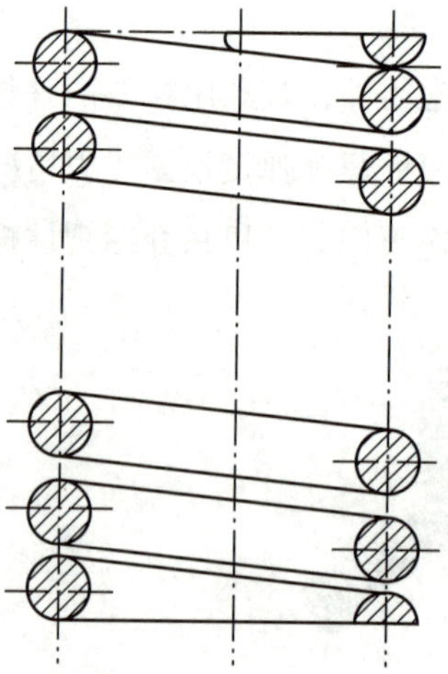

图 6-66　画出剖视图

（3）螺旋弹簧示意图，只画通过簧丝中心的直线，如图 6-67 所示。

（4）在装配图中，弹簧被挡住的结构一般不画，其可见部分应从弹簧的外径或中径画起。

（5）在装配图中，螺旋弹簧被剖切时，允许只画簧丝剖面。当在图形中簧丝直径小于或等于 2 mm 时，其剖面可涂黑表示，如图 6-68 所示。

（6）在装配图中，当簧丝直径小于 2 mm 时，允许采用示意画法。

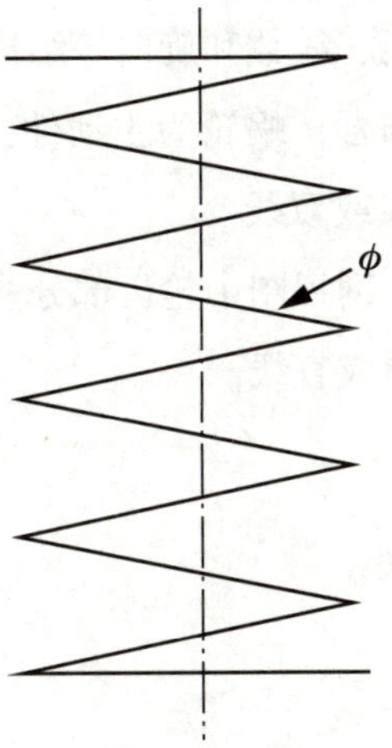

图 6-67　画通过簧丝中心的直线

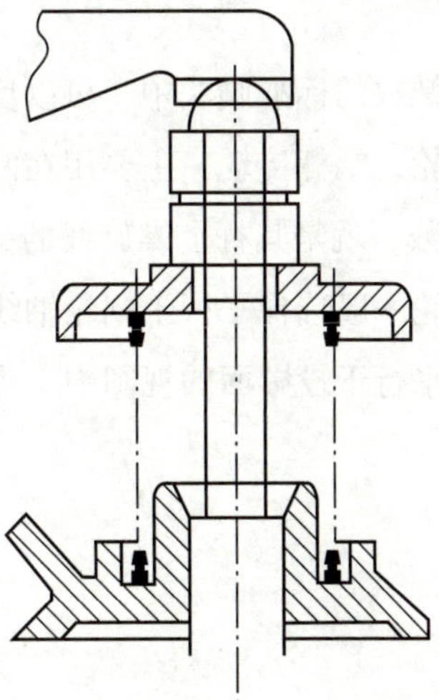

图 6-68　剖面可涂黑表示

思政链接

中国企业家——李书福

李书福是中国吉利控股集团的创始人和董事长，他在中国汽车行业的发展中发挥了重要作用。作为一名企业家，他有着非凡的创业精神和独特的思维方式。

李书福深谙汽车行业的变化和趋势，在全球范围内寻找机会和合作伙伴，为中国自主品牌在国际市场上的竞争提供支持。在企业发展过程中，他非常注重环保和可持续发展，意识到汽车行业对环境的影响，积极推动汽车绿色技术的研发和应用，例如，在电动汽车和智能驾驶等领域的探索。

此外，李书福深刻认识到汽车行业的未来充满着不确定性和变革，因此积极主张与各大科技公司和新兴企业合作，以加速技术创新和进步。李书福的这些行动，为中国汽车行业注入了新的活力和动力，展示了中国自主品牌在技术和品质上的进步。同时，也为全球汽车行业树立了中国企业家的榜样。

课后习题

一、填空题

1. 螺纹的主要参数有牙型、________、________、________和旋向。

2. 在剖视图中，剖面线要画到________。

3. 齿轮是将一根轴的动力、转速和旋转方向传递给另一根轴的传动零件。其常见传动形式有________、________、________。

4. 圆柱螺旋弹簧根据受力情况不同，可分为________、________、________。

二、判断题

（　　）1. 在螺纹的标准画法中，可以反映它的牙型、螺距、线数和旋向等结构要素。

（　　）2. 蜗轮、蜗杆传动，主要用在两轴线垂直交叉的场合，蜗轮为主动件，用于减速，蜗杆为从动件，蜗杆的齿数，就是其杆上螺旋线的头数，常用的为单线或双线。

（　　）3. 蜗轮一般选择平行于蜗轮轴线的视图为剖视图，剖视图中轮齿部分一律按不剖处理。

（　　）4. 在平行于投影面的视图中，弹簧的各圈轮廓应画成直线。

项目七

汽车零件图

项目概述

零件图是表示零件结构、大小及技术要求的图样。零件图是制造和检验零件的依据，是指导生产的重要技术文件。任何机器（或部件）都是由若干零件按一定的要求装配起来的。制造机器首先要根据零件图加工零件。本项目主要汽车零件图识读和绘制的基本方法。

学习目标

知识目标

(1) 明确汽车零件图中表达的主要内容。

(2) 学会典型机械零件的视图选择原则。

(3) 了解尺寸基准的概念。

(4) 熟悉汽车零件图的尺寸标注。

(5) 掌握读图的方法和步骤。

(6) 熟悉汽车零件图测绘。

能力目标

(1) 能够根据零件的复杂程度选择适合的表达方式。

(2) 能正确对汽车零件图进行尺寸标注。

(3) 能对典型汽车零件进行图例分析。

(4) 能识读中等复杂程度的汽车零件图。

素质目标

（1）培养学生树立规范意识，与时俱进的学习精神和学习习惯。

（2）培养学生认真严谨的学习态度。

思政目标

（1）通过零部件的测绘过程，培养学生的组织协调能力、团结协作、相互学习的集体主义精神，具有自主学习新知识、新技术、主动查阅资料，不断积累经验，善于举一反三的能力。

（2）培养一技多能的复合型人才，以回馈社会，为强军强国作贡献。

任务工单

一、任务名称

确定图 7-1 所示轴承座零件的最佳方案。

二、任务描述

比较图 7-1 所示汽车轴承座零件的两个表达方案图 7-2 与图 7-3，确定一个最佳方案，并完成表 7-1 的填写。

图 7-1　轴测图

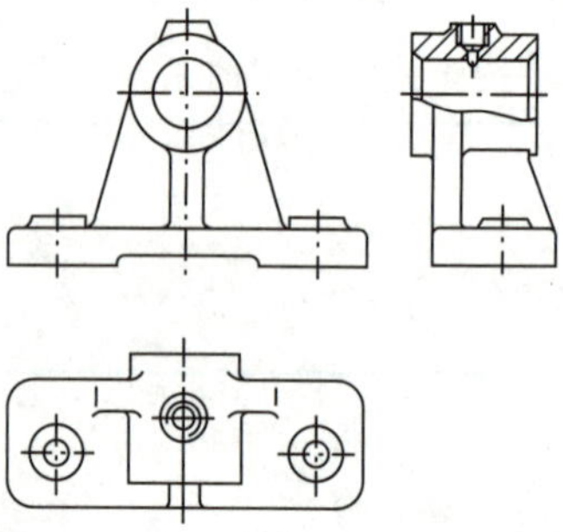

图 7-2　方案（1）

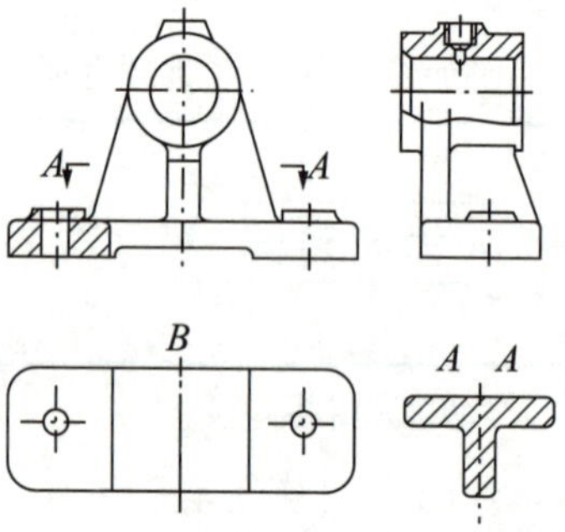

图 7-3　方案（2）

表 7-1　实训表（1）

姓名		班级		学号	
学时		日期		实践地点	
实训工具	笔、纸、图板、丁字尺、分规、比例尺、圆规、曲线板、三角板等				
任务目标	能够识读汽车零件图，根据零件选择适合的表达方式				

三、分组讨论

全班学生以 3~6 人为一组进行分组，选出各自组长，组长对组员进行任务分工并将分工情况记入表 7-2 中。

表 7-2 实训表（2）

成员	任务
组长	
组员	
组员	
组员	
组员	
组员	

四、任务思考

1. 制造和检验零件的主要依据是什么？
2. 一张完整的零件图包括哪些内容？
2. 判断图中零件真实大小的依据是什么？

五、任务实施

在实际操作过程中，将操作内容及实施过程中遇到的问题和解决办法记录在表 7-3 中。

表 7-3 实训表（3）

序号	操作内容	遇到的问题	解决办法

六、任务评价

请各小组选出一名代表展示任务实施的成果，并配合指导教师完成表 7-4 的任务评价。

表 7-4 实训表（4）

评价项目	评价内容	分值	评价分值		
			自评	互评	师评
职业素养考核项目	考勤、仪容仪表	10 分			
	团队交流与合作意识	10 分			
	责任意识、纪律意识	10 分			

续表

<table>
<tr><th rowspan="2">评价项目</th><th rowspan="2">评价内容</th><th rowspan="2">分值</th><th colspan="3">评价分值</th></tr>
<tr><th>自评</th><th>互评</th><th>师评</th></tr>
<tr><td rowspan="5">专业能力考核项目</td><td>积极参与教学活动并正确理解任务要求</td><td>10 分</td><td></td><td></td><td></td></tr>
<tr><td>认真查找与任务相关的资料</td><td>10 分</td><td></td><td></td><td></td></tr>
<tr><td>任务实施过程记录表的完成度</td><td>10 分</td><td></td><td></td><td></td></tr>
<tr><td>对汽车零件图的掌握程度</td><td>20 分</td><td></td><td></td><td></td></tr>
<tr><td>独立完成相应任务的程度</td><td>20 分</td><td></td><td></td><td></td></tr>
<tr><td colspan="2">合计</td><td>100 分</td><td></td><td></td><td></td></tr>
<tr><td rowspan="2">总评</td><td rowspan="2">自评（20%）+互评（20%）+师评（60%）=</td><td>综合等级</td><td colspan="3" rowspan="2">教师（签名）：</td></tr>
<tr><td></td></tr>
</table>

任务一　零件图的视图选择

汽车零件图的视图选择，是根据零件的结构形状、加工方法，以及它在机器中所处位置等因素的综合分析来确定的。

汽车零件图概述

一、汽车零件图的作用与内容

1. 汽车零件图在汽车的生产、维修和质检起到的作用

（1）用于指导零件的生产前准备工作（技术、设备、材料、人员等）。

（2）生产制造过程中，用于指导零件的加工。

（3）指导产品质量是否合格的鉴定及其质量级别的评估。

（4）是使用和维修的主要技术文件之一。

2. 零件图的内容

从事汽车修理工作的一线人员以及有关管理人员，必须具备熟读零件图的能力。要看懂一张零件图，不仅要看懂零件的视图，想象出零件的形状，还要分析零件的结构、尺寸和技术要求等内容。图 7-4 为汽车单拐曲轴零件图。

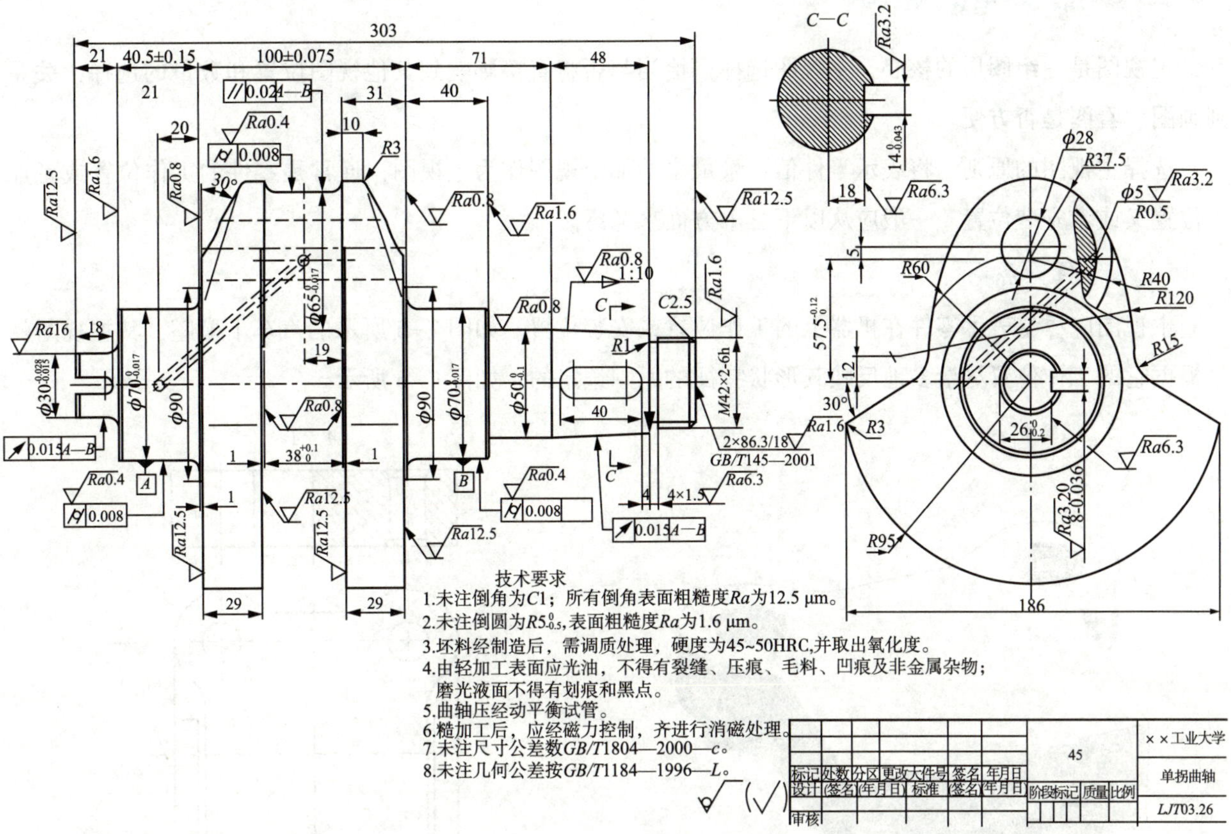

图 7-4　汽车单拐曲轴零件图

一张完整的零件图所包括的内容如下。

（1）标题栏

标题栏画在图框的右下角，用于填写零件的名称、材料、数量、比例、制图和审核人员的姓名、日期等内容。

（2）一组图形

选用一组适当的视图、剖视图、断面图等图形，将零件的内、外形状正确、完整、清晰地表达出来。

（3）完整的尺寸

正确、完整、清晰、合理地标注零件在制造和检验时所需的全部尺寸。

（4）技术要求

用国家标准规定的符号、代号、标记和文字说明零件制造和检验过程中所应达到的各项技术指标和质量要求。如表面粗糙度、尺寸公差、形位公差、热处理、表面处理等要求。

二、主视图的选择

主视图是一组图形的核心，主视图选择得恰当与否将直接影响到其他视图位置和数量的选择，关系到画图、看图是否方便。

选择主视图的原则：将表示零件信息量最多的那个视图作为主视图，通常是零件的工作位置或者加工位置又或者安装位置。一般应从以下三个方面来考虑。

1. 工作位置原则

主视图应尽量表示零件在机器上的工作位置或安装位置。如图 7-5 所示的汽车下模座，其主视图就是根据它的工作位置尽量多地反映其形状特征的原则选定的，如图 7-6 所示。

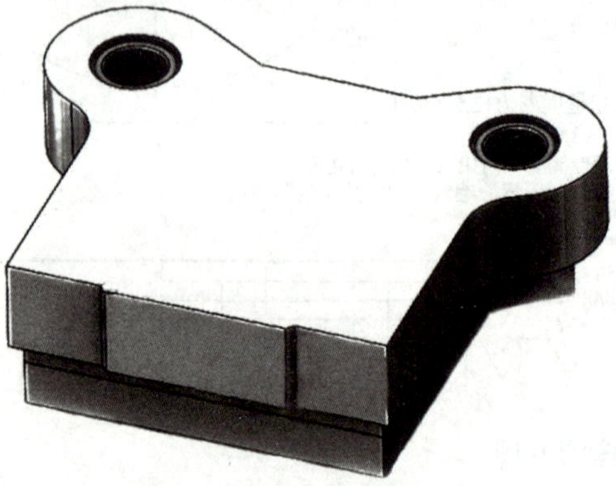

图 7-5　下模座

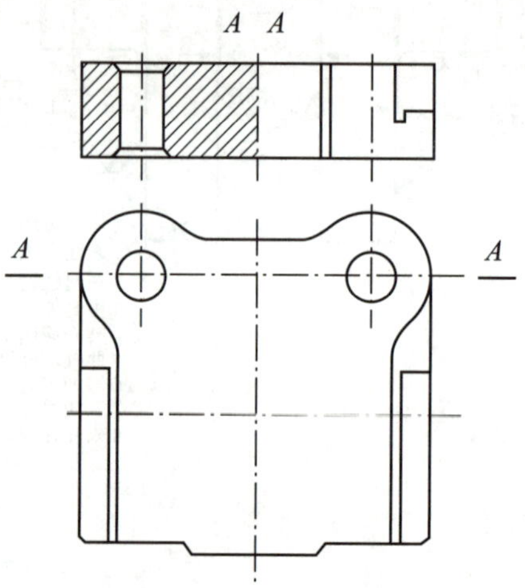

图 7-6　下模座的主视图

2. 加工位置原则

主视图应尽量表示零件在机械加工时所处的位置。如轴、套类零件的加工，大部分工序是在车床或磨床上进行，因此，一般将其轴线水平放置画出主视图。这样，在加工时可以直接进行图物对照，既便于看图，又可减少差错。

3. 形状特征原则

主视图应尽量多地反映零件的结构形状特征，这主要取决于投射方向的选定。选择主视图的投射方向时，还应考虑使主视图和其他视图尽量少出现细虚线。

知识拓展

零件的分类

零件是构成机器的基本单元，根据零件在机器或部件中的作用，可以分为连接件、传动件和一般零件。

连接件是指螺纹连接件（螺栓、螺柱、螺钉、螺母、垫圈、键、销）等，在机器中主要起连接作用。连接件一般由专业厂家按国家标准制造，称为标准件。此类零件不必用零件图来表达。

传动件是指齿轮、蜗轮、蜗杆、带轮等零件，在机器中起着传动或传递转矩的作用，虽然零件上部分结构已经标准化，如轮齿、齿槽、键槽等，仍需按国家标准规定画出零件图，其零件图上常配置与结构相应的参数表。

一般零件是指为满足机器某些专用功能而设计的零件，必须用零件图来表达。常见的一般零件按功能和结构等特点可分为轴套类零件、轮盘类零件、叉架类零件和箱体类零件四种。

二、其他视图的选择

主视图确定后，应运用形体分析法对零件的各组成部分逐一进行分析，对主视图表达未尽部分，再选其他视图完善其表达。具体选用时，应注意以下几点。

（1）所选视图应具有独立存在的意义和明确的表达重点，各个视图所表达的内容应相互配合，彼此互补，注意避免不必要的细节重复。在明确表示零件的前提下，使视图的数量为最少。

（2）先选用基本视图，后选用其他视图（剖视、断面等表示方法应兼用）；先表达零件的主要部分（较大的结构），后表达零件的次要部分（较小的结构）。

总之，选择表达方案的能力，应通过看图、画图的实践，并在积累生产实际知识的基础上逐步提高。

任务二　零件图的尺寸标注

汽车零件图是制造、检验汽车零件的重要技术文件，图形只表达汽车零件的形状，而汽车零件的大小则完全由图上标注的尺寸来确定。汽车零件图中的尺寸，不但要按前面的要求标注得正确、完整、清晰，而且必须符合生产实际。

一、正确选择尺寸基准

标注尺寸的起点，称为尺寸基准。通常选择零件上的一些几何元素——面（如底面、对称面、端面等）和线（如回转体的轴线）作为尺寸基准。

选择尺寸基准的目的，一是为了确定零件在汽车中的位置或零件上几何元素的位置，以符合设计要求；二是为了在制作零件时，确定测量尺寸的起点位置，便于加工和测量，以符合工艺要求。因此，根据基准作用的不同，可把基准分为两类。

1. 设计基准

根据汽车零件在汽车中的位置和作用所选定的基准为设计基准。如图7-7、图7-8所示，轴承座的底面为安装面，轴承孔的中心高应根据这一平面来确定，因此底面是高度方向的设计基准。

设计基准通常是主要基准，轴承座的左右和前后对称面是长度和宽度方向的主要基准。

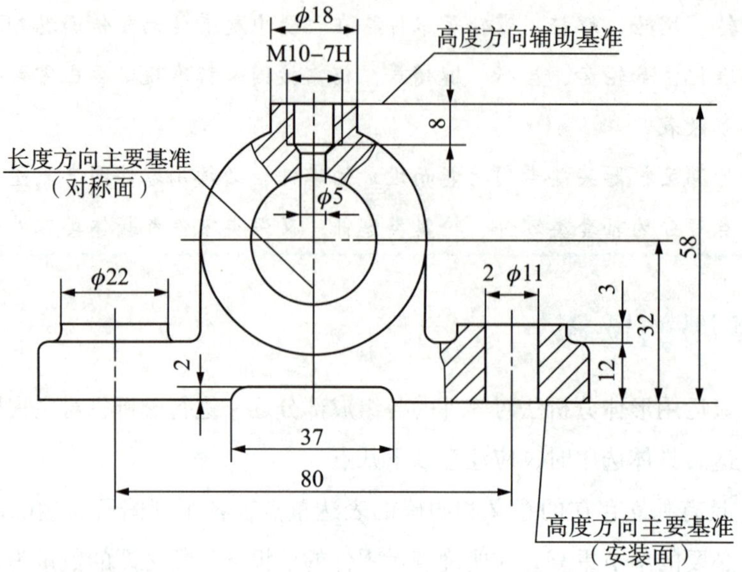

图 7-7　基准的选择（1）

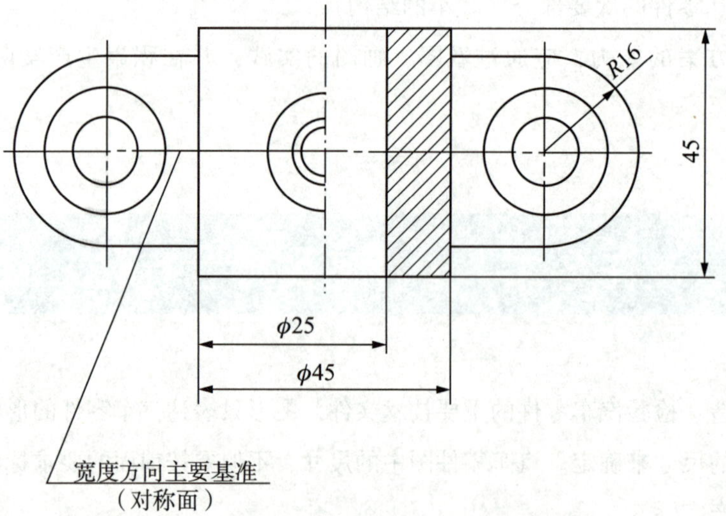

图 7-8　基准的选择（2）

2. 工艺基准

为便于对零件加工和测量所选定的基准，称为工艺基准。

如图 7-9 所示的小轴，在车床上加工时，车刀每一次车削的最终位置，都是以右端面为基准来定位的，如图 7-10 所示。因此，右端面即为轴向尺寸的工艺基准。

在图 7-9 与图 7-10 中，工艺基准与设计基准重合。基准确定之后，主要尺寸即应从设计基准出发标注，一般尺寸则应从工艺基准出发标注。

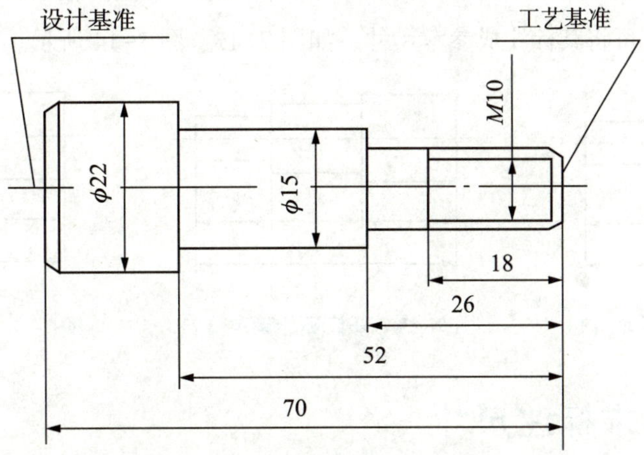

图 7-9　阶梯轴

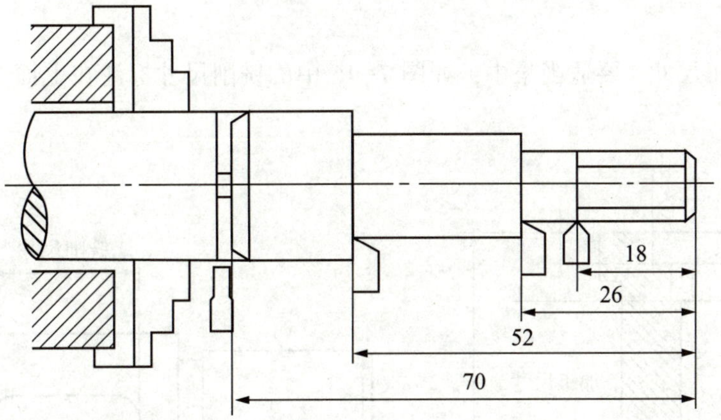

图 7-10　阶梯轴加工情况

二、避免注成封闭的尺寸链

图 7-11 中的轴，除了对全长尺寸进行了标注，又对轴上各组成段的长度一个不漏地进行了标注，这就形成了封闭的尺寸链。如按这种方式标注尺寸，轴上各段尺寸可以得到保证，而总长尺寸则可能得不到保证。因为加工时，各段尺寸的误差积累起来，最后都集中反映到总长尺寸上。

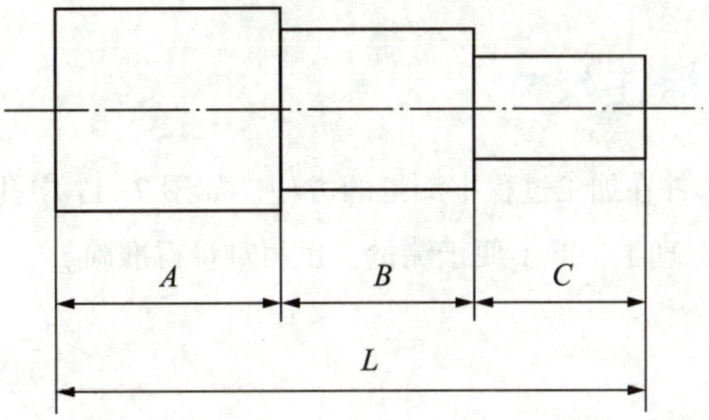

图 7-11　封闭尺寸链

为此，在标注尺寸时，应将次要的轴段尺寸空出不标注（称为开口环），如图 7-12 所示。这样，其他各段加工的误差都积累至这个不要求检验的尺寸上，而全长及主要轴段的尺寸则因此得到保证。如需标注开口环的尺寸时，可将其标注成参考尺寸，如图 7-13、图 7-14 所示。

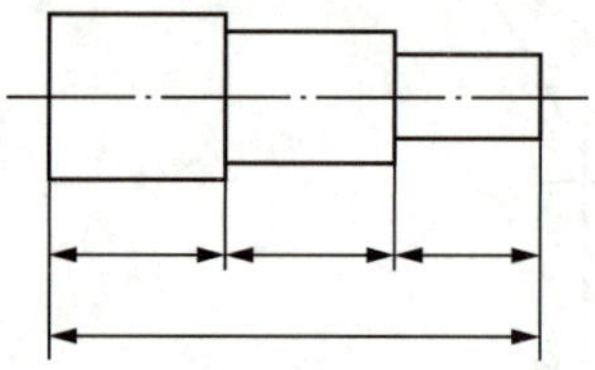

图 7-12　开口环的确定（1）

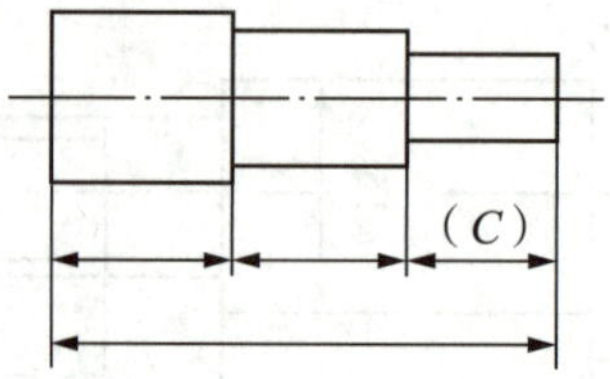

图 7-13　开口环的确定（2）

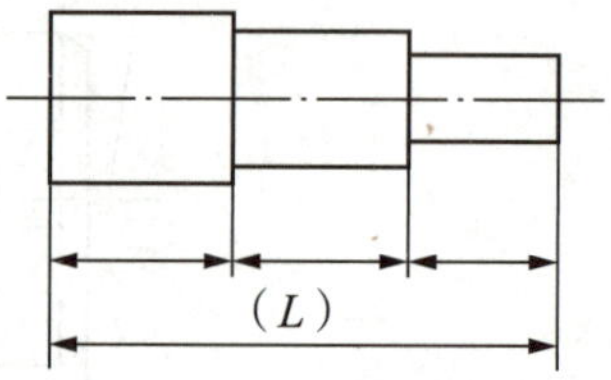

图 7-14　开口环的确定（3）

三、按加工要求标注尺寸

为使不同工种的工人看图方便，应将零件上的加工面与非加工面尺寸，尽量分别标注在图形的两边，如图 7-15 所示。

对同一工种的加工尺寸，要适当集中，如图 7-16 中的铣削尺寸标注在上面，车削尺寸标注下面，以便于加工时查找。

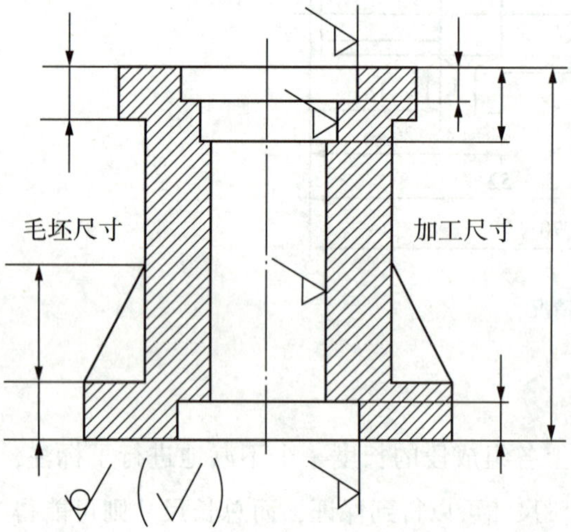

图 7-15　加工面与非加工面的尺寸标注法

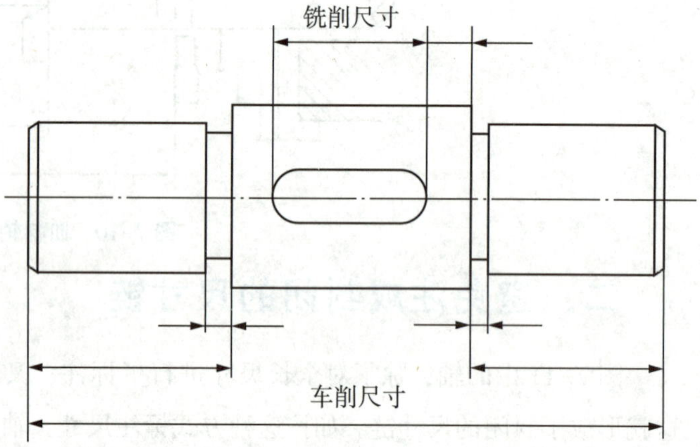

图 7-16　同工种加工的尺寸标注法

四、按测量要求标注尺寸

对所标注尺寸，要考虑零件在加工过程中测量的方便。如图 7-17 中孔深尺寸的测量就很方便，而图 7-18 中 A、B 的注法就不合理了，既不便于测量，也很难量得准确。

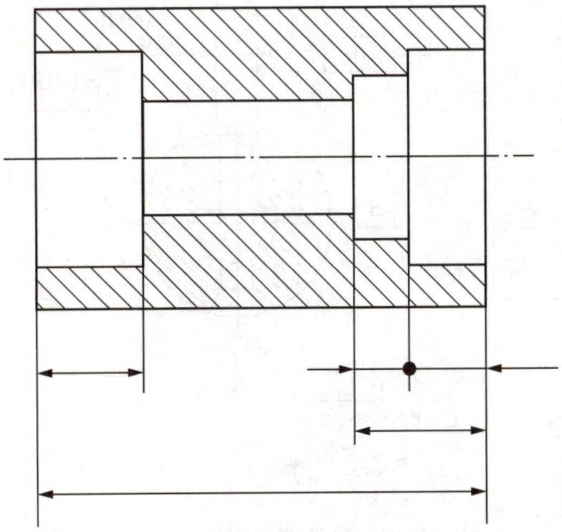

图 7-17 便于测量

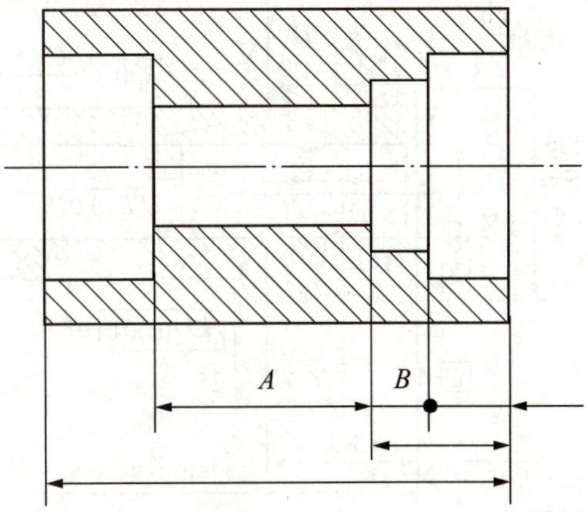

图 7-18 不便于测量

任务三 读零件图及零件测绘

读汽车零件图的目的就是根据零件图想象零件的结构形状，了解零件的尺寸和技术要求等内容。为了更透彻地理解和读懂零件图，读图时还应联系零件在汽车或部件中的位置、作用，以及与其他零件的关系。

一、读图的方法和步骤

读汽车零件图的基本方法是形体分析法。较复杂的零件图，其视图、尺寸数量及各种代号都较多。就图形而言，视图数量多，主要是因为组成零件的形体多。所以将表示每个形体的三视图组合起来，加之它们之间有些重叠的部位，图形就显得繁杂了。实际上，对每一个基本形体来说，仍然是只用 2~3 个视图就可以确定它的形状。所以看图时，只要善于运用形体分析法，按组成部分“分块”看，就可将复杂的问题分解成几个简单的问题处理了。

零件图读图步骤可按以下步骤进行。

1. 看标题栏

首先，通过读标题栏了解零件的名称、比例、数量、材料以及制图、审核者的姓名和日期等，以正确选用加工方法，还可以通过比例想象出零件的实际大小。图 7-19 为柱塞套零件图（图中比例非实际缩放比例）。

2. 分析视图

先找主视图，再找其他视图，然后看各视图采用的表达方法，弄清投影关系，找到剖视、剖面的剖切位置，以及局部视图和斜视图的投射方向等。一般主视图是零件图的核心，应以形状特征明显的视图以及加工位置和工作位置的视图等作为主视图，其他的每个视图则配合主视图，各有表达重点。

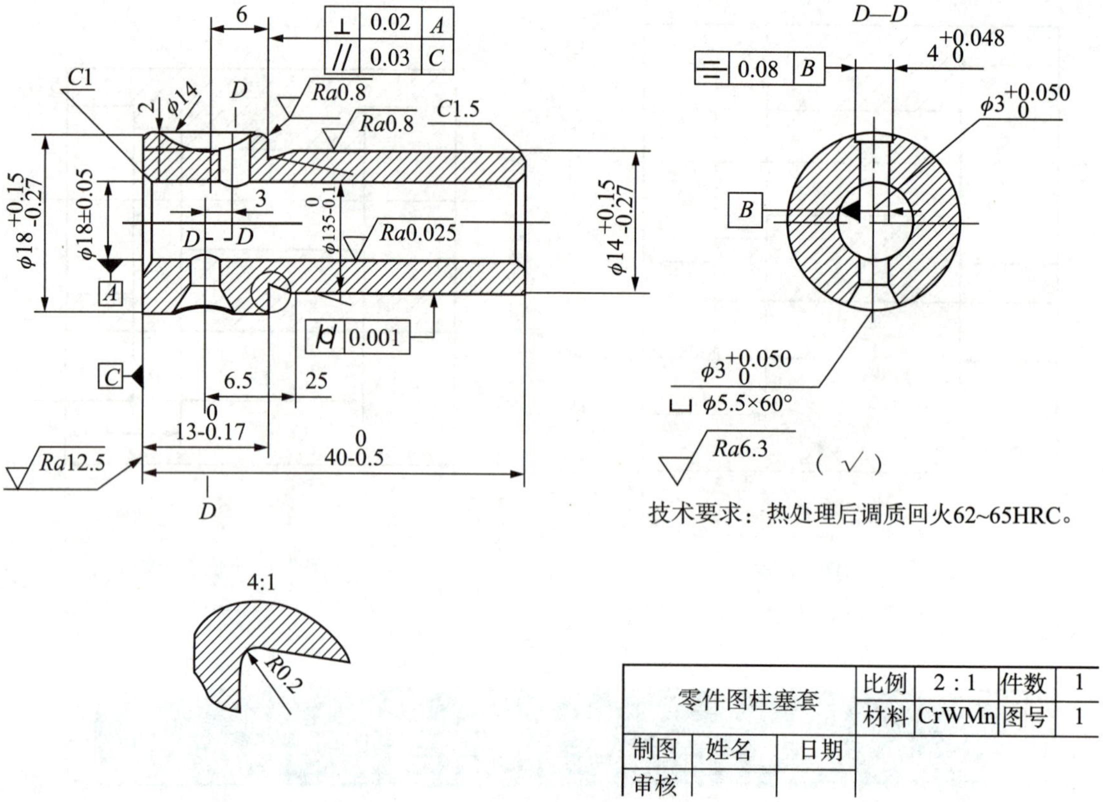

图 7-19　柱塞套零件图

虽然零件的形状、用途多样，加工方法各不相同，但也有许多共同之处。根据零件在结构形状、表达方法上的某些共同特点，常将其分为四类：轴套类零件、轮盘类零件、叉架类零件和箱体类零件。零件图视图的选择如表 7-5。

表 7-5　零件图视图的选择

零件类别	主视图选择	其他视图选择	具体零件特性
轴套类零件	主视图按其加工位置选择，按水平位置放置。一般只画一个主视图	对于零件上的键槽、孔等结构，一般可采用局部视图、局部剖视图、移出断面和局部放大图	基本形状是同轴回转体。在轴上通常有键槽、销孔、螺纹、退刀槽、倒角等结构
轮盘类零件	轮盘类零件的机械加工以车削为主，主视图一般按加工位置水平放置	为了表示零件上均布的孔、槽、肋、轮辐等结构，除主视图外，还需选用一个基本视图	端盖、阀盖、齿轮等回转体或其他几何形状的扁平盘状体，通常还带有各种形状的凸缘、均布的圆孔和肋板等局部结构
叉架类零件	一般按工作位置原则和形状特征原则确定其主视图	需要两个或两个以上的基本视图，还要用适当的局部视图、断面图等来表达	一般有拨叉、连杆、支座等。此类零件常用倾斜或弯曲的结构连接零件的工作部分与安装部分
箱体类零件	根据工作位置原则和形状特征原则来考虑，并采用剖视，以重点反映其内部结构	一般要用 3 个或 3 个以上的基本视图，还可采用局部视图、斜视图及规定画法等表达外形	主要有阀体、泵体、减速器箱体等零件，带有轴承孔、凸台、肋板，此外还有安装孔、螺孔等结构

图 7-19 中用了三个图形，主视图为全剖视图，表达了柱塞套的内、外结构形状。*D—D* 阶梯剖视图表达了 $\phi3$ mm 的孔及宽 4 mm 的圆弧槽的形状和位置。柱塞套的外形由两个同轴、不等径的圆柱组成，内部为 $\phi8$ mm 的通孔。距左端 6.5 mm 处正下方有一个 $\phi3$ mm 的通孔，距左端 9.5 mm 处正上方也有一个 $\phi3$ mm 的通孔，且与宽 4 mm、直径为 $\phi14$ mm 的圆弧槽相通。

3. 识读零件尺寸

综合分析视图和形体，找出视图长、宽、高三个方向尺寸的主要基准，然后从基准出发，以结构形状分析为线索了解各形体的定形和定位尺寸，弄清楚各尺寸的作用。

图 7-19 中柱塞套的径向基准为内、外圆柱的轴线。长度基准为左端面，尺寸 13 mm、40 mm 均从该端面标出。图 7-19 中定位尺寸有 13 mm、6.5 mm、6 mm、3 mm，其余均是定形尺寸。

视图和尺寸是从形状和大小两个方面来表达零件的，读图时应把视图、尺寸和形状三者结合起来分析。

4. 技术要求

读图时应弄清楚表面粗糙度的要求，尺寸公差、热处理、表面修饰、检验等方面的要求。

图 7-19 中柱塞套表面粗糙度最高要求是 $Ra0.025$ μm，最低要求是 $Ra12.5$ μm。标有尺寸公差的有 $\phi3^{+0.050}_{0}$ mm、$\phi8$ mm±0.05 mm、$\phi18^{+0.15}_{-0.27}$ mm、$\phi^{0}_{-0.17}$ mm、$\phi^{+0.015}_{-0.027}$ mm、$\phi40^{0}_{-0.5}$ mm、$\phi^{0}_{-0.1}$ mm 等。标注的几何公差是：圆柱度公差、平行度公差、垂直度公差、对称度公差。从分析可以看出该零件结构尺寸不大，但尺寸精度、几何公差及表面粗糙度要求很高，材料性能要求也较高，是柱塞喷油泵中一个比较重要的零件。

按以上步骤来读零件图，然后综合起来就可得到零件形状及其加工检验方面的完整概念。

二、零件测绘的方法与步骤

零件测绘是指根据实际零件，画出它的草图测量出它的尺寸，给定必要的技术要求，整理后绘制出它的零件工作图的过程。零件测绘在机器设计、仿制或维修时就会碰到。

1. 分析测绘对象

首先应了解零件的名称、材料以及它在机器或部件中的位置、作用及与相邻零件的关系，然后再对零件的内外结构形状进行仔细分析。

2. 确定表达方案

在对零件进行观察、分析的基础上，按零件的工作位置、加工位置以及尽量多地反映形状特征的原则，确定主视图的投射方向，再根据零件的复杂程度选择其他视图。

3. 绘制零件草图

（1）绘制图形根据确定的表达方案，徒手画出图形（一般用方格纸绘制）。绘制图形的步骤，如选取（目测）比例、布图、起底稿、描深图线等，与前面介绍的画图步骤相同，不再多述。但需注意以下两点。

① 零件上的制造缺陷（如砂眼、气孔等），以及由于长期使用造成的磨损、碰伤等，均不应画出。

② 零件上的细小结构（如铸造圆角、倒角、倒圆、退刀槽、砂轮越程槽、凸台和凹坑等）必须画出（或按规定注明）。

（2）标注尺寸先选定基准，再标注尺寸。应注意以下几点。

① 先集中画出所有的尺寸界线、尺寸线和箭头，然后再依次测量、逐个记入尺寸数字。

② 零件上标准结构（如键槽、退刀槽、销孔、中心孔、螺纹等）的尺寸，必须查阅国家标准，并予以标准化。

③ 与相邻零件相关的尺寸（如孔的定位尺寸和配合尺寸等）必须一致。

（3）注写技术要求零件上的表面粗糙度、尺寸公差和形位公差等技术要求，通常可采用类比法给出。应注意以下几点。

① 主要尺寸要保证其精度，并给出公差。

② 有相对运动的表面及对形状、位置要求较严格的线、面等要素，要给出既合理又经济的粗糙度和形位公差要求。

③ 有配合关系的孔与轴，必要时应查阅与其相结合的轴与孔的相应资料（装配图或零件图），核准配合制度和配合性质。

只有这样，经测绘而制造出的零件，才能顺利地装配到机器上去并达到其功能要求。

（4）填写标题栏一般可填写零件的名称、材料及绘图者的姓名和完成时间等。

4. 根据零件草图画零件图

草图完成后，便要根据它绘制零件图。

知识拓展

画零件草图的步骤

画零件草图的一般步骤如下。

（1）对零件进行形体分析，确定表达零件的方案。

（2）根据零件的总体尺寸选定比例；确定图幅，画出边框线和标题栏；布置视图，画好各视图的基准线，如图 7-20 所示。

（3）画出基本视图的外部轮廓，如图 7-21 所示。

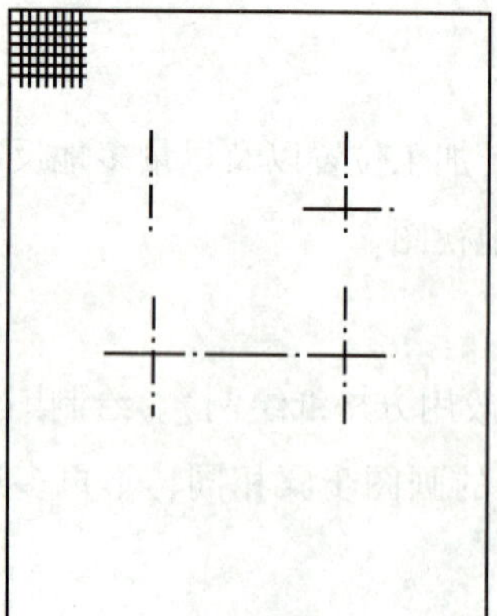

图 7-20　布置视图

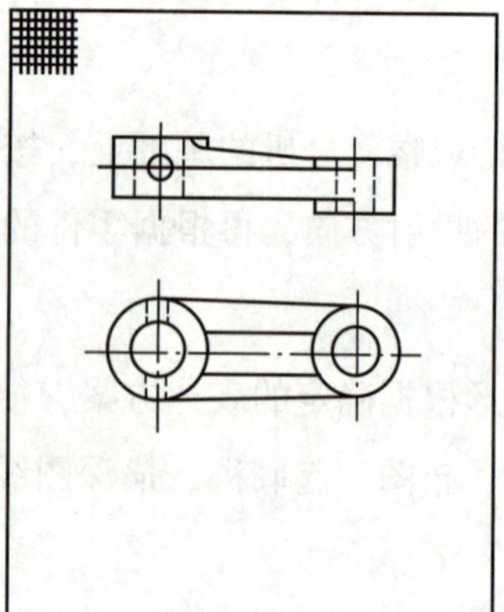

图 7-21　画出基本视图

(4) 画出其他视图如图 7-22 所示。

(5) 选择尺寸基准，测量出尺寸和协调好相关联尺寸后标注出尺寸；根据零件的性能和工作要求，参照类似图样和有关资料，用类比法确定后查有关标准复核后，标注出必要的技术要求，填写标题栏如图 7-23 所示。

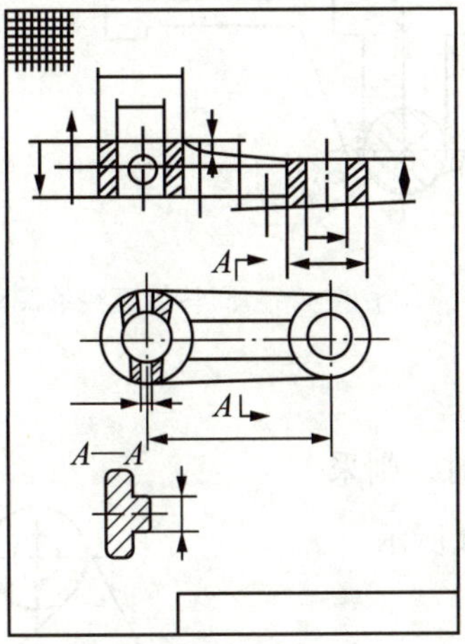

图 7-22 画出其他视图

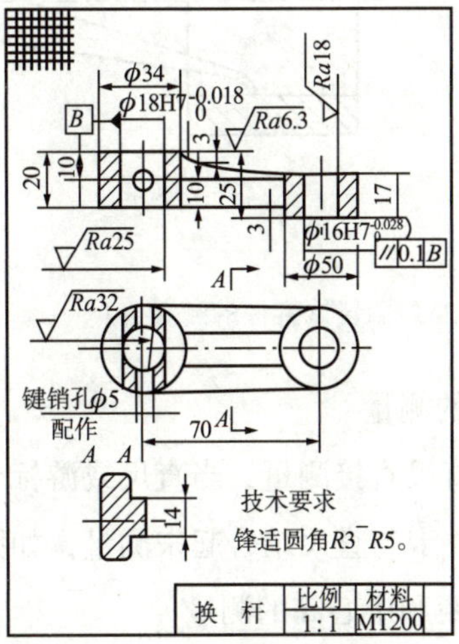

图 7-23 标注尺寸

(6) 检查核对。

5. 零件尺寸的测量

(1) 直线尺寸的测量

使用的测量工具有卷尺、直尺、游标卡尺等。一般精度测量用卷尺或直尺，精度要求比较高时用游标卡尺，必要时可借助直角尺或三角板配合进行测量，如图 7-24 所示。

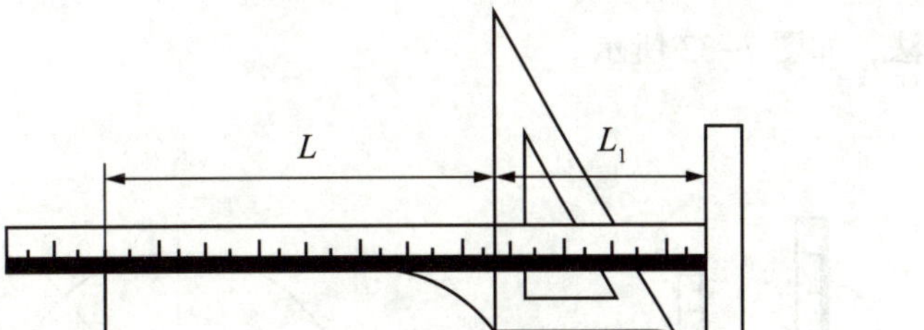

图 7-24 直线尺寸的测量方法

(2) 回转体直径的测量

通常用内外卡尺结合直尺或用游标卡尺和千分尺直接测量，如图 7-25、图 7-26 所示。

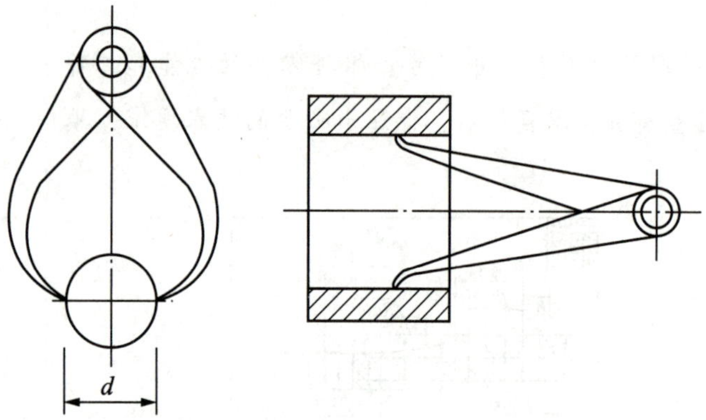

图 7-25　回转体直径的测量（1）

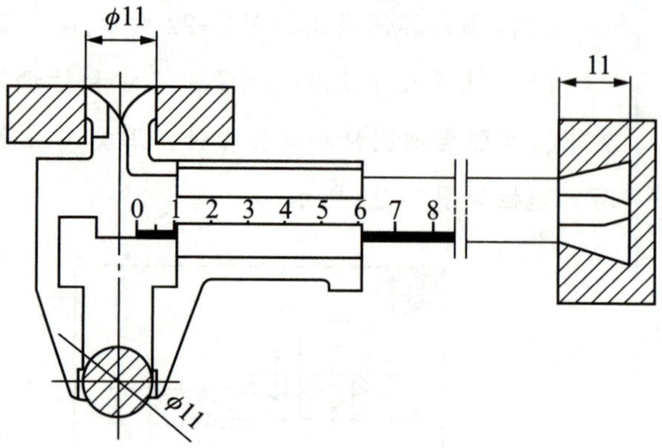

图 7-26　回转体直径的测量（2）

（3）壁厚的测量

一般可用直尺直接测量，当直尺或游标卡尺都无法测量时，则采用内外卡尺或外卡与直尺结合起来测量，如图 7-27、图 7-28 所示。

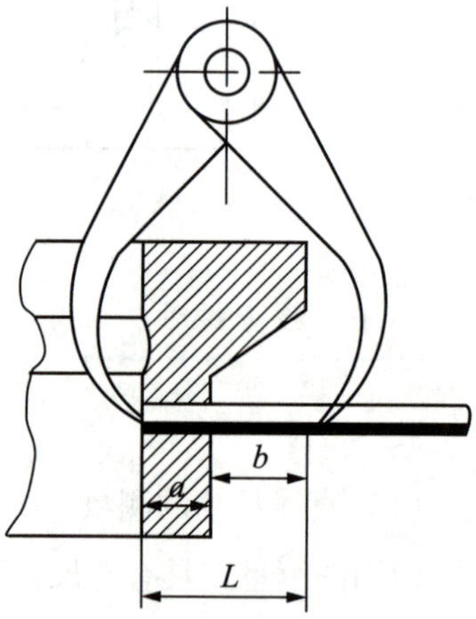

图 7-27　壁厚的测量（1）

（4）孔间距和中心高的测量

孔间距可用直尺、内卡、游标卡尺测量，如图 7-29 所示，一般用直尺和外卡或游标卡尺测量，如图 7-30 所示。

（5）曲线或曲面的测量

测量平面曲线，可用纸拓印其轮廓得到真实的曲线形状，再测量其形状及尺寸，这种作法称拓印法，如图 7-31 所示。测量曲线回转面的母线，可用铅丝弯成与面相贴的实形，得平面曲线，再测其形状尺寸，这种作法称铅丝法，如图 7-32 所示。一般的曲线和曲面都可用直尺和三角板，定出曲面上各点的坐标，作出曲线，再测量其形状及尺寸，这种作法称坐标法，如图 7-33 所示。

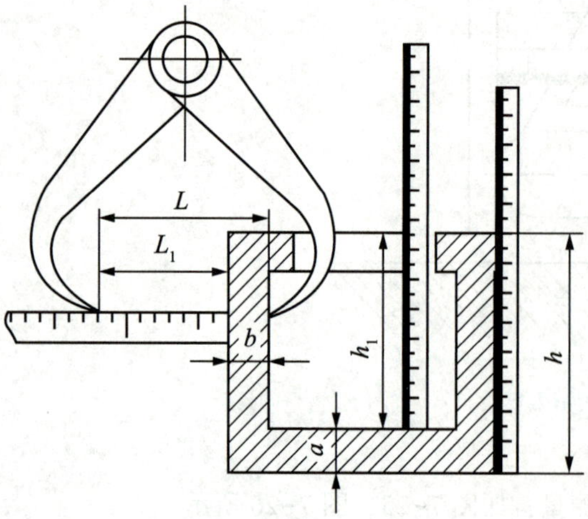

图 7-28　壁厚的测量（2）

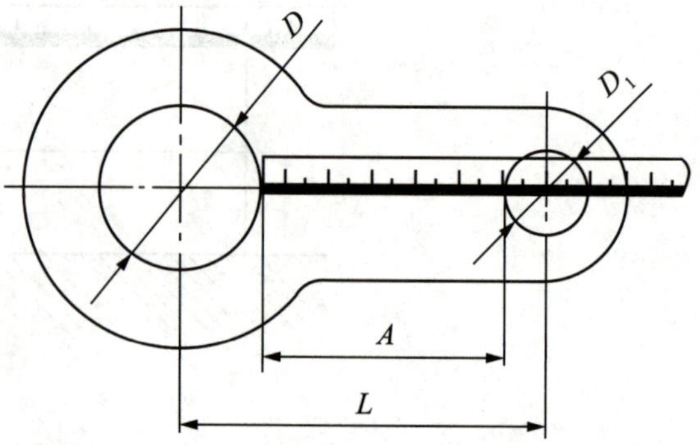

$$L=A+\frac{D}{2}+\frac{D_1}{2}$$

图 7-29　孔间距和中心高的测量（1）

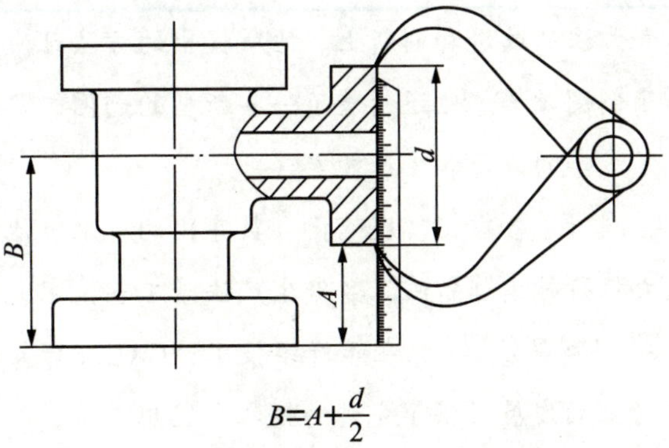

图 7-30　孔间距和中心高的测量（2）

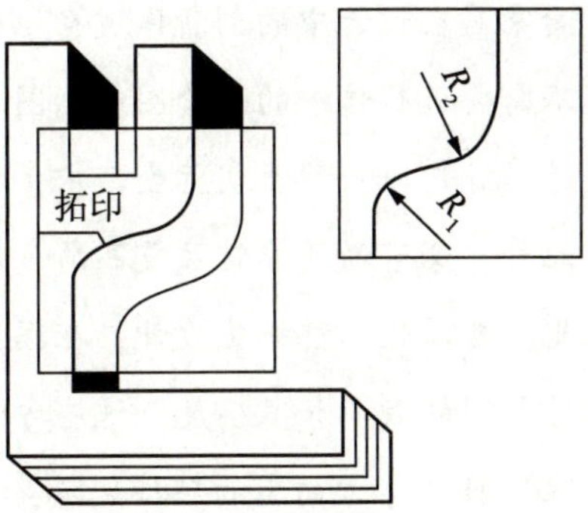

图 7-31　拓印法

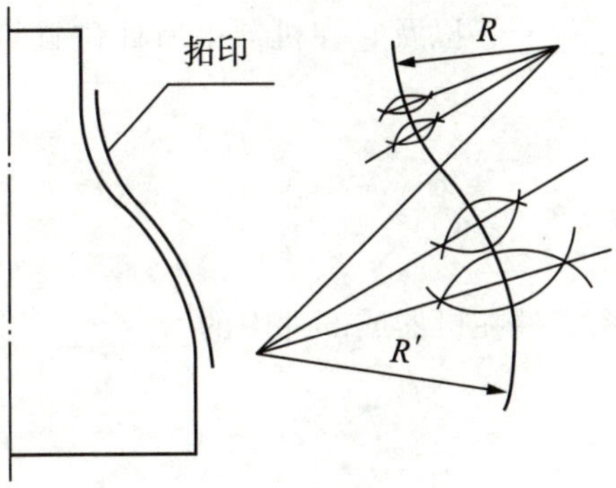

图 7-32　铅丝法

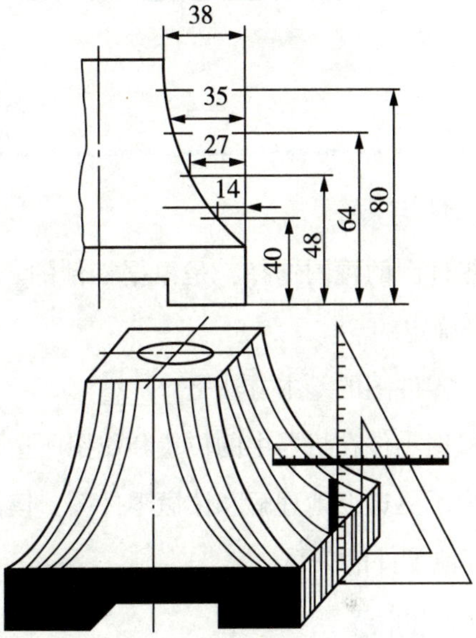

图 7-33　坐标法

（6）其他结构的测量

圆角可用圆角规测量。每套圆角规有两组多片，一组用于测外圆角，一组用于测内圆角。螺纹用螺纹规或直尺测量螺距，用游标卡尺测量螺纹大径，再查表核对螺纹标准。角度可用游标量角器测量。

思政链接

我国汽车零件图制图领域开拓者——谢家昌

谢家昌自幼便对机械感兴趣并接受了图学、机械设计等相关教育。1984 年，他加入上海汽车制造厂（现为上汽集团），从事汽车设计工作。在上汽集团的 25 年职业生涯中，他参与了各种型号的开发项目，并提出了多个创新性方法和工具，为汽车企业的产品设计和开发作出了重要贡献。

谢家昌在设计中的创新体现在他对制图概念和方法的改进和创新上。他所提出的方法让汽车制造厂不需要进行传统的手绘图纸制图，大大提高了制图效率。他还创造了一些新型的制图工具与制图规范，并广泛应用于实际生产中，极大地提升了汽车的设计和生产效率。

此外，谢家昌还非常注重高质量制图的保证，践行着标准化、规范化、数字化的标准。他提倡标准化、自动化、智能化设计，在描图工作中大力推行抄读创新法、数据生产法等工艺技术，提高了设计制图的效率和准确度，这些方法也被称为“谢家昌法”。他在碳纤维技术、CAE（计算机辅助工程）技术等方向上的独特见解，为国内汽车行业的发展提供了先进的技术和思想支持。

总之，谢家昌在我国汽车零件图制图领域的贡献不仅体现在技术方面，更体现在思维方法方面。他推动了汽车设计制图技术的不断革新，为我国汽车制造业的发展作出了积极的贡献。

课后习题

一、填空题

1. 零件图的视图选择，是根据零件的________、________，以及它在机器中所处位置等因素的综合分析来确定的。

2. 读零件图的基本方法是________。

3. 根据零件在机器中的位置和作用所选定的基准为________。

4. 为了更透彻地理解和读懂零件图，读图时还应联系零件在机器或部件中的________、________，以及与其他零件的关系。

二、判断题

（　　）1. 主视图是一组图形的核心，主视图选择得恰当与否将直接影响到其他视图位置和数量的选择，关系到画图、看图是否方便。

（　　）2. 所以看图时，只要善于运用结构分析法，按组成部分“分块”看，就可将复杂的问题分解成几个简单的问题处理了。

（　　）3. 为使不同工种的工人看图方便，应将零件上的加工面与非加工面尺寸，尽量分别标注在图形的两边。

（　　）4. 零件测绘是指根据实际零件，画出它的草图测量出它的尺寸，给定必要的技术要求，整理后绘制出它的零件工作图的过程。

项目八

汽车装配图

项目概述

机器设备或部件是由若干零件按一定的装配关系和技术要求装配而成的。表达机器或部件的一组图样称为装配图。表示一台完整机器的图样，称为总装配图；表示一个部件的图样，称为部件装配图。汽车装配图通过表达汽车或部件的整体结构形状、零件之间的相对位置和连接关系、技术要求等信息，用以指导汽车的组装、检验、使用、维修等实践活动。汽车装配图是生产中的最重要技术文件之一。本项目主要介绍装配图的表达方法、部件测绘和装配图画法、读装配图与拆画零件图。

学习目标

知识目标

(1) 了解装配图及其表达方法。

(2) 掌握部件测绘和装配图画法。

(3) 掌握识读装配图。

(4) 掌握由装配图拆画零件图。

(5) 了解拆画装配图的方法及步骤。

能力目标

(1) 能根据具体的装配体选择合适的表达方法。

(2) 会画汽车装配示意图。

(3) 能由装配图拆画简单的零件图。

素质目标

（1）培养学生高尚的职业情操和正派的工作作风。

（2）培养学生勤奋努力、认真负责，一丝不苟的敬业精神。

思政目标

（1）培养学生的政治修养和道德品质，坚守职业道德底线，成长为心系社会并有时代担当的专业人才。

（2）提升学生的专业素质，提高学生的民族自豪感。

任务工单

一、任务名称

确定如图 8-1 所示汽车轴承座零件的最佳方案。

二、任务描述

看懂如图 8-1 中序号所指处的规定画法和简化画法，进行思考讨论，并完成表 8-1 的填写。

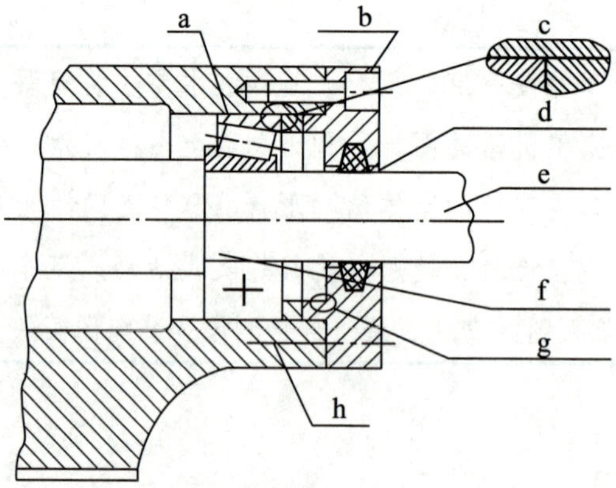

图 8-1　装配图规定画法和简化画法

表 8-1　实训表（1）

姓名		班级		学号	
学时		日期		实践地点	
实训工具	教材以及参考资料				
任务目标	了解装配图的规定画法和简化画法				

三、分组讨论

全班学生以 3~6 人为一组进行分组，选出各自组长，组长对组员进行任务分工并将分工情况记入表 8-2 中。

表 8-2　实训表（2）

成员	任务
组长	
组员	
组员	
组员	
组员	
组员	

四、任务思考

（1）装配图的定义是什么？

（2）图 8-1 中 a、b、c、d、e、f、g、h 分别表示什么含义？

（3）装配图的内容包括哪些？

（4）判断图 8-1 中零件真实大小的依据是什么？

五、任务实施

在实际操作过程中，将操作内容及实施过程中遇到的问题和解决办法记录在表 8-3 中。

表 8-3　实训表（3）

序号	操作内容	遇到的问题	解决办法

六、任务评价

请各小组选出一名代表展示任务实施的成果，并配合指导教师完成表 8-4 的任务评价。

表 8-4　实训表（4）

评价项目	评价内容	分值	评价分值		
			自评	互评	师评
职业素养考核项目	考勤、仪容仪表	10 分			
	团队交流与合作意识	10 分			
	责任意识、纪律意识	10 分			
专业能力考核项目	积极参与教学活动并正确理解任务要求	10 分			
	认真查找与任务相关的资料	10 分			
	任务实施过程记录表的完成度	10 分			
	对汽车装配图的掌握程度	20 分			
	独立完成相应任务的程度	20 分			
合计		100 分			
总评	自评（20%）+互评（20%）+师评（60%）=	综合等级	教师（签名）：		

任务一　装配图及其表达方法

一、装配图的作用及内容

1. 装配图的作用

汽车装配图概述

装配图是表达机器或部件的图样，用来表达机器或部件的工作原理以及零、部件间的装配、连接关系，是机器设计与制造中重要的技术文件。新产品设计，一般先根据工作原理画装配图，再由装配图画零件图。在产品制造中，装配图是进行装配、检验和调试的依据。所以，装配图是表达设计思想、指导生产、进行技术交流的重要技术文件。

2. 装配图的内容

图 8-2 为汽车齿轮泵装配图。一个完整的装配图必须具有的内容应具有一组视图、必要的尺寸、技术要求、标题栏、零件序号及明细栏等。

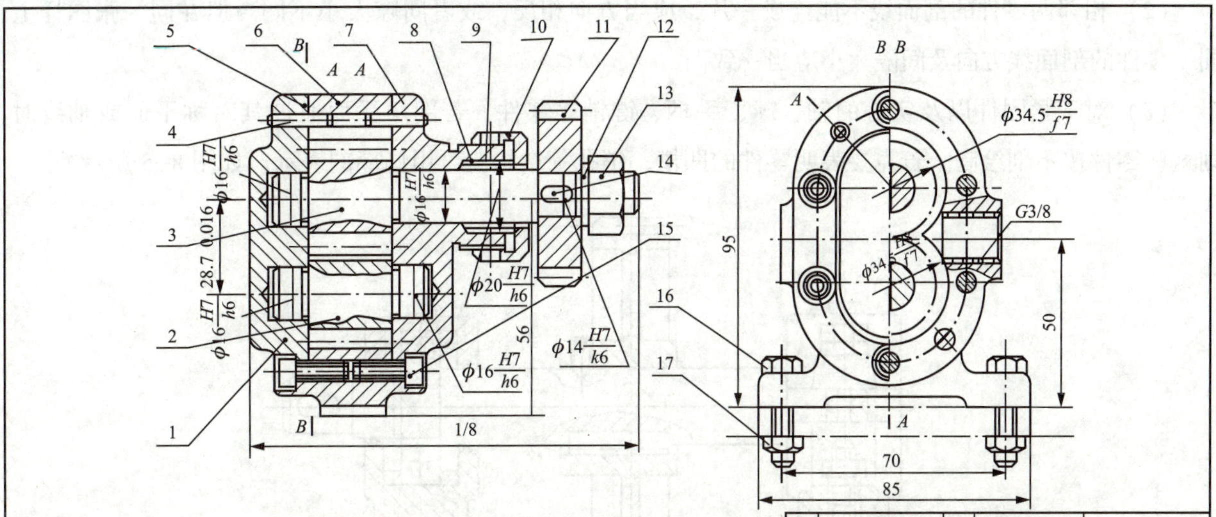

序号	名称	数量	材料	备注
17	螺母M6	2	Q235	GB/T6170 2000
16	螺栓M6 30	2	Q235	GB/T5782 2000
15	螺钉M6 16	12	35	GB/T70.1 2000
14	健5 10	1	45	GB/T1096 1979
13	螺母M2 1.5	1	35	GB/T6171 1986
12	垫圈12	1	65Mn	GB/T6859 1987
11	传动齿轮	1	45	m=2.5 x=20
10	压紧螺母	1	35	
9	轴套	1	ZCuSn5PbZn5	
8	密封圈	1	橡胶	
7	右墙盖	1	HT200	
6	泵体	1	HT200	
5	垫片	2	纸	
4	销A5 18	4	45	GB/T119.1 2000
3	传动齿轮轴	1	45	m=3、z=9
2	齿轮轴	1	45	m=3、z=9
1	左端盖	1	HT200	

齿轮油泵	比例	1:1	共 张	03
	质量		第1张	
制图				
设计				
审核				

图 8-2 汽车齿轮泵装配图

二、装配图的表达方法

装配图要表达产品或部件的结构特点、工作原理及各零件间的装配关系，所以一般都采用剖视图作为主要表达方法。此外，装配图还有一些特殊的画法规定。

1. 装配图的规定画法

(1) 两零件的接触面和配合面只画一条线，非接触面应当留有间隙，如图 8-3、图 8-4 所示。

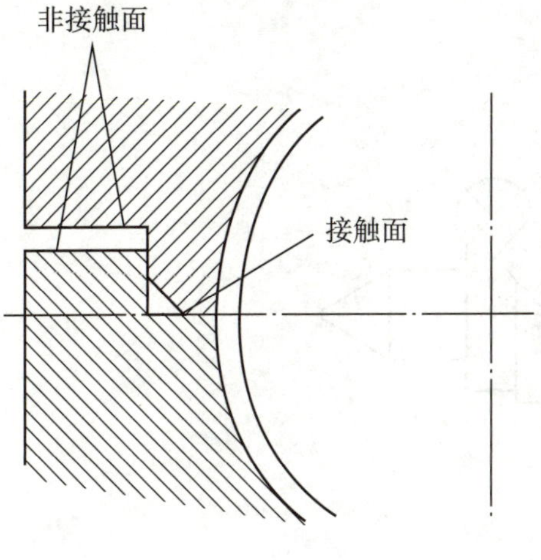

图 8-3 接触面画法

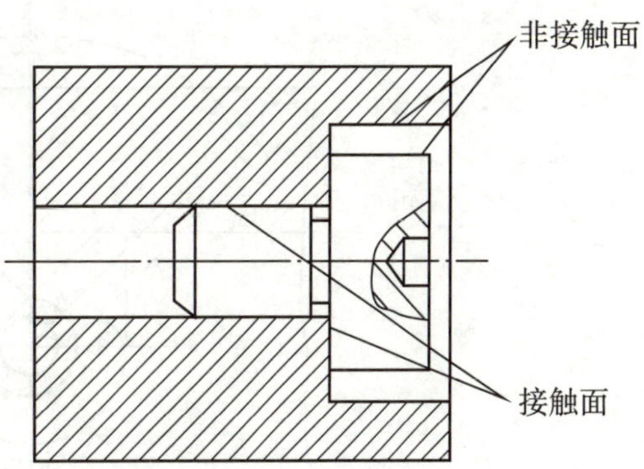

图 8-4 接触面画法

（2）相邻两零件的剖面线不能连成一片，应当方向相反，或者间隙大小不同。但在同一张图样上，同一零件的剖面线方向及间隔大小应当一致。

（3）对于紧固件以及实心的轴、球、手柄、键销等零件，若剖切平面通过其对称平面或轴线时，则这些零件按不剖绘制。若需要表明零件的凹槽、销孔等结构，可用局部剖表示，如图 8-5 所示。

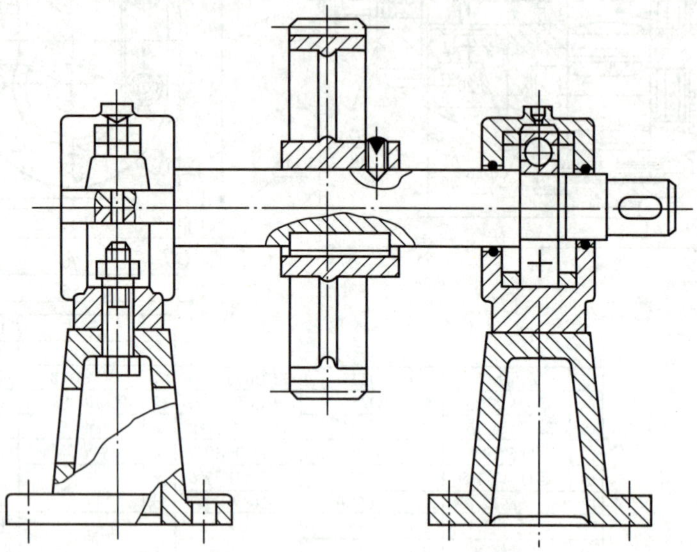

图 8-5 剖视图中实心零件的画法

2. 装配图中的特殊画法

（1）拆卸画法与沿结合面剖切法

为了表达装配体上被某一零件挡住的部分，或者某些零件已基本表达清楚，不需再画。可以假想将其拆去再画。在视图上方注明“拆去××”。

沿结合面剖切时，结合面不画剖面线，可简化图形。

（2）假想画法

用双点画线画出运动部件的极限位置或者与相邻部件的装配关系，如图 8-6 所示，用双点画线表示运动部件的极限位置。

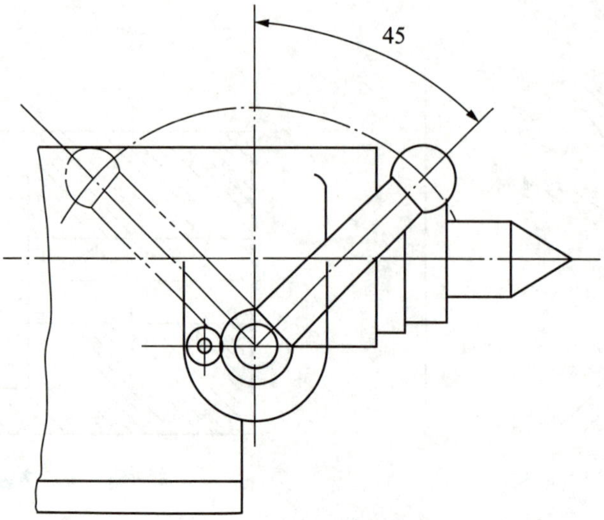

图 8-6 运动件的极限位置

（3）单独表达某零件的画法

在装配图中可以单独画出某一零件的视图，在视图上方标注出该零件的视图名称，在相应视图中标明投影方向。

3. 装配图中的简化画法

（1）可用细实线表示带传动中的带，用点画线表示链传动中的链条，如图 8-7、图 8-8 所示。

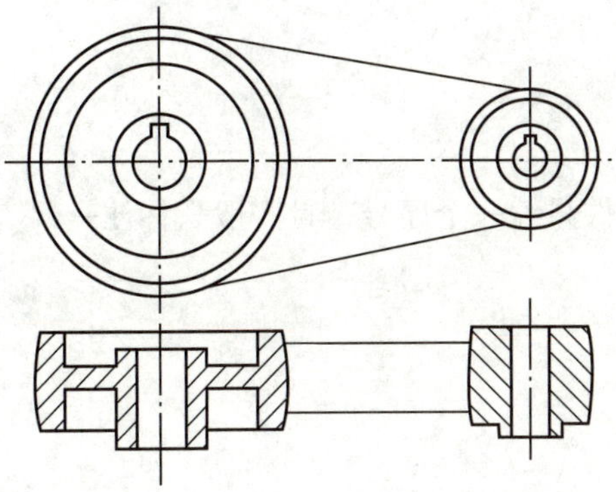

图 8-7 带传动

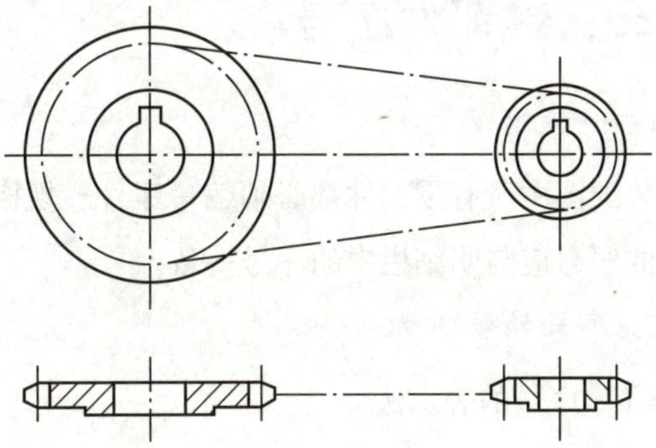

图 8-8 链传动

（2）相同结构（如螺栓连接）可以只画一处，其余用细点画线表示出中心位置，如图 8-9 所示。

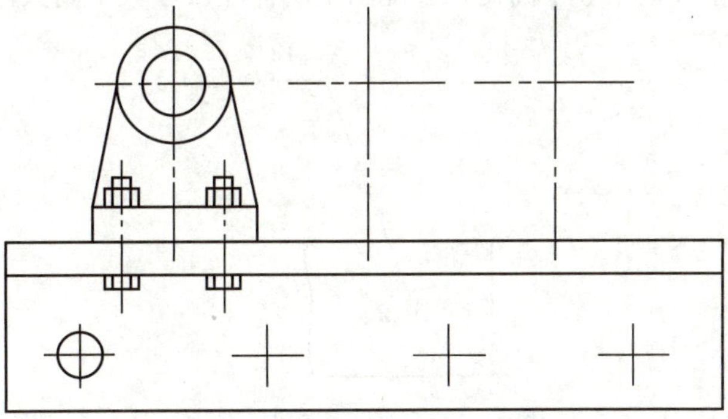

图 8-9 相同结构的简化画法

（3）零件的工艺结构，如小圆角、小倒角、退刀槽、拔模斜度等可以不画，有些细小结构需要表达，但又不便画出时，可以采用夸大画法。

知识拓展

装配图的尺寸标注

装配图中标注的尺寸有性能规格尺寸、装配尺寸、安装尺寸、外形尺寸等。

（1）性能规格尺寸：表示机器或部件性能（规格）的尺寸，在设计时已经确定，也是设计、了解和选用该机器或部件的依据。

（2）装配尺寸：包括配合尺寸和相对位置尺寸。

(3) 安装尺寸：部件安装到机器上或机器安装到地基上所需的尺寸。

(4) 外形尺寸：包装运输等需要的总长、总宽和总高。

(5) 其他重要尺寸：如轴向设计尺寸，主要零件的结构尺寸，主要定位尺寸，运动件极限位置尺寸等。

三、零部件序号

1. 一般规定

装配图中所有零部件都必须编写序号。规格相同的零部件只编一个序号，且一般只标注一次。装配图中的序号应与明细栏中的序号一致。

2. 序号的编排方法

（1）序号的表示法

序号的表示方法有以下三种。

① 在指引线的水平线（细实线）上或圆圈内注写序号，其字高比该装配图中所标注尺寸数字高大一号或大两号，如图 8-10、图 8-11 所示。

② 在指引线附近注写序号，序号字高比该装配图中所标注尺寸数字高大两号，如图 8-12 所示。

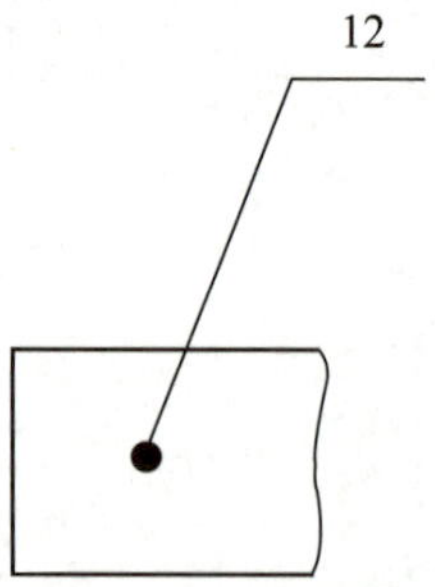

图 8-10　序号表示方法（1）

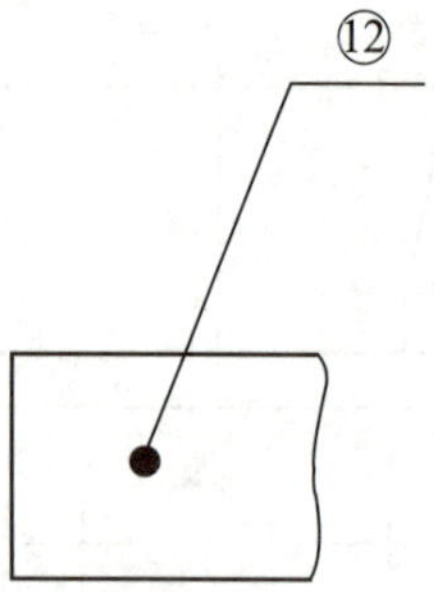

图 8-11　序号表示方法（2）

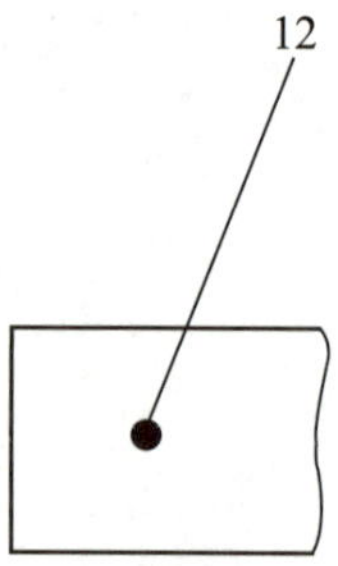

图 8-12　序号表示方法（3）

（2）指引线

指引线和圆圈均用细实线绘制。

① 指引线自所指部分的可见轮廓线内引出，端部为小圆点。若为涂黑薄片，可以用箭头。

② 指引线相互不能交叉。通过剖面线区域时，不应与剖面线平行，也不要画成水平线或垂直线。

③ 指引线一般是一条直线，必要时可以曲折一次，如图 8-13 所示。

④ 对于一组紧固件或者装配关系清楚的零件组，可以采用一条公共指引线，如图 8-14 所示。

（3）序号的排列

装配图中序号应沿水平或垂直方向整齐排列在视图周围，并按顺时针或逆时针方向依次填写。当在整个图上无法连续时，也应在每个水平方向或垂直方向顺次排列。

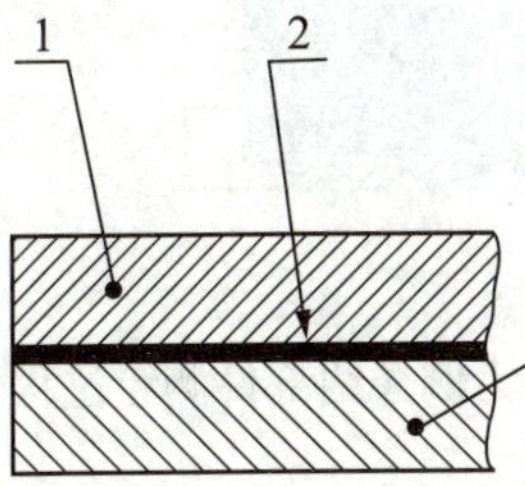

图 8-13　指引线画法

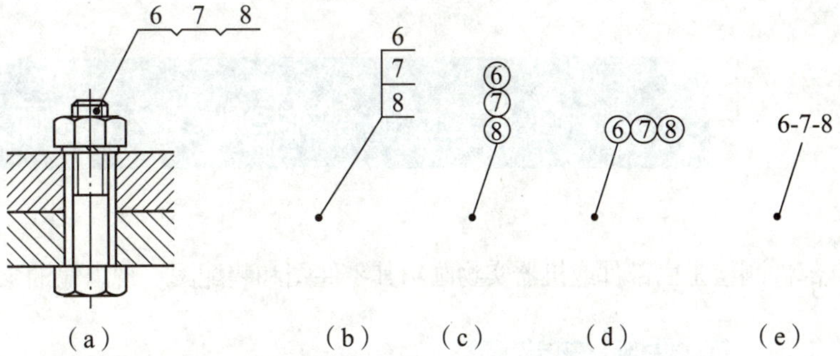

图 8-14　采用公共指引线的序号表示

3. 序号的画法

数字写在水平线上方时，先用辅助线在视图周围画出水平线和垂直线，然后画各零、部件的指引线，并画出或者加深相应的横线，最后填写序号。

四、明细栏

由国家标准《机械制图》（GB/T 10609. 2—1989）规定，如图 8-15 所示，装配图明细栏格式紧接着标题栏上方绘制。位置不够时，再紧挨标题栏左边绘制续栏，续栏不画表头。

明细栏的上边线为细实线，以备添加栏目，序号自下而上填写。

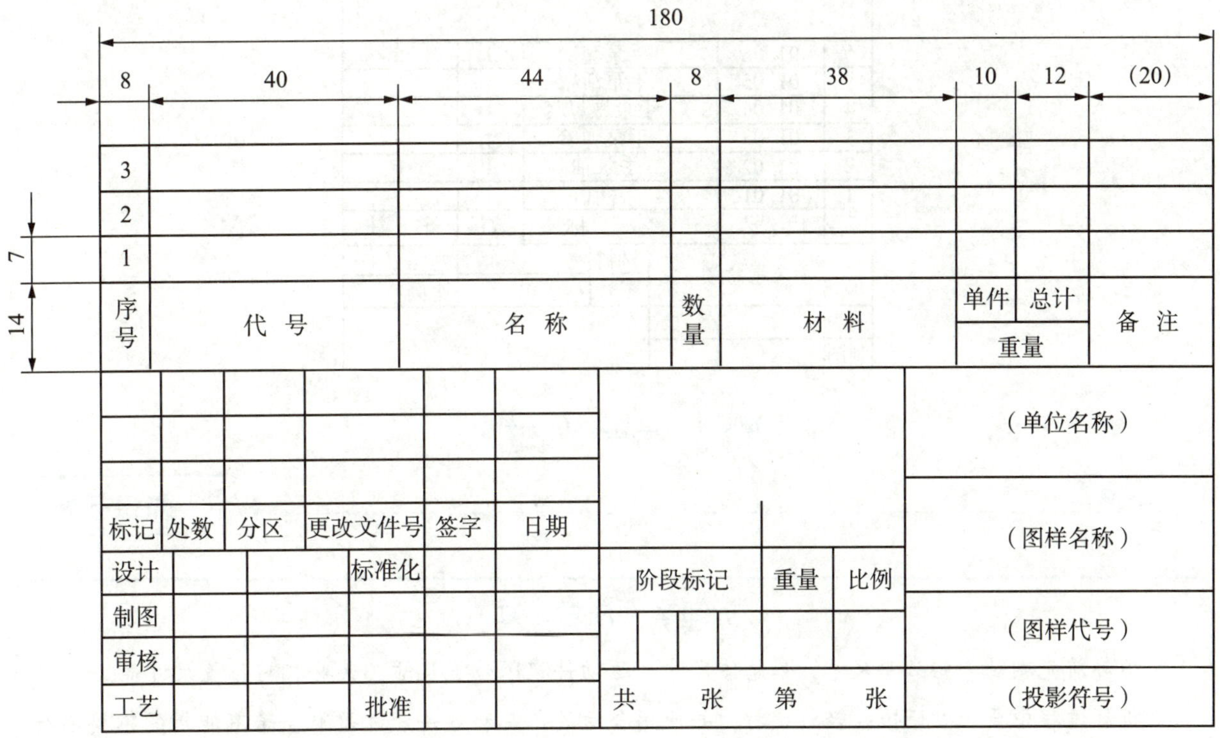

图 8-15　明细栏与标题栏格式

任务二　部件测绘和装配图画法

部件测绘是由部件或机器实物画出其零件图和装配图。现以输油泵中的手动泵为例介绍部件测绘过程。

一、画装配示意图

装配示意图用来记录各零件之间的装配关系。未拆卸之前，先要画出示意图的框架及明细栏，然后边拆边补充完善。图形画完后，每个零件都要编序号，并填写明细栏。手动泵装配示意图，如图 8-16 所示。

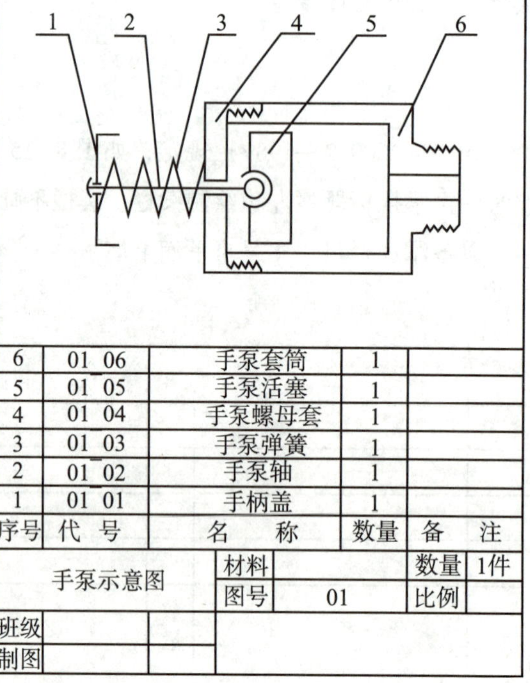

序号	代　号	名　　称	数量	备　注
6	01_06	手泵套筒	1	
5	01_05	手泵活塞	1	
4	01_04	手泵螺母套	1	
3	01_03	手泵弹簧	1	
2	01_02	手泵轴	1	
1	01_01	手柄盖	1	

手泵示意图	材料		数量	1件
	图号	01	比例	
班级				
制图				

图 8-16　手动泵装配示意图

知识拓展

拆卸零件注意事项

拆卸前先测量一些必要尺寸，如总体尺寸，运动件极限位置尺寸，某些相对位置尺寸等。

拆卸过程中要小心谨慎，轻敲试打，并使用合适的工具和方法。过盈配合等不能拆的不要强行拆卸。切忌盲目动手，猛敲乱打，以免损坏。

拆下的零件要分类编号，摆放有序，防止丢失和损坏。

二、画零件草图

零件草图用来记录零件的结构形状和尺寸以及主要技术要求。除标准件外每种零部件都应绘制草图。图 8-17 为手泵轴的零件草图。

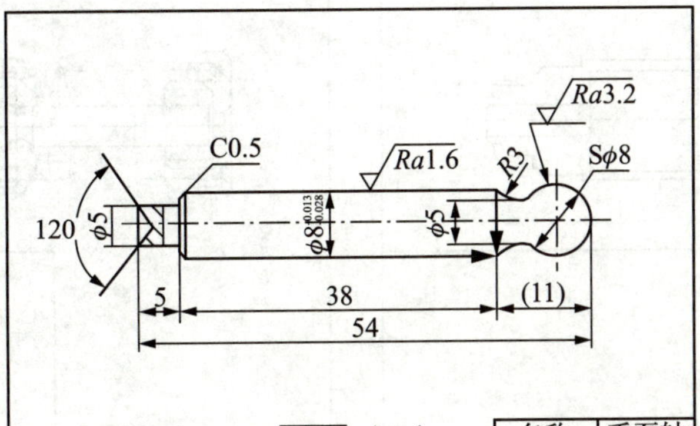

名称	手泵轴
数量	1件
材料	15钢

图 8-17 手泵轴的零件草图

三、画装配图

1. 装配图的视图选择

主视图选择工作位置。投影方向应选最能反映装配关系、传动路线、工作原理及结构形状的一面，或者按操作者面对的方向；一般采用剖视图。

其他视图补充表达主视图未表达清楚的内容，视图数量根据需要确定。可以采用视图、局部视图、剖视图等各种表达方法。

2. 画装配图的步骤

（1）确定比例、幅面。布置图形，画基准线，如图 8-18 所示。

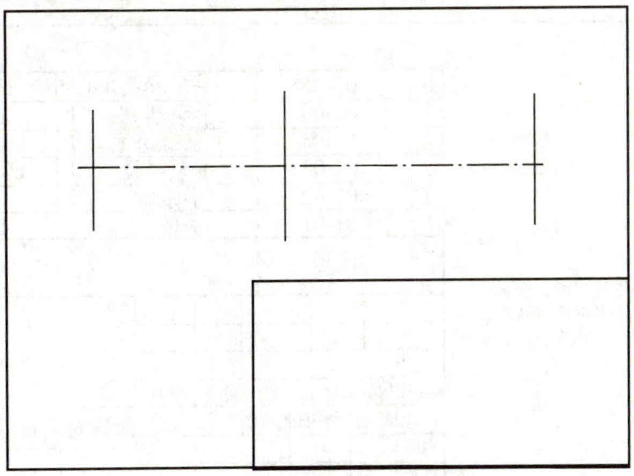

图 8-18 画手动泵装配图步骤

（2）找好基准，由内向外，由前向后依次绘出主要零件的轮廓线。例如，先画轴，再画轴上其他零件，如图 8-19 所示。

（3）绘制其他零件，如图 8-20 所示。

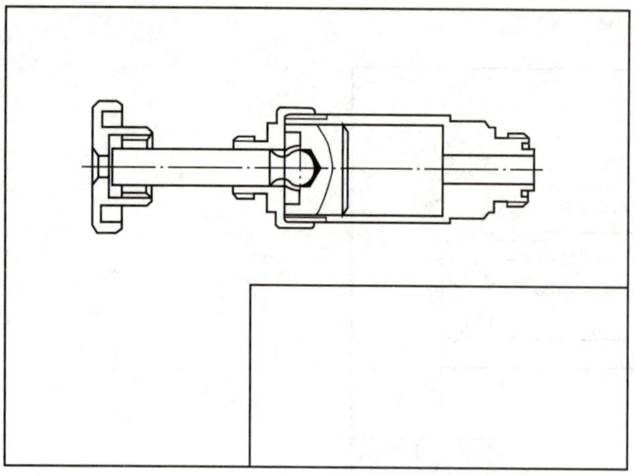

图 8-19　画手动泵装配图步骤

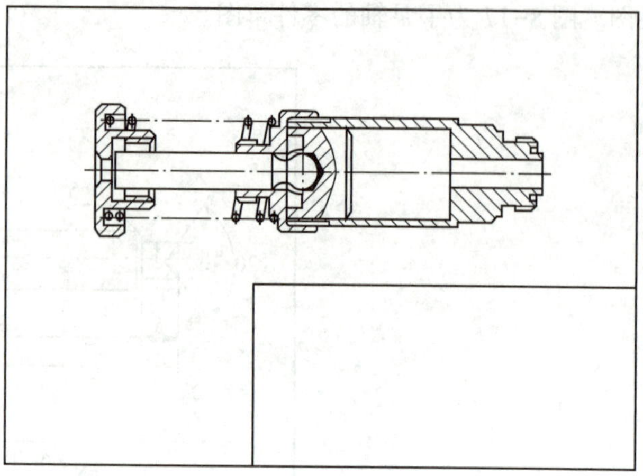

图 8-20　画手动泵装配图步骤

（4）修整图形，加深描粗，标注尺寸与技术要求，编排序号，填写明细栏与标题栏，完成后，如图 8-21 所示。

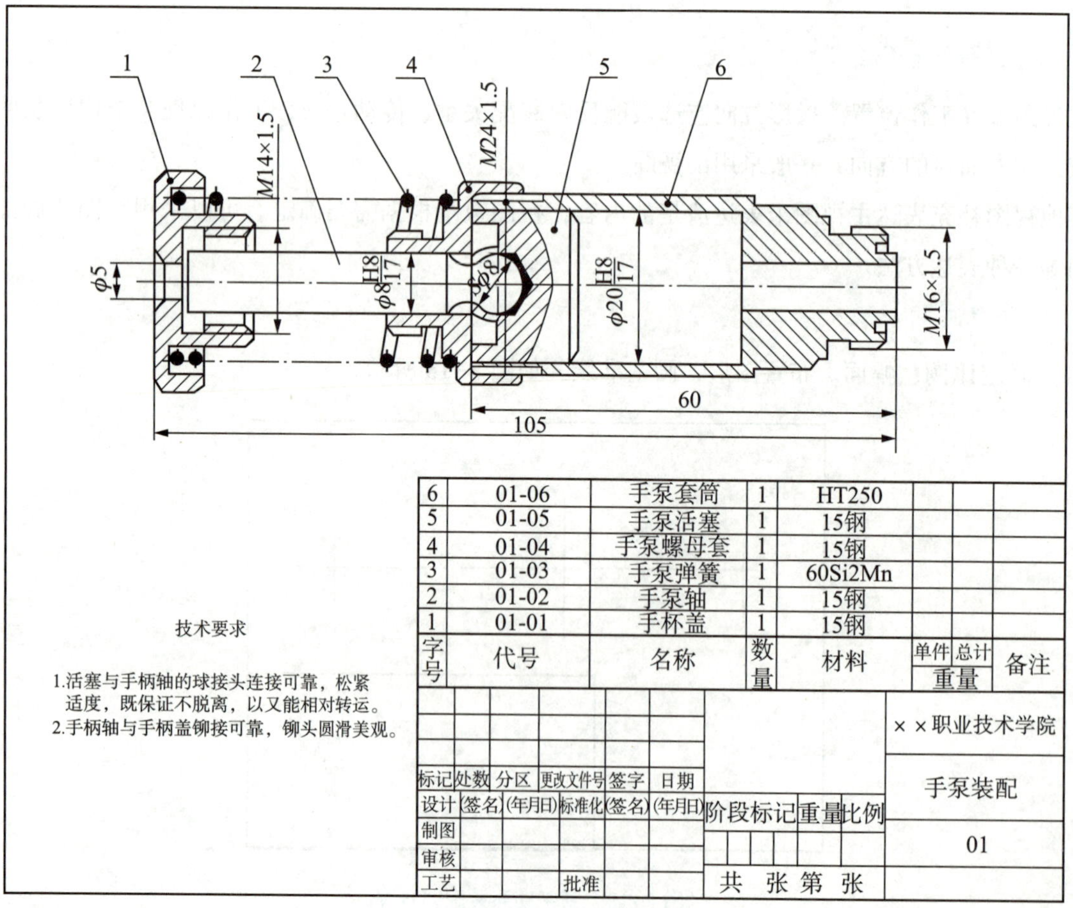

图 8-21　画手动泵装配图步骤

任务三　读装配图与拆画零件图

一、读装配图

1. 读图的目的

了解机器或部件的名称、规格、性能、用途及工作原理。了解装配关系，各组成零件的主要结构形状和在装配体中的作用。

2. 读装配图的方法和步骤

（1）概括了解

看标题栏，从标题栏可了解到装配体名称、比例、数量和大致用途。看明细栏了解各组成件的名称、数量及零件的材料等。

从明细栏和图 8-22 中序号可知，该虎钳是由活动钳身、钳座、底盘、丝杠等十五种零件组成。它安装在工作台上，钳身可以回旋 360°。该装配图采用了三个基本视图和两个局部视图来表达。例如，汽车虎钳装配图如图 8-22 所示。

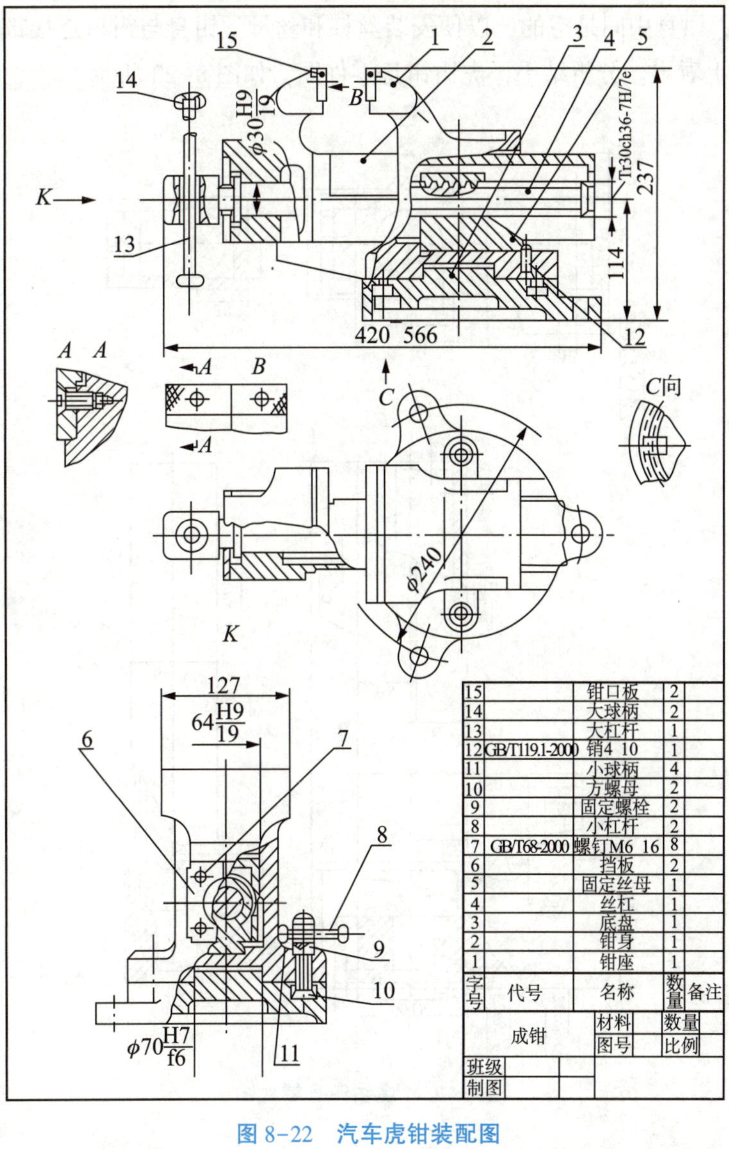

字号	代号	名称	数量	备注
15		钳口板	2	
14		大球柄	2	
13		大杠杆	1	
12	GB/T119.1-2000	销4 10	1	
11		小球柄	4	
10		方螺母	2	
9		固定螺栓	2	
8		小杠杆	2	
7	GB/T68-2000	螺钉M6 16	8	
6		挡板	2	
5		固定丝母	1	
4		丝杠	1	
3		底盘	1	
2		钳身	1	
1		钳座	1	

成钳	材料		数量	
	图号		比例	
班级				
制图				

图 8-22　汽车虎钳装配图

（2）分析工作原理和装配关系

采用假想运动法和假想拆装法、分析工作原理、传动路线和装配关系，这是看装配图的关键阶段。

钳座 1 装在底盘 3 上，底盘安装在工作台上，扳动杆 8 旋松螺栓 9 后，钳身可绕底盘转动。

钳身 2 安装在钳座里并可滑动，固定丝母 5 通过燕尾槽固定在钳座上。丝杠 4 可在钳身中转动，但不能轴向移动，轴向移动退出由挡板 6 限制。当扳动杆 13 转动丝杠时，丝杠带动钳身移动夹紧或松开工件。

（3）分析视图，看懂零件的结构形状

结合零件图，看懂装配图，可以采用以下分析方法。

① 利用剖面线的方向和间距不同来区分零件。

② 利用规定画法和特征表达方法来分析。例如，利用装配图中丝杠、手柄、螺钉、键销等不画剖面线的规定，能很快将这些零件识别出来。

③ 利用零件序号对照明细栏来分析。

④ 分析尺寸和技术要求，抓住重要部位。

该虎钳采用了三个基本视图，K 向视图为左视图。为了表达内部装配关系，各图采取了局部剖，其中主视图和 K 向视图表达了虎钳的主要装配关系。俯视图主要表示钳座、底盘的外部形状和丝杠的定位情况，B 向视图和 *A—A* 剖面表示了钳口板 15 的安装情况。

看钳身零件结构：由主视图和 K 向视图可知，钳身是从钳座的方孔中穿过去的，其长度尺寸和高度尺寸可由主视图得知，钳身中间是空的，以便安装丝杠和丝母。钳身与钳口连接部分的形状及宽度，可从主视图和 K 向视图上看出。分析结果，虎钳钳身零件图，如图 8-23 所示。

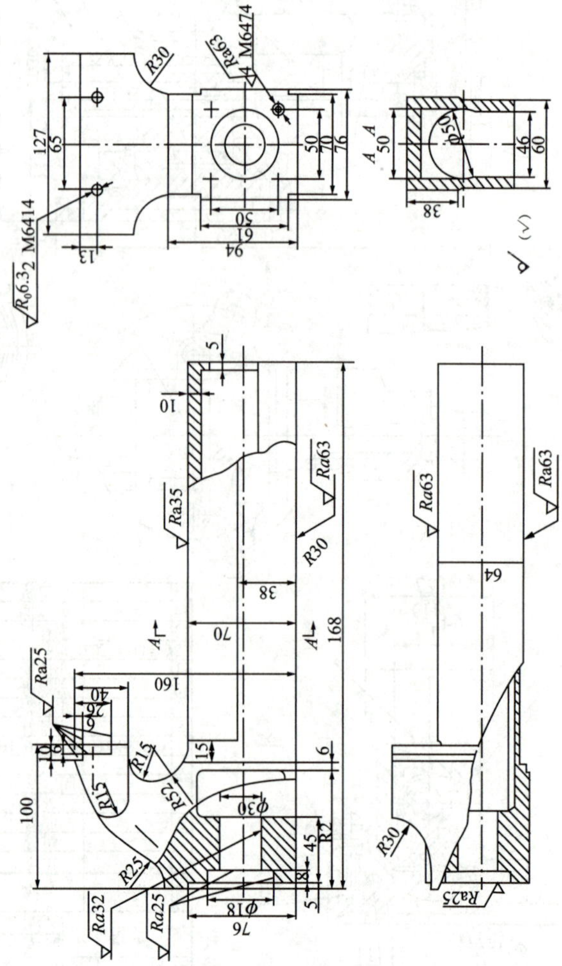

图 8-23　虎钳钳身零件图

二、由装配图拆画零件图

由装配图拆画零件图有两种情况，一种是在部件测绘工作的最后画零件图。在这种情况下，也不一定完全照抄测量得到的零件草图。由于设计或加工中可能有疏漏，零件结构可能存在不合理的地方。若在绘制装配图的过程中发现了，绘制零件工作图时就应给予修正。

另一种情况是仅仅由装配图画零件图，没有实物作参考。下面针对这种情况，介绍拆画的方法步骤。

1. 确定零件形状

看懂装配图，从中将零件轮廓分离出来。例如，要从图 8-24 的机用虎钳装配图中拆画活动钳身 4，在主视图和左视图中利用剖面线分离轮廓，俯视图中利用“对线条”的方法分离轮廓。分离出主要轮廓线后，再根据其功用和装配关系以及工艺要求，补充完善其结构形状。

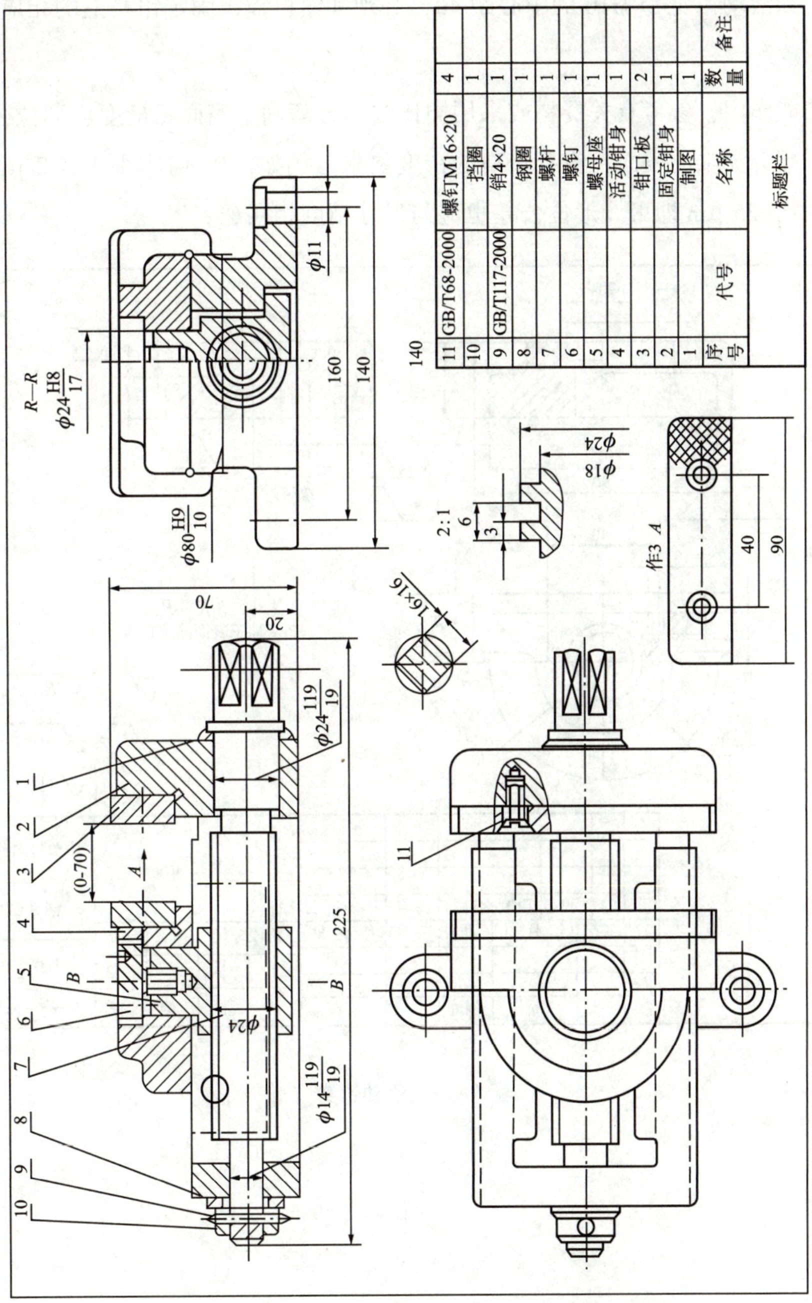

图 8-24　机用虎钳装配图

2. 确定表达方案

零件表达方案可以另行确定，不必照搬装配图。如图 8-25 所示的活动钳身的表达方案，就与装配图不一样。当然，如果装配图的表达方案合适，能够一致则更好。

3. 确定零件图的尺寸

① 已经在装配图上标注出的相关尺寸应完全照抄，配合尺寸一般应加注偏差数值。

② 工艺结构和标准结构尺寸应根据有关标准确定，如活动钳身上的螺孔和退刀槽。

③ 装配图中未标注出的尺寸可从图中测量并适当圆整。

④ 某些尺寸可以通过计算确定，如齿轮分度圆尺寸等。

⑤ 要特别注意配合尺寸以及有装配关系的尺寸（如连接孔的中心位置尺寸）必须保持一致，互相匹配，不得有误。如活动钳身 2×M10 的中心距 40，必须和钳口板、固定钳身上的相应尺寸一样。

4. 标注技术要求

根据零件的功能作用，参考有关资料或采用类比法，合理确定表面粗糙度、形位公差、热处理等技术要求。通常，有配合要求的表面，应有较高的精度要求，例如，*Ra* 值应小于 3.2 μm。非配合的一般加工表面，*Ra* 值小于 25 μm 即可。形位公差也应与尺寸精度相匹配。

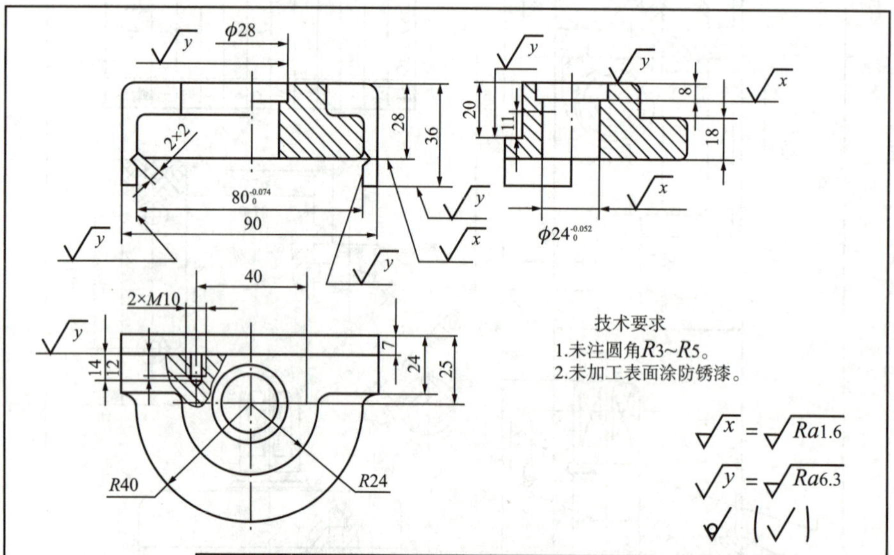

						HT200		（单位名称）
标记	处数	分区	更改文件号	签名	年、月、日			活动钳身
设计	(签名)	(年、月、日)	标准化	(签名)	(年、月、日)	阶段标记	质量	比例
								1:2
审核								（图样代号）
工艺			批准			共　张	第　张	

图 8-25　活动钳身

思政链接

红旗 H5

中国第一汽车集团公司（中国一汽）成功建立和运营着一条纯电动汽车生产线，并推出了第一款国产纯电动汽车——红旗 H5。代表了中国一汽在绿色智能制造方面的领先地位和创新能力。

红旗 H5 是一款符合国际标准的纯电动轿车，具有自主研发的高性能电池和电动驱动系统，能够达到 200 公里/小时的最高时速，并在单次充电下行驶超过 300 公里。

红旗 H5 的推出突显了中国一汽在绿色环保制造方面的技术进步。通过汽车电动化，减少了对环境的负面影响，推动了可持续发展。

红旗 H5 的电动驱动系统和高性能电池的自主研发展示了中国一汽在电动汽车技术方面的自主创新能力，对于中国汽车工业的可持续发展具有重要意义。

红旗作为中国一汽的旗舰品牌，通过推出国产纯电动汽车，进一步提升了品牌在科技创新和汽车制造领域的声誉和竞争力。这有助于提升中国汽车行业在国际上的知名度和市场份额。

中国一汽公司的核心竞争力和技术实力，对于中国汽车装配行业的可持续发展和技术进步起到了积极的推动和示范作用。

课后习题

一、填空题

1. ________是表达机器或部件的图样，用来表达机器或部件的工作原理以及零、部件间的装配、连接关系，是机器设计与制造中重要的技术文件。

2. 一个完整的装配图必须具有的内容有一组视图、必要的尺寸、________、________、________及明细栏等。

3. 装配图要表达产品或部件的结构特点、工作原理及各零件间的装配关系，所以一般都采用________作为主要表达方法。

4. 主视图一般选择工作位置。投影方向应选最能反映________、________、________及结构形状的一面，或者按操作者面对的方向。

二、判断题

(　　) 1. 零件草图用来记录零件的结构形状和尺寸以及主要技术要求。包括标准件在内，外每种零部件都应绘制草图。

（　　）2. 明细栏的上边线为粗实线，以备添加栏目，序号自下而上填写。

（　　）3. 由装配图拆画零件图有两种情况，一种是在部件测绘工作的最后画零件图；另一种情况是仅仅由装配图画零件图，没有实物作参考。

（　　）4. 读图的目的是了解机器或部件的名称、规格、性能、用途及工作原理。了解装配关系，各组成零件的主要结构形状和在装配体中的作用。

参考文献

[1] 孙杰. 汽车机械基础[M]. 北京：机械工业出版社，2020.

[2] 吴笑伟. 汽车机械基础[M]. 北京：机械工业出版社，2020.

[3] 周艳微，孟凡荣，朱琳. 汽车机械基础[M]. 北京：机械工业出版社，2020.

[4] 陈艳梅，金明. 汽车机械制图[M]. 北京：化学工业出版社，2020.

[5] 霍振生. 汽车机械制图[M]. 3 版. 北京：高等教育出版社，2023.

[6] 操成佳，和云敏，李峰. 机械制图[M]. 上海：同济大学出版社，2023

[7] 姜雁雁. 汽车机械基础[M]. 北京：电子工业出版社，2022.

[8] 闵海涛，王建华. 汽车设计[M]. 5 版. 北京：机械工业出版社，2022.

[9] 刘祖其，谭静. 汽车工程制图与 CAD[M]. 北京：机械工业出版社，2021.

[10] 辛东生. 机械制图与 AutoCAD[M]. 北京：人民交通出版社，2020.

[11] 陈颖，张敏，代孝红. 汽车机械识图[M]. 北京：中国人民大学出版社，2021.

[12] 张让莘. 汽车机械基础[M]. 3 版. 北京：高等教育出版社，2023.

[13] 广东合赢教育科技股份有限公司. 汽车机械基础一体化教程[M]. 北京：机械工业出版社，2022.

[14] 谢少芳，卢晓春. 汽车机械基础(少学时)[M]. 北京：机械工业出版社，2024.

[15] 胡琼，何向东. 汽车机械基础[M]. 2 版. 北京：人民交通出版社，2021.

[16] 张志强. 汽车机械基础[M]. 2 版. 重庆：重庆大学出版社，2023.

[17] 周艳微，孟凡荣，于宁. 汽车机械基础[M]. 2 版. 北京：机械工业出版社，2023.

[18] 周明贵，郭红利，刘庆立，等. 机械制图与识图从入门到精通[M]. 北京：化学工业出版社，2020.

参考文献

[1] [illegible]，2020.
[2] [illegible]，2020.
[3] [illegible]，2020.
[4] [illegible]，2020.
[5] [illegible]
[6] [illegible]，2020.
[7] [illegible]
[8] [illegible]
[9] [illegible]
[10] [illegible]
[11] [illegible]
[12] [illegible]
[13] [illegible]
[14] [illegible]
[15] [illegible]
[16] [illegible]
[17] [illegible]
[18] [illegible]